# スポーツ経済学

里麻克彦 著

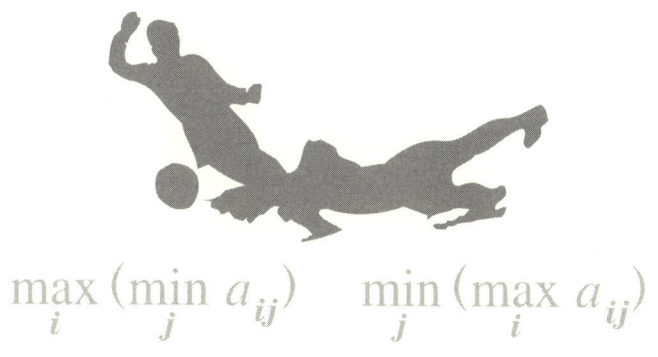

北海道大学出版会

# はじめに

　スポーツ経済学は,「スポーツに関わる目標の設定や選択における経済動機を明らかにし,資金調達や投資対象としての評価を行う」経済学の1つの領域である。スポーツ競技団体や選手個人,大会本部や施設・学校などに対して,目標を設定して組織化をはかり,評価を与えることをスポーツマネージメントという。いかに最適な組織を構築しようと,目標の設定が不適切であれば成果は上げられない。スポーツ経済学はスポーツマネージメントの1つの領域であるが,マネージメントの成否を左右する。

　経済学は,限りある資源について,満足や利益の最大化,費用の最小化,最適目標の選択などにより,生産と消費や交換を分析する。たとえば,消費と生産の理論,不確実性下の予測,データ分析による戦略立案,ゲーム論とミニマックス戦略,スポーツのファイナンスなど,具体的に問題を設定してその答えを見つけることができる。本書は,スポーツに関わるいくつかの問題を,経済学の分析ツールを用いて,問題解決のプロセスを明らかにすることを目的にしている。

　日米の国民総生産比較において,アメリカは日本の約3倍であるが,1人当たりの比較では1.1倍で大きな格差ではない。しかし,アメリカのスポーツ年商上位のフットボール・野球・バスケットボールと日本の野球・サッカー・大相撲の比較をすると7倍以上の格差がある。このことは,日本のスポーツに関わる産業には,まだ大きな伸びしろが残っていると考えることができる。

　スポーツに関わる産業がアメリカ並みに発展していくためには,制度や運営の変更が必要である。たとえば,独占的配給の高校野球,過度に競争的なプロ野球,時代遅れのアマチュアスポーツ管理などがあり,種別ごとの競争促進と協調的な育成,規制の緩和が求められる。少子化により,優れたアスリートの市場価値は高まり,市場の拡大によってビジネスチャンスと雇用機

会が拡大する可能性は大きい。やり方しだいで，数倍の年商に拡大することも可能であろう。本書からスポーツと経済学の応用を学び，スポーツやそれに関わる仕事への興味が強まることを期待したい。

　本書は，2年次生を対象とした「スポーツ経済学」の講義ノートと「スポーツと経済学」に関する通信教育教材をまとめたものである。経済学で扱うテーマとスポーツ経済学への応用テーマがそれぞれ対応するように配慮している。

　第1章と第2章では，スポーツに関わる財とサービスの分析として，価格の理論を中心としたミクロ経済学とその応用が述べられる。第3章ではデータ処理の基本として推測統計学の基礎を，第4章ではデータ野球としてのメジャーの戦術・セイバーメトリックスについて，統計処理による戦略決定が解説される。第5章ではゲームの理論の解説から日常のさまざまな意思決定の過程を，第6章では競技スポーツにゲーム論を応用して，負け方や失点を最小に食い止める戦術の導き方などを理解する。第7章では，資金調達や資金運用に関する金融論のトピックスを解説している。第8章ではコーポレートファイナンスの立場から企業のスポーツ支援や契約金を評価し，金融工学の立場からスポーツ・ファイナンスのいくつかの方法を理解することができる。

　本書の出版にあたり，多くの方々にお世話をいただいた。大阪学院大学経済学部教授林一彦先生からは，企画の段階から多くのご助力をいただいた。通信教育部部員の藤田基嗣氏からは，原稿作成の過程で激励をいただいた。また，北海道大学出版会の成田和男・添田之美両氏からは，企画から編集と出版までご助力をいただいた。心から感謝申し上げたい。そして，名古屋市立大学経済学部研究員で妻の里麻淳子から，草稿の段階から多くのコメントとアイデアをもらった。彼女の助言により，本書は大きく改善されている。深い感謝を表したい。

2011年3月1日　　　　　　　　　　　　　　　　　　　　里麻克彦

# 目　次

はじめに　i

序　章　スポーツを経済学で考える　1

1. スポーツ　1
2. スポーツ産業　2
   Do(する)スポーツ　2／Spectate(見る)スポーツ　2
3. スポーツ支援　4
4. スポーツ経済学とは　5
5. 経済学とは──何を，どのように，誰のために　7
6. ミクロ経済学とマクロ経済学　8

第1章　価格の決まり方　11

1. 消費者はどのように選ぶのか　11
   どちらの満足がより大きいか　11／(例1)落札価格と満足度　12／効用と無差別曲線　12／(例2)野球のスタジアムでポップコーンとペプシが販売されている　13／無差別曲線は交わらない　15／予算制約　15
2. 需要を考える　19
   ポップコーンの需要曲線　19／予算が増えて好みが変わったら　20／仕事と自由時間，スポーツする時間をどう配分するか　23
3. 企業はどのように生産を決めるか　25
   生産計画を立てる　25／(例3)薄型テレビを製造する　26／生産量と必要な総費用　26／企業の生産工程　27／総費用曲線　29

第2章　スポーツとミクロ経済学　31

1. 費用とは　31

平均費用と限界費用　31／平均費用と限界費用の性質　35／損益分岐点と供給曲線　36／生産量と利潤　38／供給曲線と損益分岐点，企業閉鎖点　39／企業閉鎖点　39

2. メーカー（生産者）はどのように価格を決めるか　40
スポーツの記録とハイテクギア　40／スポーツグッズ販売の限界収入と需要線　42／スポーツ用品メーカーの生産量と利潤の決定　44

3. スポーツグッズの生産量を決める弾力性　45
弾力性とは何か　45／需要の価格弾力性　48／需要線と価格弾力性　49／勝つためには不可欠で高価だが替えがないもの　51／競争市場と独占市場では価格決定が異なる　54

## 第3章　統計学とスポーツ　57

1. 統計データとは　57
データの整理・統計　57／統計データとは　58／母数　59／統計データの特性をつかむ　60／チームデータの整理　61

2. 統計データの特性　62
データの位置に関する代表値・平均値　62／グループ間の比較・視覚的理解・箱ひげ図　65／データからチームのばらつきを比較する　66／分散と標準偏差でばらつきの大きさを比較　68／標準偏差と偏差値　70

3. 変数同士の関係・相関係数　71
領域分割，偏差積和，共分散で打点，本塁打，盗塁の関係を調べる　71／偏差積和と共分散，相関係数から相互関連を明らかにする　73／相関係数の値と散布の状況　76

4. 確率変数とは，期待値とは　78
コイントスと確率変動　78／確率とは　78／確率の性質　79／確率変数の平均値　81／平均と分散，平均と期待値を確率変数から考える　83

5. でたらめさから規則性を見つける　86
不良品を見つけ出す方法と釣り鐘　86／二項分布から正規分布へ

88／正規分布の特徴　91

## 第4章　野球と統計学・セイバーメトリックスで勝つ　95

1. セイバーメトリックス　95
   セイバーメトリックスの変遷　95／セイバーメトリックスの主張　97／評価ポイントの要点　98
2. 優れた打者と投手を評価するもの　100
   セイバーメトリックスのデータ指標——打者-1　100／セイバーメトリックスのデータ指標——打者-2　101／セイバーメトリックス指標と打率の評価　102／セイバーメトリックスのデータ指標——投手-1　110／セイバーメトリックスのデータ指標——投手-2　111
3. データ野球と作戦評価　112
   野球選手の出塁確率を求めるには　112／データ野球，リンゼイ・モデル　116／データ野球(1)——盗塁のサインは適当か　119／データ野球(2)——送りバントのサインは適当か　120／データ野球(3)——打てのサインは適当か　121

## 第5章　ゲームの理論と戦略　123

1. ゲームの理論とは　123
   牛丼戦争とスポーツ戦術　123／同時ゲームと基礎的ないくつかの概念　124／戦略と利得　125／利得行列(ペイオフ・マトリックス)　127／じゃんけんの利得行列　128／プレーヤー・牛丼店の戦略　129／牛丼戦争と利得　130／ナッシュ解　133
2. ミクロ経済学とゲーム　135
   不完全競争市場の複占企業価格決定モデル　135／複占企業の生産活動とクールノー解　136／クールノー・ナッシュの均衡点　138／シュタッケルベルクの複占ゲーム　141／リーダー・フォロワーとリーダー・リーダーの解，利潤　143
3. 社会関係と囚人のジレンマ　144
   囚人のジレンマ　144／囚人のジレンマ解決法(1)　147／囚人のジレ

ンマ解決法(2)　150

第6章　ゲームと勝負に勝つために　153

　1. ミニマックスでゲームを解く　153
　　　男女の争いと2つのナッシュ均衡　153／ゼロサムゲーム　155／負けを小さくすることを最重要視する戦略・マキシミニ戦略　155／ゼロサムゲームとナッシュ均衡　157／マキシミニとミニマックスはゲームの表と裏　158
　2. バッターとピッチャーの対決　159
　　　野球をゲームの理論で考える　159／マキシミニとミニマックスが一致せず，純粋戦略解が見つからない　162／混合戦略とマキシミニの併用　162／混合戦略の解を図から求める　164
　3. サッカーPK合戦の戦略　166
　　　サッカーとゲームの理論　166／キーパーはどちらに跳ぶべきか　168／キッカーはどっちに蹴るか　170／得意な手の内を使わない理由は　171／最適応答グラフで解を見つける　171
　4. スポーツと恋愛のゲームの理論　172
　　　アメリカンフットボールとテニス　172／支配戦略，ナッシュ均衡，ミニマックス戦略　176／恋愛とゲームの理論(1)——野球かショッピングか　178／恋愛とゲームの理論(2)——講義かデートか　180

第7章　ファイナンス入門　183

　1. ファイナンスとキャッシュフロー　183
　　　ファイナンス　183／キャッシュフロー　184／利子と利回り，単利と複利の運用——利子の再投資　186／短期金利と複利年利率　188／インカムゲイン，キャピタルゲイン，利回り　189／現在価値と将来価値　191
　2. 投資の管理　194
　　　財産の管理・ポートフォリオ選択　194／最適な現金の保有・何回で換金するか　195／貨幣保有の平方根ルール　197／債券と価格の関係

199／現在価値と割引価値による運用比較　200／債券運用と内部収益率　202／変動金利を予測するには　204／株式投資の物差し指標　206／株式価格変動の予想　212

3. 分散投資の理論　213

リスクを織り込むパフォーマンス評価・シャープの測度　213／リスクの分散効果——平均-分散アプローチ　215／[Step 1] 期待収益率（リターン）を計算する　215／[Step 2] 標準偏差（リスク）を考慮する　216／[Step 3] 異なる相関係数でリスクを計算する　218／[Step 4] 分散投資の効果　218

## 第8章　スポーツファイナンス　223

1. スポーツ投資とファイナンス　223

ラクロスチームの招待試合　223／正味現在価値（NPV）ルール　224／NPVによる不動産投資評価の例　226／ラクロスチームへの協賛金を評価　228／企業クラブチームの相次ぐ廃部・休部　229

2. 契約金のファイナンス　231

チームを移籍するためには　231／フリーエージェント　232／ポスティング制度　233／MLBのキャッシュ・インフローとテレビ広告収入　235／MLBのキャッシュ・アウトフロー　236／MLBのキャッシュ・インフローとテレビ放映権・広告料　237／日本人投手移籍のキャッシュ・インフロー　239／日本人投手移籍による収入とNVP，移籍金の推定　241

3. クラブチームのファイナンス技術・金利対策　241

証券発行か銀行融資か　241／デリバティブによる危険回避　243／固定金利と変動金利LIBOR　245／ファイナンステクニック(1) 金利変動リスクの回避——金利スワップ取引　245／金利スワップと金利オプション　248／ファイナンステクニック(2) 調達コスト増加の歯止め——キャップ取引　250／ファイナンステクニック(3) 資産価値目減り対策——フロア取引　252／キャップとフロアの戦略的利用法　253／ファイナンステクニック(4) カラー　254／ファイナンステクニック

（5）スワップション——より進んだファイナンステク　256

理解と復習のための参考文献　261
索　　引　263

# 序章 スポーツを経済学で考える

## 1. スポーツ

　スポーツには，陸上運動，水泳，球技，ボート，レースや登山，狩猟など多くの身体的な運動がある。堅苦しい定義にしたがえば，「スポーツとは，遊戯，競争，肉体的鍛錬の要素を含む身体運動の総称」をさしている。

　スポーツには，気軽に個人またはグループで参加して楽しめるものから，優れたアスリート（運動選手）の競技を観戦して楽しむように，幅広いジャンルがある。たとえば，学校でのボール蹴りやワールドカップ・サッカーのすばらしいゴールをテレビ中継で楽しむ。近くの道場へ，剣道，柔道，空手などの稽古に通う。体調管理のためにウオーキングやジョギングを続ける。地域のマラソン大会に出場したり，フィットネスクラブに通う。また，高校，大学の運動クラブからプロの野球選手やJリーガー，アイススケーターをめざすかもしれない。さらに，小学校，中学校，高等学校の体育科目や運動クラブなどの部活を通じてスポーツをすること，応援などを通じたスポーツを観戦することは身近である。

　このように，多くのスポーツとかかわっており，いくつかに分類するとすれば，①参加型スポーツ，②観戦型スポーツに分けることもできる。たとえば，次頁の図のような例をあげることができる。

　参加型スポーツはDo Sportsともいい，業態としてはサービス業である。スポーツ・サービスの供給がおもな業務で，一般企業のほかに民間や公共によるフィットネス・クラブ，ゴルフ場，ホテルやリゾート，スポーツ用品販売業などをあげることができる。観戦型スポーツはSpectate

```
スポーツ ─┬─ 参加型スポーツ   市民マラソン大会，フィットネス・クラブ
         │                 スイミング・スクール，ゴルフ，運動会など
         └─ 観戦型スポーツ   名古屋女子マラソン，プロ野球，Ｊリーグ
                           高校野球(甲子園)，世界陸上，NFL，MBL
                           NHL，NBL，ワールドカップなど
```

Sports ともいい，いわゆるスポーツ・ビジネスをさす。たとえば，プロ・スポーツの運営会社，NCAA，一部の高校の運動部，アリーナやスタジアム運営会社などがある。

## 2. スポーツ産業

### Do(する)スポーツ

これらのスポーツ産業は，もう少し細かく見れば，表1のスポーツ産業の3分類に要約される。第1は，観戦型スポーツに関するもので，サービス業からなる。これらは，スポーツ興業団，競馬・競輪・競艇などの公営ギャンブル，プロ野球・Ｊリーグ・プロバスケットの bj リーグなどの非営利団体，スポーツ施設提供業，遊技場などで構成される。

### Spectate(見る)スポーツ

第2は，参加型スポーツに関連する。おもに2つに分類される。①サービス業として，日本高校野球連盟・地域スポーツクラブなどの非営利団体がある。②教育・学習支援として，小学校・中学校・高等学校などの体育・保健教科教育と運動部活動がある。また，学校と違うスポーツ健康教授業があり，テニス・ゴルフ・スイミング・アクアビクス・ダイビングスクールなどがある。さらに，健康(フィットネス fitness)産業として，エアロビクス，筋力トレーニング，スイミングなどの健康の維持や増進を目的とするフィットネスクラブがある。大手のコナミスポーツクラブやセントラルスポーツ，スポーツクラブ ルネサンス，フィットネスクラブ ティップネス，メガロスそのほかコ・ス・パ，オアシス，スポーツクラブ NAS などがある。非営利の団体としては，体育協会，YMCA，スポーツ少年団，サッカースポー

表1　スポーツ産業の分類(日経BP，2007；プレジデント社，2008を改変)

| 観戦型スポーツ | サービス業 | ・スポーツ興業団(プロ野球球団，Jリーグ，ボクシング，大相撲)<br>・公営ギャンブル(競輪，競馬・JRA，競艇等の競争場・競技団)<br>・非営利団体(日本野球機構，Jリーグ，bjリーグ，日本相撲協会など)<br>・スポーツ施設提供業(陸上競技場，体育館，プール，ゴルフ・ボウリング・アイススケート場など)，遊技場(ビリヤード場，ダンスホール) |
|---|---|---|
| 参加型スポーツ | サービス業 | ・非営利団体(日本高校野球連盟，地域スポーツクラブ)<br>・スポーツ施設提供業(会員制ゴルフ・テニスクラブ，乗馬クラブなど) |
| | 教育・学習支援 | ・小・中・高校・大学(体育教科授業と運動部活動)<br>・スポーツ健康教授業(スイミング・ダイビング・テニス・ゴルフ・ダンススクール)，フィットネスクラブ(コナミスポーツ，セントラルスポーツ，ルネサンス，ティップネス，メガロス，コ・ス・パなど)<br>・非営利団体(体育協会，YMCA，スポーツ・海洋少年団) |
| スポーツ支援産業 | サービス業 | ・法律・税務事務所，選手のマネージメント・エージェント業，<br>・著述・写真家，デザイナー(スポーツ用品・商業デザイン)，(広告宣伝(電通，博報堂)，通訳などの)専門サービス業，遊技場，娯楽場<br>・運動生理学等の自然科学研究，スポーツ経済学などの人文社会学研究<br>・旅行・広告代理店，プレイガイド，馬券・会員権などの販売業<br>・スポーツ用品などのレンタル業，放映権・商品化権販売代理業<br>・人材派遣・紹介業，施設管理保守・イベント警備業など |
| | 公務 | ・行政機関(文部科学省，厚生労働省，経済産業省)<br>・地方自治体(体育課，スポーツ課，生涯学習課)，選手組合など |
| | 医療・福祉 | ・スポーツ整形外科，スポーツ診療，鍼灸，カイロ，介護予防 |
| | 飲食・宿泊 | ・スポーツバー・カフェ，宅配，ホテル・旅館，スポーツツーリズム |
| | 金融・保険 | ・スポーツ傷害保険，天候デリバティブ(イベント対策) |
| | 卸売・小売 | ・スポーツ用品・衣服・シューズ・バッグ・スポーツ関連食品の卸，小売(アルペン，ゼビオ，ヒマラヤ，メガスポーツ)，飲料，健康食品 |
| | 製造 | ・スポーツ用品・衣服・シューズ・バッグ，飲料，健康食品(スポーツ関連食品)，製造(アシックス，ミズノ，デサント，ゴールドウィン，ヨネックス，SRIスポーツ，ブリヂストンスポーツ，ゼット，SSKなど) |
| | 情報・通信 | ・テレビ・ラジオ放送(地上波・衛星・有線・専門チャンネル：GAORA，J Sports，ESPN)，インターネット配信サービス(オンデマンド)，新聞業(日刊スポーツ，スポーツニッポン)，スポーツ出版・ニュースの供給(ベースボールマガジンなど)，スポーツメディア制作・配給(ゴルフダイジェスト)，ゲームなど(コナミデジタルエンターテインメント) |
| | 建設 | ・土木工事業(協議場・スタジアム，クラブハウス，ゴルフ場建設など) |
| | 農業 | ・芝生の育成・養生・管理，競走馬の生産・育成など |
| | その他 | ・スポーツリーグ・クラブ・イベントなどのスポンサーやサポート企業，JBリーグなど企業スポーツの親企業 |

ツ・ラグビースポーツ・剣道・海洋少年団などがある。

## 3. スポーツ支援

　第3は，スポーツを支援するたくさんの産業である。これは表1を参照されたい。中分類として，サービス業，公務，医療・福祉，飲食・宿泊，金融・保険，卸売業・小売業，製造，情報・通信，建設業，農業などがあり，スポーツは幅広い支援を受けている。サービス業には，法律・税務事務所やプロ運動選手のマネージメント（健康・体調・スケジュール・練習・納税などの管理）やエージェント業（契約交渉などの代理）がある。また，著述，写真，スポーツ関連用品や商標などのデザイナー，大手企業として電通や博報堂などの広告宣伝業，遊技・娯楽場，スポーツ関連分野の研究がある。そして，旅行・広告代理店，プレイガイド，馬券（競馬の勝馬投票券）やゴルフ・テニスクラブ会員権販売代理業，スポーツ用品レンタル業，放映権・商品化権販売代理業，および人材派遣・紹介業，施設保守管理・イベント警備業などがある。

　公務には，国のレベルでスポーツ関連を所管する文部科学省・厚生労働省・経済産業省，地方のレベルで地方自治体の体育課・スポーツ課・生涯学習課などがある。

　医療・福祉分野ではスポーツ整形外科・整体・カイロプラクティクス・スポーツ診療・介護予防，飲食・宿泊としてスポーツバー・カフェ，出前宅配，ホテル・旅館，金融・保険としてスポーツ傷害保険・イベント対策用の天候デリバティブなどがある。

　卸売・小売では，スポーツ用品・ウエア・各種シューズ・バッグ・飲料・スポーツ関連の健康食品などが販売される。小売り企業には，アルペン・ゼビオ・ヒマラヤ・メガスポーツなどがある。また，スポーツ用品の製造業には，アシックス・ミズノ・デサント・ゴールドウィン・ヨネックス・SRIスポーツ・ブリヂストンスポーツ・ゼット・SSKなどがある。

　情報・通信には，地上波・衛星・有線・専門チャンネルを媒体とするテレビ・ラジオ放送があり，GAORA・J Sports・ESPN・ゴルフネット

ワークなどをあげることができる。また，オンデマンドのインターネット配信サービス，日刊スポーツ・スポーツニッポンなどの新聞業，ベースボールマガジン社などのスポーツ出版とニュース供給，Nintendo・コナミデジタルエンターテインメントなどのゲーム関連企業がある。

そのほかスポーツ施設の建設にかかわる企業，芝や競走馬育成の農業にかかわる企業がある。また，各種スポーツリーグ・クラブ・イベントなどのスポンサーや，企業スポーツの親企業も加えることができる。

## 4. スポーツ経済学とは

スポーツ機関，たとえば特定のスポーツ競技団体や選手個人，大会本部や施設・学校に対して目標を設定し，組織化を指示して，評価を与えることを「スポーツマネージメント」という。選手・コーチ・監督・アニメーター・トレーナー・支配人など，実際または直接スポーツとかかわりあいになる機能とは異なる。マネージメントとは，広い意味では組織の経営や管理をさす言葉として，経営学，会計学，マーケティング，ファイナンス，法務，リスク管理などが相互関連している。観戦型，参加型，支援型のいずれのスポーツ産業も，スポーツマネージメントの応用により，適切あるいはまた効率的に経営・管理される必要がある。

スポーツ経済学はスポーツマネージメントの一分野で，経済学とファイナンス，金融工学の領域にかかわりがある。**スポーツ経済学は，「スポーツにかかわる目標の設定や選択における経済動機を明らかにし，資金調達や投資対象としての評価分析を行う」**と定義される。

図には，スポーツ経済学の関連領域が示されている。(1)には，スポーツ経済学の関連領域が図示されている。①観戦型，②参加型および③スポーツ支援からなるスポーツ産業に対して，組織の科学として，経営学，会計学，マーケティング，ファイナンス，法務，リスク管理などが相互に関連している。経営学からは，スポーツ産業の企業活動について，財務・生産・販売・労務管理を円滑に行い，企業組織の目的達成に役立たせる。会計学では，金銭に関する経済活動の状況を把握し経営の分析に役立てる。たとえば，販売

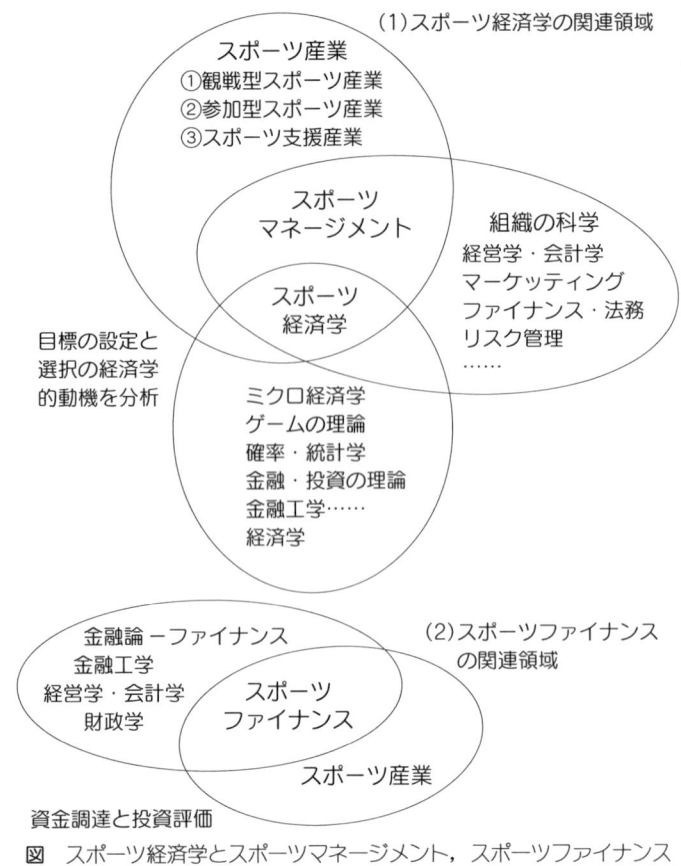

図　スポーツ経済学とスポーツマネージメント，スポーツファイナンス

の対象となる用役としてのスポーツの原価を計算したり，企業の予算立案に利用する。マーケティングでは，消費者の求めるスポーツを調査したり，供給するスポーツサービスを何にするか，どのように販売するかを決める。たとえば，ワールドカップ予選大会とか，アイススケートショーをどこで開催して，プログラムなどの内容や，チケットをいくらかにするかなど，円滑なスポーツ・サービスの販売方法を追求する。また，スポーツ中継などのメディアに関するテレビ放映権，スポンサー権やマーチャンダイジング権を商品として扱う。

　ファイナンスは資金の融通方法を調べることで，円滑な企業経営や投資に

役立たせる。法務はスポーツ産業と法律に関わること，リスクマネジメントは営業活動にともなうさまざまな危険（損失をもたらすような可能性）を最小のコストで抑えるという目的がある。

　図1の(2)では，スポーツファイナンスの関連領域が示されている。スポーツファイナンスは，スポーツ産業を維持運営していくために必要な資金調達やその方法がおもな興味である。さらに，野球などのプロフェッショナルなスポーツ興業においては，移籍やトレードがどれほどの金銭的価値をもつか評価しなければならない。この目的のために，投資の理論やリアルオプションなどのファイナンス理論がある。この領域では，お金のともなう取引や資産選択の分析として金融論が有力である。このほか，経営学と会計学，国家の資金繰りや財政支出などを分析する財政学も関連がある。また，科学知識を応用した大規模生産の応用的科学技術，すなわち工学的な手法を分析に用いる金融工学がスポーツファイナンスの領域に応用される。たとえば，より精密な投資価値の評価や資産選択の比較が可能となる。

## 5. 経済学とは——何を，どのように，誰のために

　この世のなかには無料で手に入るもの，つまり価格がゼロのものはほとんどない。水道をひねって水を飲むにしても，分別されたゴミをゴミの日に出すにしても，納められた税金で処理されている。空気でさえもただではない。工場や自動車の直接排気には，法律によって排気ガスの清浄装置が必要とされる。工場の商品や自動車の部品に対して環境対策の諸費用が転嫁されて，消費者はその負担の一部を負わなければならない。ただで手に入るものはほとんどない。**手に入れるための対価を必要としないものを「自由財」という**が，自由財はなくなりつつある。経済学は，ただで手に入る財にはほとんどかかわりがなく，有料の財貨や用役としての「経済財」が興味の対象となる。

　土地，労働や資本は生産活動に必要な生産要素という。生産要素は生産活動に投入・インプットされ，生産物を産出・アウトプットする。とくに，**形の残る生産物は財(goods)と呼ばれ，形の残らない生産物はサービス(service)または用役**という。鉛筆やノート，本は財であるが，学校へ通うため

に利用する交通機関，映画やコンサートはサービスである。財はgoodsと呼ばれるが，満足感を得られるものとして，文字通り「良きもの」という語源がある。また，badsは満足感が得られない「悪しきもの」としてのゴミを意味する。なお，「商品」とは売買を目的とした財とサービスの集合体で，自由財に対応して，入手のためにはお金などの対価を必要とする財を「経済財」という。

　ところで，人々の欲求には限りがないが，欲しいというものは，何とかすれば，ほぼかなうわけではない。なぜなら，欲しいとされる商品を製造するには多くの生産要素が必要であり，これには限りがある。このことを「**資源の希少性**」という。経済財としての財とサービスの生産には限りがあり，人々の無限の欲望を抑えているものは資源の希少性である。なお，お金は人類が考え出した取引を円滑に進めるための工夫であり，つくろうと思えばいくらでもつくることができる。しかし，財貨とサービスの生産は，それをつくり出すための生産要素が有限であるために，人々の欲求をすべて満たすようには生産できない。

　経済学とは，金銭的なやりくりを通じての，財とサービスの生産，消費，分配に関する分析である。「有限で希少な資源から，何を(What)，どのように(How)，だれのため(For Whom)につくるのか」と要約される。つまり，さまざまな生産物や商品について，つくるべき対象とその生産技術をどのように選択するか。それが最終的に誰に買われて，生産にかかわった費用や利益がどのように配分されたかを分析する。

　もう少し詳しく書けば，「貨幣を媒介として，限りある資源を使い，さまざまの商品を時間をかけて生産し，現在と将来の消費に向けてどのように配分するか……といった問題に対して，個人や社会がどのような行動をするかを研究する学問」である。

## 6. ミクロ経済学とマクロ経済学

　経済学で分析の対象となるものを，経済単位(economic unit)という。経済単位は，大きく3つの種類に分類することができる。これには，消費活動

を主とする家計(household)，商品を生産する企業(firm)，そして公共サービスを提供する中央・地方政府(government)がある。

　これらの経済単位について，ミクロ経済学は，経済状態を顕微鏡で見るように細かく観察し，家計や企業などの個別的な経済行動を分析する。ミクロ経済学のミクロは顕微鏡のミクロスコープ(microsope)に由来しており，微視的経済学と呼ばれることがある。経済を顕微鏡で見ることにより，需要，供給，価格の決定，市場の形態などを分析することができる。

　これに対して，遠くから一望して形状や性質を分析するように経済状態を分析するものとして，マクロ経済学がある。マクロは望遠鏡のマクロスコープ(macroscope)に由来している。マクロ経済学では，経済単位の活動について，集計化された国民所得や一般物価水準など，国全体の経済状態を分析する。次章から，スポーツにかかわる経済テーマについて，より深い関連のあるミクロ経済学の導入部分を理解して応用問題を考える。

# 第1章 価格の決まり方

## 1. 消費者はどのように選ぶのか

**どちらの満足がより大きいか**

　経済学を学ぶほとんどの学生は，ミクロ経済学かマクロ経済学をはじめに学ぶ。ミクロ経済学では，需要側を構成する消費者の行動と，供給側を構成する生産者の行動を学ぶ。消費者と生産者の財貨・サービスに対する考え方や要望は，需要線と供給線にそれぞれ要約され，市場で出会う。**市場で出会った需要と供給は，「神の見えざる手」により両者の思いが一致した均衡価格と取引量の決定へと導かれる。**これを市場による価格決定メカニズムという。なお，需要線とか供給線は，需要する側と供給する側の予定や都合を表したもので，それぞれの価格と数量関係を直線とか曲線で描いたものである。

［消費者行動のキーワード］
**効用，無差別曲線，予算制約，需要線**

　消費者行動の理論を理解するため，（例1）として，ネットオークションを考えてみる。店頭価格2万4,800円のMP3プレーヤー（160 GB，ピンク）が，中古の最低譲渡価格1万5,000円でネットオークションに出品されている。競り合いによって2万円まで指し値が上がったが，2万1,000円で入札するかどうか迷っている。このオークションの最終的な結末は，プレーヤーへの思いと予算に依存するが，たとえば，次のような指し値の過程と結末を

考える。なお，指し値とはオークションに当たり，依頼者の指定する売り価格や買い価格である。

(例1)落札価格と満足度
　落札の結果，希望指し値価格が2万2,000円であることを考慮すれば，価格に応じたオークション参加者の満足度は，A，BおよびCなどいくつか考えることができる。結果を比較するならば，たとえば次の図1-1のような結末を考えられるだろう。

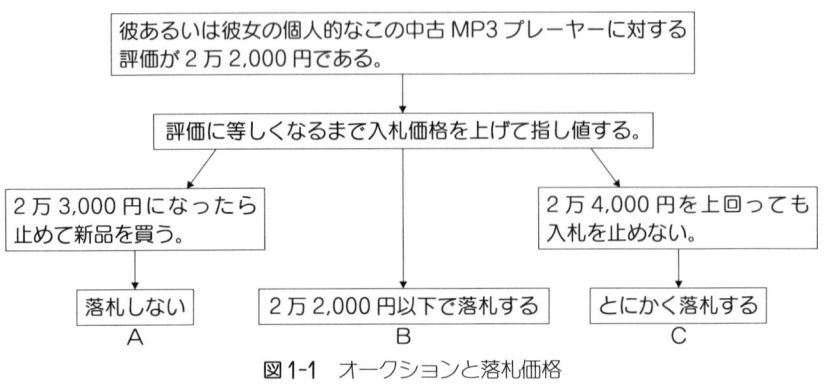

図1-1　オークションと落札価格

　①状況Aと状況Bはともに満足する。
　②状況Cを満足する場合：とにかく競り勝つことに喜びがある。
　③状況Cを後悔する場合：得られた満足の水準が落札価格より低い。
　ここで重要なことは，満足する，後悔するという気持ちの裏に，消費者が感じる満足との比較がつねに行われているということである。そして，すべての消費者が購入や交換を決める場合，無意識のうちに行っているこの行為を，ミクロ経済学ではどのように説明しているかを理解することが，最初の目的である。

効用と無差別曲線
　消費者は，財貨サービス購入から満足を得るが，限られた予算から財貨お

よびサービスの量または比率を決めなければならない。このとき，ミクロ経済学の分析ツールとして，満足度の指標としての効用(Utility)とそれを比較するツールとしての無差別曲線(Indifferece Curve)の考え方が重要である。効用は次のように定義される。

[効用の定義]
　消費者の感じる満足の大きさのこと。通常，消費する商品の数量が多いほど効用の水準は高くなる。

商品が2種類しかない社会を仮定して，効用について(例2)で考える。

(例2) 野球のスタジアムでポップコーンとペプシが販売されている
　ポップコーンは大きな袋ではなく小さなバッグで，ペプシはカップで売られている。効用の大きさは，消費するポップコーンの数量とペプシの数量で決まってくる。つまり $u$ を効用の大きさとし，$p$ をポップコーンの数量，$q$ をペプシの数量としたとき，$u$ は $p$ と $q$ で表すことができる。
　たとえば $u = p \times q$ とかけ算の形を仮定すると，効用 $u$ は次の表となる。
　この表で，効用水準が $u = 6$ と $u = 12$ となる $p$ と $q$ の組合せはいくつかあって，次のとおりである。

　　ポップコーン1袋とペプシ6カップ
　　　同　　　2袋と　同　3カップ

効用 $u$ が $u = p \times q$ とかけ算になる場合

| p \ q | 1 | 2 | 3 | 4 | 5 | 6 |
|---|---|---|---|---|---|---|
| 1 | 1 | 2 | 3 | 4 | 5 | <u>6</u> |
| 2 | 2 | 4 | <u>6</u> | 8 | 10 | <u>12</u> |
| 3 | 3 | <u>6</u> | 9 | <u>12</u> | 15 | 18 |
| 4 | 4 | 8 | <u>12</u> | 16 | 20 | 24 |
| 5 | 5 | 10 | 15 | 20 | 25 | 30 |
| 6 | <u>6</u> | <u>12</u> | 18 | 24 | 30 | 36 |

← $p$ が1〜6，$q$ が1〜6の間で，$u$ は
1×1, 1×2, 1×3, 1×4, 1×5, 1×6
2×1, 2×2, 2×3, 2×4, 2×5, 2×6
3×1, 3×2, 3×3, 3×4, 3×5, 3×6
……
6×1, 6×2, 6×3, 6×4, 6×5, 6×6

14　第1章　価格の決まり方

　　　同　　　3袋と　同　2カップ
　　　同　　　6袋と　同　1カップ　のときそれぞれ効用水準は6

　　ポップコーン2袋とペプシ6カップ
　　　同　　　3袋と　同　4カップ
　　　同　　　4袋と　同　3カップ
　　　同　　　6袋　　同　2カップ　のときそれぞれ効用水準は12

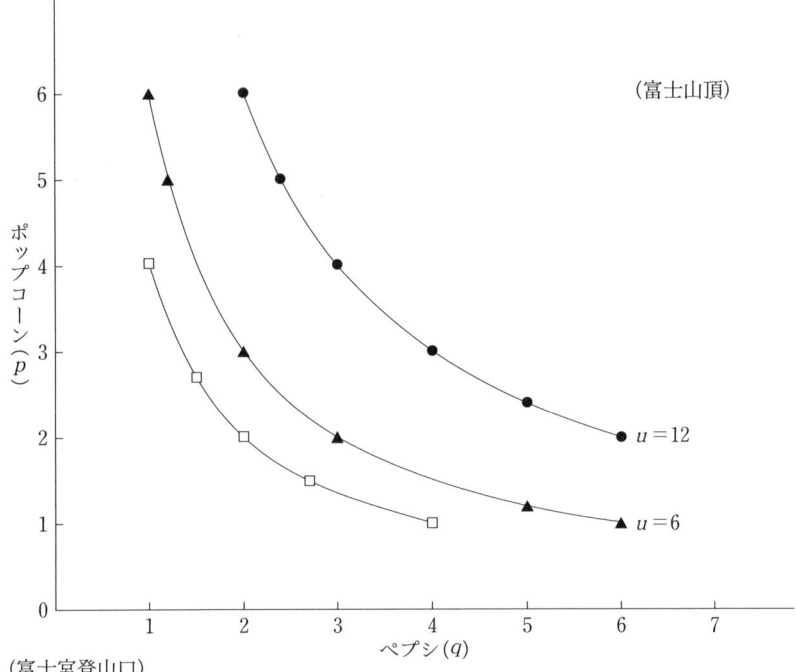

**図1-2** $u = p \times q$ のとき，$u = 12$，$u = 6$ となるポップコーンとペプシの組合せ。
　グラフでは，効用水準の4，6および12を得ることのできるポップコーン $p$ とペプシ $q$ の組合せが描かれている。効用水準を立体的に描くと，最高満足点＝山の頂点といったように，富士山のような山の形を想像できる。無差別曲線の図は，真上から撮影した空中写真に等しい。無差別曲線は同じ満足度を表しているから，同じ高度を表す等高線と同じ。
　効用レベル6は3合目，効用レベル12は5合目といったところ。無差別曲線群は，富士山の真上からの写真を頂上を中心に4等分し，その中の静岡付近または富士宮登山口方面から見た等高線群と同じ。効用水準が上昇するにつれて等高線も上がるから，効用曲線は原点 0（富士宮登山口）から右上隅（北東の富士山頂）に移動する。

ある同じ効用水準を得るために必要なポップコーンとペプシの組合せは，いくつか考えられるから，これらの組合せをつないでグラフに表すと，**図1-2**となる。

これらの，同じ満足を得ることのできるポップコーンとペプシの満足度曲線のことを無差別曲線という。(例2)では，6の効用水準を2袋と3カップまたは6袋と1カップのように，整数単位の組合せを考えている。それをどんどん細かな単位まで小さくしていくことが可能であれば，図のような曲線として描ける。また，この曲線上ではどの組合せも同じ効用を得ることができる。つまり，同じ水準の効用を得るという意味で，曲線上のすべての組合せは無差別となっている。

**無差別曲線は交わらない**
再度，無差別曲線を定義すると，次のようになる。また，同一無差別平面では無差別曲線は交わらないという重要な性質がある。

[無差別曲線の定義]
**一定の効用水準をもたらす商品(財・goods)の組合せを表す線。効用水準が異なる無差別曲線は決して交差しない。もし交差したら，ある商品の組合せは複数の効用水準に相当してしまう。**

無差別曲線が交わるとすれば，それは図1-3のように描くことができる。同一無差別線上では得られる効用は同じだから，$u = 6$におけるBとB′は6の満足度を得ることができる。もし，無差別曲線が交わったとしたら，BとB″も同じ無差別線上なので，同一の満足度6でなければならない。しかし，B″ではだいたい$3 \times 3.5$として，より高い10以上の満足度を実現している。したがって，B，B′とB″は無差別たり得なく，無差別という条件が満たされない。つまり，異なった効用水準の無差別曲線は，交わらない。

**予算制約**
入場チケットを購入した後では，こづかいは1,800円しか残っていない。

16　第1章　価格の決まり方

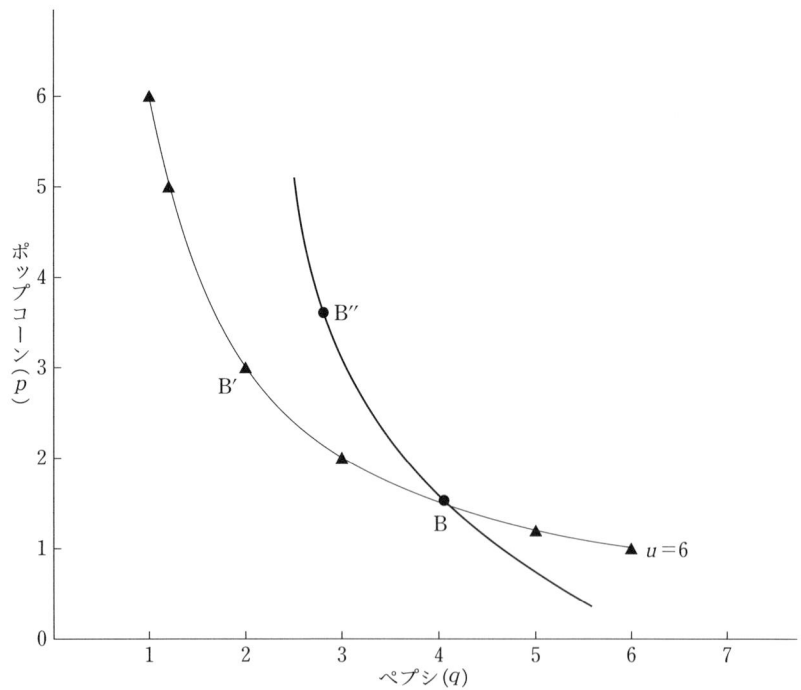

**図1-3　無差別曲線が交わったら。**
　無差別曲線は、等高線と同じ性質を持っている。もし交わるとすれば、図におけるすべての点によるポップコーンとペプシは同じ満足度を持つか、効用レベルの高度が同じになるはずである。ところが、明らかにB″はほかのどの点よりも山頂に近い、もしくは満足度が大きいといえる。これは、等高線の性質あるいは無差別曲線の性質と矛盾する。

　これから、購入すべきポップコーン p とペプシ q の組合せを考えるが、購入可能な数量は残金の多さで決められてしまう。例えば、ポップコーンが180円でペプシが150円だとする。残りのお金をすべて使い切ってしまうとすれば、購入可能な数量は次の式で表される。これを予算制約式という。

$$1{,}800 = 180 \times p + 150 \times q \tag{1-1}$$

［予算制約式］
　一定の予算と価格のもとで購入できる数量の組合せを表す式。
　予算は余すことなくすべて使い果たされるものと考える。

ポップコーンやペプシは，通常1個2個と整数で販売されるが，経済学では，連続した数で購入あるいは販売可能であると考える。したがって，先に述べたように，2.25個とか8と3分の1個の購入も可能となる。図1-4の上のグラフは予算制約式に対応する予算制約線である。予算の使い方としては，いろいろ考えることができる。たとえば，

(a) 1,800円すべてをポップコーンの購入にあてると，
　　1,800÷180 = 10 で10個購入できる。
(b) 逆にすべてペプシを購入すると，
　　1,800÷150 = 12 で12個買える。
(c) ポップコーン5個とペプシ6個でも1,800円になるし，
(d) ポップコーン6と3分の2個にペプシ4個でも1,800円使い切れる。

このようにすべての点をつなげると，一番上の直線になる。もし，ポップコーンの価格が値上がりして300円になれば，ポップコーンの最大購入数量は1,800÷300となるから，6個まで購入できる。そのとき，ペプシの価格は変化しないとすれば，予算制約線は $q = 12$ の点を中心に下の方に回転した2番目の直線のようになる。そのときの予算制約式は，次の(2)式となる。

$$1,800 = 300 \times p + 150 \times q \qquad (2)$$

先の例と同じように，ポップコーンが450円になれば，3番目の直線となる。この予算制約線に無差別曲線を重ねたのが図1-4における下のグラフである。

$$1,800 = 450 \times p + 150 \times q \qquad (3)$$

A：ポップコーン180円で5個，ペプシ6個のとき，効用水準30
B：ポップコーン300円で3個，ペプシ6個のとき，効用水準18
C：ポップコーン450円で2個，ペプシ6個のとき，効用水準12

ポップコーンが180円のときは，効用水準は30で最大となる。これより

18　第1章　価格の決まり方

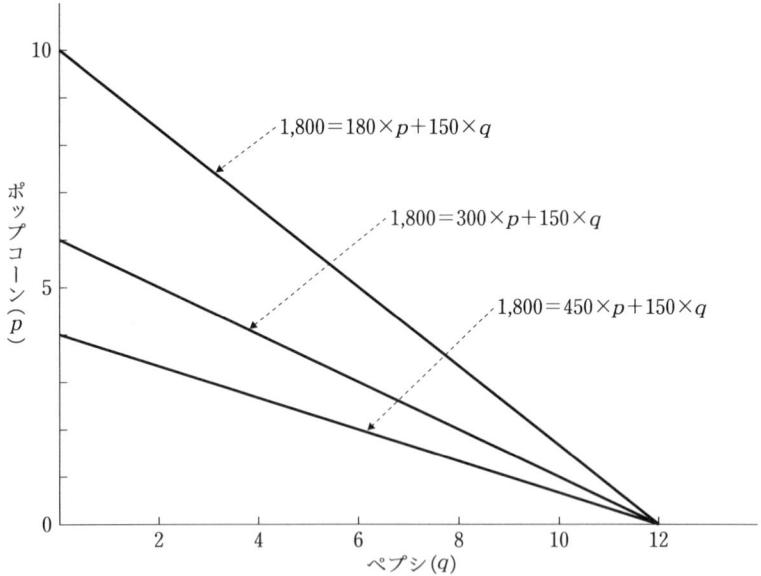

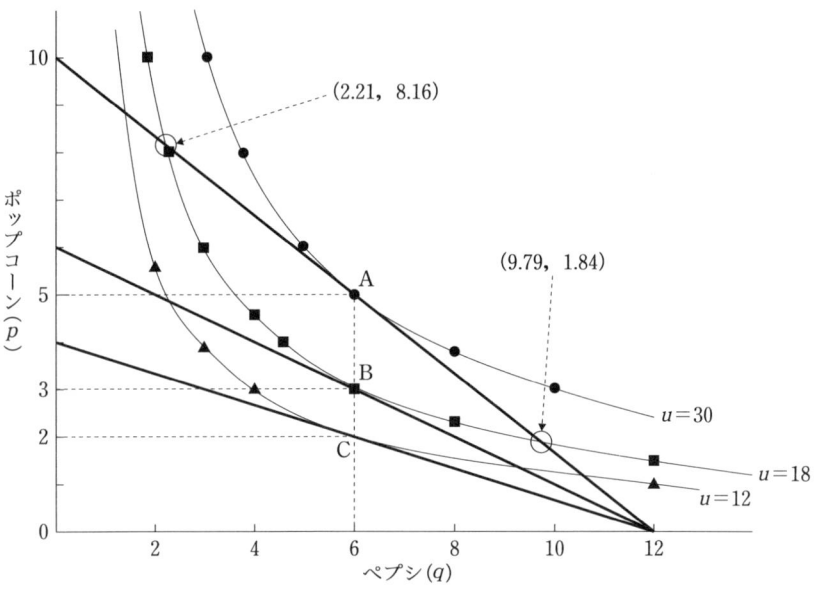

**図1-4　予算制約線と無差別曲線**

高い効用水準は多くを消費しなければ得られなく，予算制約から外れて購入不可能となる。一方，ポップコーン8.16個とペプシ2.21個，あるいはポップコーン1.84個とペプシ9.79個購入すると，効用水準18も予算を余すことなく使うという条件では達成可能であるが，点Aの方が有利であることは一目瞭然である。点Bと点Cでも，効用水準はそれぞれのポップコーンの価格のもとで最大である。

## 2. 需要を考える

### ポップコーンの需要曲線

図1-4の下の図から，点A，B，Cは，ポップコーン価格180円，300円，450円のとき，こづかいが1,800円という条件のもとで効用を最大にする購入数量を示している。つまり，価格とそれに対応する購入量の関係を求めることができる。そこでは，180円で5個，300円で3個，450円で2個が購入される。これらの組合せは，価格が与えられたときの消費者の購入量の関係として需要曲線に相当する。

[需要曲線の定義]
**所得（こづかい）や他の商品価格が変わらないという一定の条件のもとで，ある商品の価格と購入量（需要量）の組合せを描いた曲線**

図1-5では，次の予算制約を満たしながら効用を最大にするポップコーンの需要量が示されている。なお，ポップコーンの購入量と価格は小さな単位で取引できるとして，需要曲線を連続的に描いている。

（Ⅰ）1,800円の所得で，
（Ⅱ）効用の大きさが，$u = p \times q$ という形のかけ算の形

こうした個人の需要曲線から市場全体の需要曲線は導出されるが，**高い価格のときの需要量は少なく，低い価格のとき需要量は多くなるという関係**は

20　第1章　価格の決まり方

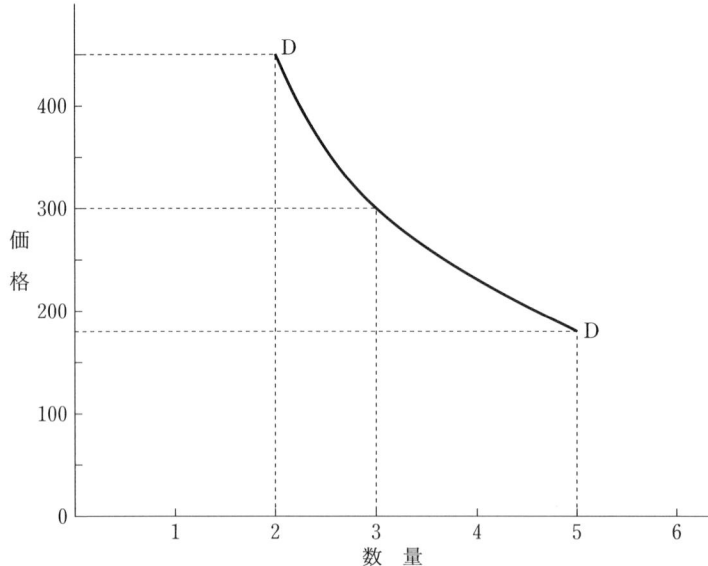

図1-5　ポップコーンの需要曲線

　消費者が一定の予算のもとで，消費から得られる効用を最大化するとき，需要曲線は右下がりとして得られる。例では，ポップコーンの需要を表しているが，たいていの場合，消費している財貨・サービスの価格が下がれば，以前よりも多く購入してたっぷり消費しようとするだろう。逆に価格が上がれば，消費を減らして代替的な何かを探すだろう。このように，価格と財貨・サービスの関係を表す形状は右下がりになる。

そのまま維持される。したがって，需要曲線は通常は右下がりの形状を持つ。

### 予算が増えて好みが変わったら

　応用例として，所得と消費者の予算と好みが変わった場合，需要曲線はどのように変わるだろうか。例として，所得は2,700円とする。単位当たりのポップコーンとペプシの量はかけ算で表されるが，1単位当たりに得られる満足度を前例の2倍とする。

　（I′）2,700円の所得で，
　（II′）効用の大きさが，$u = 2 \cdot (p \times q)$というかけ算の形

前例と比較すれば，

最大化される効用：u = 2・($p \times q$)

3通りの価格例：(1')　2,700 = 180×p + 150×q
　　　　　　　(2')　2,700 = 300×p + 150×q
　　　　　　　(3')　2,700 = 450×p + 150×q

　結果は図1-6に表される。ペプシの価格は150円で変わらず，その消費量も一定と考えれば，以前の結果と比較して，次のような結論となる。ポップコーンの価格が450円であれば3カップで効用は12〜13.5のレベル，300円下落すれば4.5カップで効用は18〜20.25，180円まで下落すると，7.5カップで効用は30〜33，5の水準を得ることができる。

　つまり，予算が増加し同時に消費の好みも強まれば，450円の価格では2カップから3カップへ，300円であれば3カップから4.5カップ，180円では5カップから7.5カップへ需要が増加することがわかる。したがって，新しい需要線は，D'D'線となる。

　市場に参加している消費者の所得が上昇すれば，より多くの商品が需要されて別の需要曲線が得られる。さらに，商品の種類・消費者の所得・消費者の好み（効用の感じ方）によってさまざまな需要曲線が存在する。スポーツにかかわる財貨サービスの生産者のみならず，すべての生産者はそれを分析して商品の供給をコントロールすることがおもな仕事である。

　無差別曲線と予算線の理解が深まったので，応用例として，給料と仕事時間，そして余暇やスポーツ時間の配分の分析ができる。労働の供給はマクロ経済学における重要なテーマであるが，ミクロ経済学による個人の最適化問題を考えることで，両者の関連を分析することができる。

　一般に労働時間が増加すると，所得は増加してそれによる効用水準も上昇する。また，余暇時間を十分とってスポーツを楽しめば，同じように効用水準は増加する。しかし，1日は24時間しかないから，勤務時間の長いハードワークによる所得の増加とスポーツをする余暇時間の増加は両立しない。つまり，効用を増加させるためにはどちらかが犠牲となる。

　スポーツと仕事の関係を分析するため，効用関数は仕事量に比例する所得

22　第1章　価格の決まり方

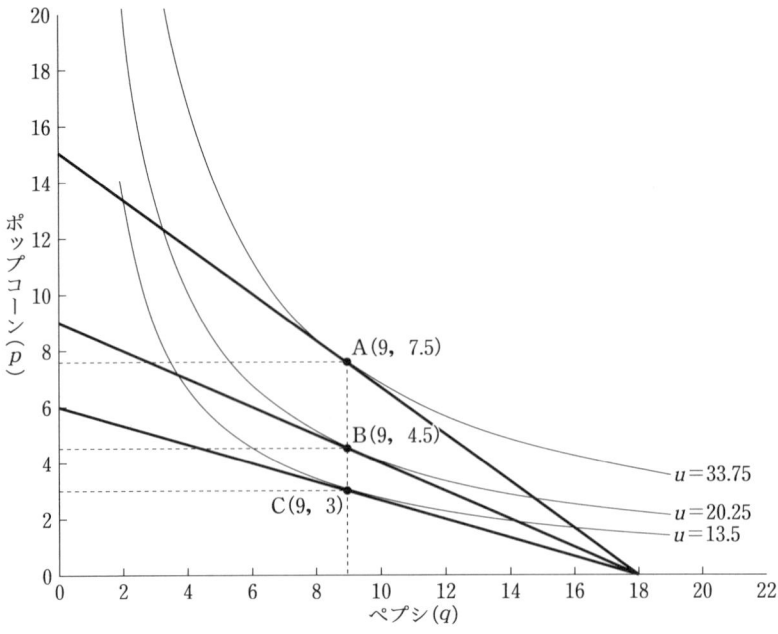

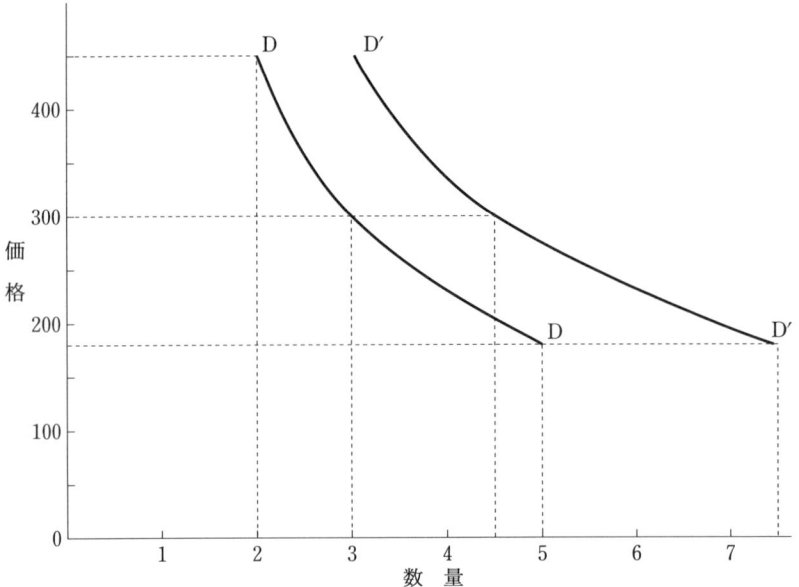

**図1-6**　ポップコーンの需要曲線・予算と好みが変わった場合

$Y$ と余暇時間 $S$ に依存して決まると考える。簡単化のために，この個人は，所得と自由時間を自由に選択できるものとする。また，ポップコーンやペプシの例のように関数型をかけ算にするというように具体化せず，単に効用水準は所得 $Y$ と余暇時間 $S$ が多ければそれだけ多くの効用を得ると仮定する。効用関数は，単純に次のような関数型をしているが，形状はポップコーンやペプシの例のように原点に向かって凸の形をした等高線群である。

$$u = u(Y, S)$$

この効用水準を最大化したいと考えているが，制約条件または予算線に相当するものとして所得がある。所得は労働時間に比例して増加するが，所有時間を $H$ として，$H$ を仕事時間とスポーツ時間 $S$ に振り向けることができる。仕事時間は，持ち時間からスポーツの時間 $S$ を引いた $(H-S)$ となるから，時間当たりの賃金を $W$ とすれば，所得は次式になる。なお，$W$ は時給換算で何円と表示され，それは貨幣賃金率と呼ばれる。

$$Y = W \cdot (H-S)$$

この個人は，持ち時間について，余暇またはスポーツの時間 $S$ と仕事の時間 $(H-S)$ に分けなければならない。たとえば，すべての時間を余暇に使うと所得はゼロで，$H=S$ となる（$Y=0$ の水準）。これらの関係は，図1-7 に示される。

**仕事と自由時間，スポーツする時間をどう配分するか**

所得が，当初の $W_0$ から $W_1$ へ増加すると，給料が増加するため効用水準も上昇する。しかし，図からわかるように，スポーツに費やす時間は減少して，AからBへと働く時間が増える。さらに，賃金率がより高い $W_2$ の水準まで増加すると，効用最大の条件はCとなる。ところが，C点では労働時間よりスポーツに費やす時間が逆に増えている。その理由として，以前よりもお金持ちになったため，賃金の増加から以前よりも余計に余暇やスポーツを楽しみたいと考えたのかもしれない。

仕事時間は $(H-S)$ として，すべての個人について集計化すれば労働量 $L$

24　第1章　価格の決まり方

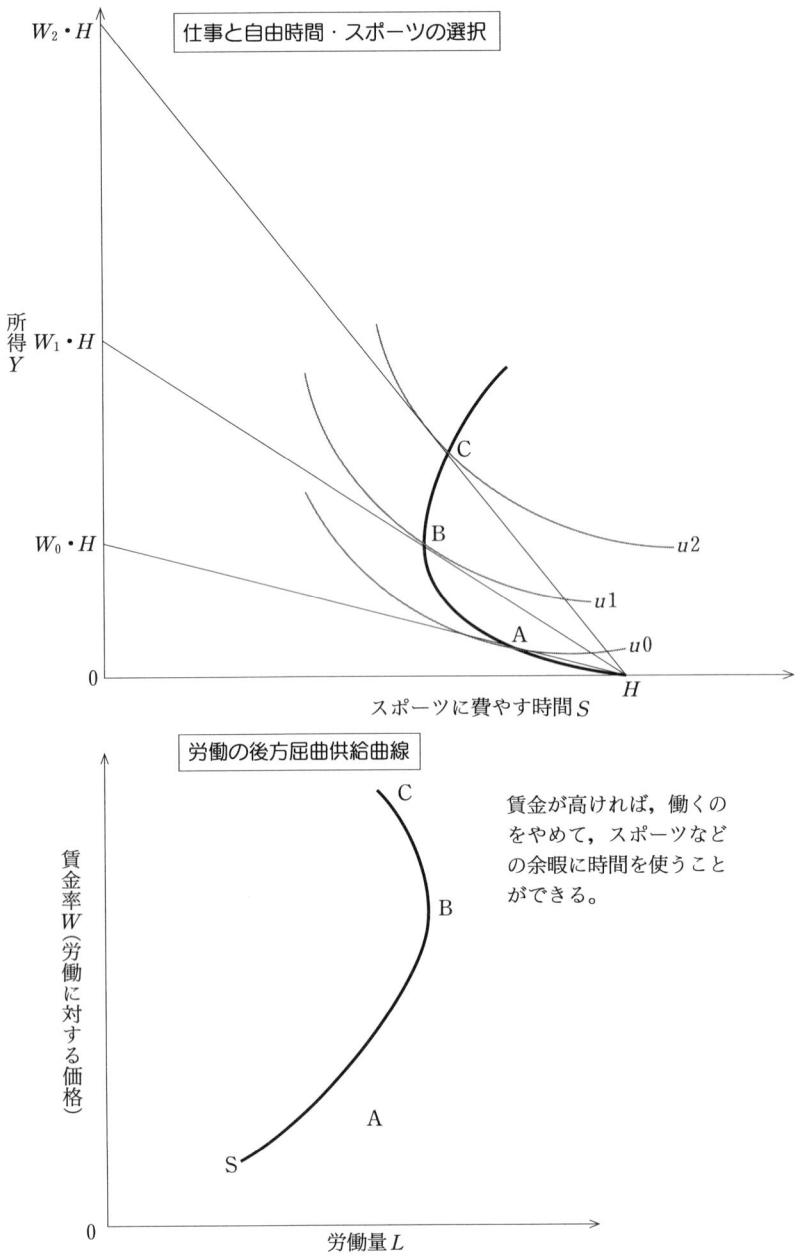

図1-7　給料が十分高ければスポーツ(余暇)時間を増やせる

となる。図1-7の上の図から，賃金率 $W$ が大きく増加すれば，余暇の $S$ が増加していることがわかる。このことから，図1-7の下に示されているように，**ある賃金水準を超えて賃金が増えると，労働の供給を減らすかもしれない。これを，労働の後方屈曲供給曲線という**。なお，マクロ経済学の労働供給は集計化された概念であり，個人の個別行動の合計に等しい。

このような**供給曲線の形状が後方屈曲になるかどうかは，個人の賃金増加の「所得効果」と「代替効果」に依存**している。賃金増加の所得効果とは，所得の増加によってより豊かな消費つまり余暇やレジャーに消費を振り向ける効果を意味する。また，賃金増加の代替効果とは，高い賃金率が働く意識を高め，以前よりも多く働きたい気持ちになる。そのため，余暇にさく時間は貴重なものとなり，高くつく。つまり，余暇の価値または価格は労働の価格より高まり労働への意欲が強まることをいう。所得効果が代替効果に打ち勝つとき，労働供給は後方屈曲，つまり高い賃金では仕事を減らして余暇を増やすことになる。

## 3. 企業はどのように生産を決めるか

### 生産計画を立てる

2000年後半に入り，プラズマや液晶の薄型テレビの価格は「1インチ＝1万円」から「1インチ＝5,000円」へと，従来の価格が半分に下落した。とくに，10〜20インチ代の中小型テレビは，ほとんど利益が出ない状況であった。30インチ代も値下げ傾向に入り，メーカー各社は大画面テレビに力を入れて，大画面テレビで値引き競争が開始された。また，2009年度のエコポイント導入と継続的な物価下落により，薄型液晶テレビ購入が飛躍的に増加した。たとえば，40インチ液晶テレビ購入では，エコポイントの導入により 23,000 円キャッシュバックされ，売上増加に寄与した。

［キーワード］
**総費用曲線・生産量・平均費用・限界費用・損益分岐点・供給曲線**

ところで，店頭で消費者が購入するとき，同一の人であっても，予算，購入動機，購入地域などが違えば，それぞれ異なる選択をして，状況に応じて消費を調整している。つまり，単一の計画が継続されて，消費の意志決定も継続されることは考えにくい。したがって**消費者の需要は常に短期的**である。

### (例3) 薄型テレビを製造する

家電メーカーは，テレビの売上げ増加から，次のような手順で薄型大画面テレビを製造する。

1. 企業は薄型大画面テレビの増産をすることに決める。
2. 工場の決定，組み立て機械の導入，原材料と人手の確保を行う。
3. 実際に製造を開始する。
4. 生産量を決める。

企業が商品を製造するとき，商品の種類や性能を決め，実際に店頭に並ぶまでに，かなりの期間が必要とされる。しかもひとたび製造し始めると，年単位で工場は稼働することになる。つまり，**企業は常に自分たちの生産活動は長期的なものだと考えている**。実際，薄型テレビが一般向けに生産されはじめると，数年間に何十万台と生産され，これからもつくり続けられる。企業は，消費者の需要に大きな関心を持って生産活動を行うが，もし製造しても利益が得られないならば，製造しないという判断もあり得る。企業が生産量を決めるには，何を知る必要があるのか。

### 生産量と必要な総費用

企業が生産を行うとき，必要な費用と生産量の関係はどのようになっているだろうか。短期的な費用を考えた場合，現在の工場で今ある機械と人手を使って，原材料を加工することから，短期的な総費用は，大まかに固定費用と可変費用の2種類の費用から次のように構成される。

**短期的総費用 ＝ 固定費用（工場・機械・人手）＋可変費用**

固定費用 FC(Fixed Cost)とは，たとえ生産量がゼロでも発生する費用である。たとえば，契約による土地や建物の賃貸料，警備のためのガードマン給料など，短期の支払い約束に基づいている。固定費用は，減価償却費，契約上の賃金，賃貸料を含み，「間接費用」とも呼ばれる。また，生産量がどのように変化しても影響されることのない費用である。可変費用 VC(Variable Cost)は生産量がゼロのときはゼロであるが，生産量の増加によって増える部分である。原材料費，賃金，燃料費などが含まれる。

[総費用の定義]
総費用 TC(Total Cost)は生産量 $q$ の各水準を生産するために必要とされる最低の貨幣支出額の合計である。

時間の単位を1年以上の期間に引き延ばして，つまり長期的に考えると，費用の性格が変化する。たとえば，工場の新築・拡張・移転・閉鎖，最新式の組み立て機械の導入，従業員の新規雇用や解雇などによって，固定費用をも生産量に応じて変えることができる。したがって，長期的費用に固定費用は存在せず，すべての費用が可変的となる。

**長期的総費用 = 可変費用**

**企業の生産工程**
通常，総費用は生産量の増加とともに増えるが，つねに一定の割合で変化するわけではない。次のような生産工程を考える。

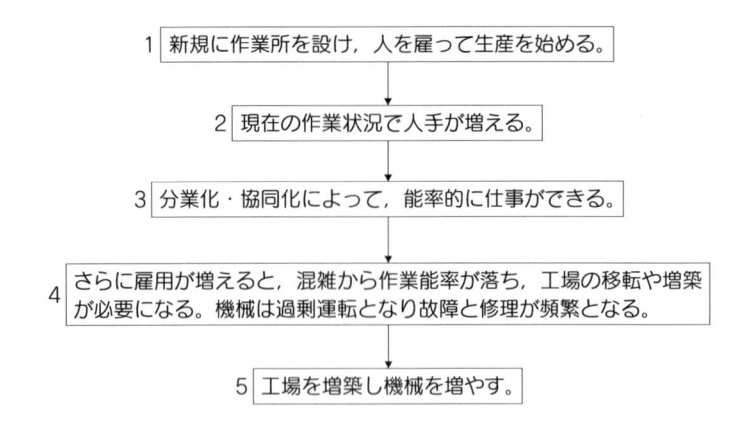

1 新規に作業所を設け，人を雇って生産を始める。

2 現在の作業状況で人手が増える。

3 分業化・協同化によって，能率的に仕事ができる。

4 さらに雇用が増えると，混雑から作業能率が落ち，工場の移転や増築が必要になる。機械は過剰運転となり故障と修理が頻繁となる。

5 工場を増築し機械を増やす。

### 過程1

ゼロから工場と人手を調達するので，総費用が急激に増加するが，最初の1単位の生産費用の増加が最も大きくなる。工場はまだ余裕があるが，生産が増加するにつれて人手は徐々に不足し始める。

### 過程2〜3

たとえば，1人1日に10台生産可能な従業員が10人働くと，10人で100台ではなくそれ以上生産できる。つまり，分業と流れ作業による協力により，必ず生産台数は増える。120台の生産のために12人が必要なのではなく，それ以下で対応できることになり，1台当たりについて，相対的に費用は減少する。

### 過程4

工場の機械やスペースには限りがあるので，道具の空きを待つ時間が生じたり，けが人が出たりして，作業がしにくくなり能率が落ちる。過程3よりも費用がかかるようになる。機械のメンテナンス費用も増加する傾向がある。

### 過程5

工場の増築費用と機械の導入費用がかかり，総費用は大きく増加する。総費用は，生産量の増加とともに直線的に増えていくのではなく，過程2〜3のようにゆるやか増加したり，過程4・5のように急激に増加したりする。

### 総費用曲線

　これら過程1から過程5の関係を図で表したのが**総費用曲線**である。なお，費用をいくつかの項目に分類することも可能である。たとえば，生産のために借りた土地や建物の地代と家賃などがあり，生産量の多少にかかわらず，操業が停止していても稼働していても必要な費用である。これらの費用は，固定費用という。

　第2は，先の定義の通り可変費用である。可変費用には，おもに2つに分類できる。1つめに，原材料や工場の操業のための燃料などは，生産に応じて増減する。生産量が増加すれば購入量は増えて減少すれば減るので，比例費用という。2つめの要素は，混雑などの操業効率の低下などから発生する費用，生産能力を超えた操業による機械の故障に対する修理費などが考えられる。これは，生産高には比例しないため，不比例費用という。

# 第2章 スポーツとミクロ経済学

## 1. 費用とは

### 平均費用と限界費用

総費用 TC は，固定費用と可変費用の合計である。また，増加分がしだいに増えることを逓増といい，総費用の形状は可変費用の形状から，逓増的な費用関数ともいう。

[平均費用]
**総費用と生産量の関係を表した曲線。生産量の増加とともに総費用は増加する。**

ところで，前章で記した 1～5 の過程のなかでは，2 種類の費用が考慮されていることに気づく。つまり，

① 1 単位の生産がいくらの費用でできるか。
② 1 単位だけ生産を増やすためにいくらの費用が追加されたか。

過程 2～3 で，120 台生産のための人件費が節約できるとは，1 台つくるための人件費がそれ以前より少なくてすむということで，①の費用の考えに相当する。この費用を**平均費用**という。

過程 4 では，同じように費用をかけても，もはや以前のように生産量が増加しない状況がおきている。また過程 5 は，生産を増やすためには思い切っ

た費用増が必要になっている。これらの過程においては，1台当たりの費用のほかに，②のもう1台増産するためにどれだけ費用を増やすかを念頭に置いて生産活動がなされている。②の費用のことを**限界費用**という。

［平均費用］
**生産物1単位当たりの費用。**
［限界費用］
**生産物の1単位増産のための追加的費用。**

具体的な数値を用いて，総費用曲線と平均費用・限界費用を見てみよう。平均費用や限界費用は，一定の割合で変化していないことがわかる。平均費用は生産物1単位当たり（この例では1,000個が1単位）の費用なので，総費用を生産量で除した（割った）数値である。なお，平均固定費用と平均可変費用の形状は，後に説明するように，最適な生産量や利潤決定に重要である。

　　平均費用 ＝ 総費用÷生産量
　　平均固定費用 ＝ 固定費用÷生産量
　　平均可変費用 ＝ 可変費用÷生産量

限界費用は，生産物を1単位増産したときに必要な追加的費用のことなので，追加的費用を増産量で除した数値として定義できる。

　　限界費用 ＝ 追加的費用÷増産量

表2-1の数値例をそれぞれを図に表すと，図2-1のグラフとなる。FC・固定費用は30として，生産数量に関係なく発生する費用であるから，横軸に水平となる。また，生産量がゼロであっても，一定の金額が発生する。この企業の例においては，切片として30である。VC・可変費用は，生産量が増えるにしたがい増加する。また，その特徴として，ある数量まではゆるやかに増加するが（この例では5から6），一定の量を超過して生産すると

1. 費用とは　　33

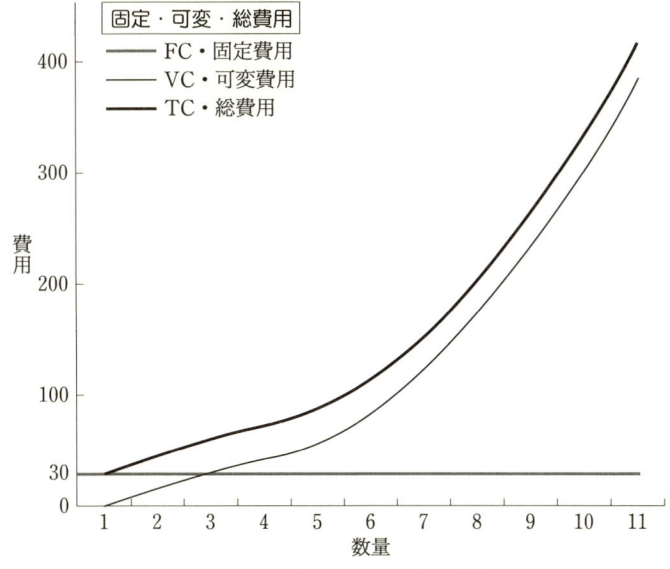

図 2-1　総費用と可変・固定費用

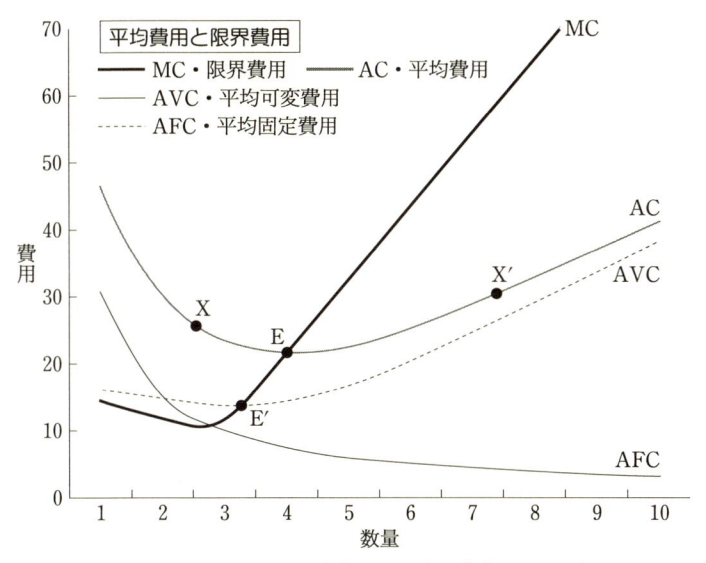

図 2-2　限界費用と平均費用，平均可変費用との関係

表 2-1 生産のための費用

| 生産量 q | 固定費用 FC | 可変費用 VC | 総費用 TC=FC+VC | 限界費用 ΔTC/Δq | 平均費用 AC=TC÷q | 平均固定費用 AFC=FC÷q | 平均可変費用 AVC=FC÷q |
|---|---|---|---|---|---|---|---|
| 0 | 30 | 0 | 30 | *19*[*1] <br> **16**[*1] | 無限大 | 無限大 | |
| 1 | 30 | 16 | 46 | *15* <br> **14** | 46 | 30 | 16 |
| 2 | 30 | 30 | 60 | *12* <br> **11** | 30 | 15 | 15 |
| 3 | 30 | 41 | 71 | *12* <br> **16** | 24 | 10 | 14 |
| 4 | 30 | 57 | 87 | *22*[*2] <br> **26** | *22*[*2] | 8 | 14 |
| 5 | 30 | 83 | 113 | *33* <br> **40** | 23 | 6 | 17 |
| 6 | 30 | 123 | 153 | *44* <br> **49** | 26 | 5 | 21 |
| 7 | 30 | 172 | 202 | *55* <br> **60** | 29 | 4 | 25 |
| 8 | 30 | 232 | 262 | *65* <br> **71** | 33 | 4 | 29 |
| 9 | 30 | 303 | 333 | *76* <br> **72** | 37 | 3 | 34 |
| 10 | 30 | 385 | 415 | *77* | 3 | 3 | 39 |

[生産量・q(quantity)とその生産にともなって発生するいくつかの概念]
FC(Fixed Cost)：生産量とは無関係な固定費用，VC(Variable Cost)：生産量の増減に応じて変化する可変費用，
TC(Total Cost)：生産に必要な費用の総額で，[固定費用＋可変費用]の合計，
**MC(Marginal Cost)：限界費用という概念で，[生産量1単位増産したとき，それにともない増加する費用]**，
AC(Average Cost)：平均費用として，[ある生産数量における1単位当たりの平均費用]，
AFC(Average Fixed Cost)：平均固定費用として，[ある生産数量における1単位当たりの平均固定費用]，
AVC(Average Variable Cost)：平均可変費用として，[ある生産数量における1単位当たりの平均可変費用]。

[*1]太字は1単位当たりの限界費用で，生産量1単位増加したときの総費用の差額を計算している。また，斜体の数字は図2-1の限界費用曲線から読み取ったものである。
[*2]生産量4単位で，平均費用と限界費用が等しく(AC＝MC)なっている。また，最小の平均費用と限界費用が等しくなっていることに注意しなければならない。

(7，8と増えるにつれて)，急激に増加することがわかる。数値例では固定費用は生産量に関係なく30で，可変費用は生産量が1単位増加するごとに(たとえば，1単位1,000個)，0，16，30と増加する。総費用は固定的な30と生産単位に応じた可変費用の和となる。限界費用は，生産単位が1単位増加するごとに増える追加費用として，差額を計算している。諸平均費用は，各費用項目について生産量に対する割り算である。

### 平均費用と限界費用の性質

限界費用と平均費用，平均可変費用の関係については，先に述べたように，いくつかの注意が必要である。図2-2をもとに説明しよう。

①限界費用曲線 MC は，最初は減少するがやがて上昇に転ずる。また，平均費用曲線 AC と平均可変費用曲線 AVC も同じように，減少から増加へと転ずる。平均固定費用曲線 AFC は，数量の増減にかかわらず一定の固定費用に対する平均費用だから，数量が増加する限り(分母が大きくなるから)減少する。

②限界費用曲線 MC は，平均費用曲線 AC の最小水準，つまり AC 曲線の最小水準の A で交差することに気をつけなければならない。たとえば，E 点より左側の水準 X では，限界費用は平均費用より低い。このことは，MC＜AC だから，生産量増加の追加的な費用である MC は減少傾向にあるから，平均費用 AC を引き下げる。E 点より右側の水準，たとえば X′ では MC＞AC だから，反対に，生産量増加にともなう追加的な費用 MC は平均費用 AC を増加させる。このように考えると，E 点では MC＝AC となっている。つまり，限界費用と平均費用が等しくなったところで，平均費用は減少が止む。また，その等しくなった点 E を超えると，平均費用は増加する。したがって，E 点は平均費用 AC の最小の値となっている。

$$MC = AC = AC 最小値 \quad (E 点)$$

［限界費用と平均費用が等しくなるところは，交差点の平均費用が最低水準］

③限界費用曲線 MC は，平均可変費用曲線 AVC の最小点で交差する。これは，AC と MC の交差に関する議論と同じ。つまり，MC＜AVC であれば，限界費用は平均可変費用を引き下げるし，MC＞AVC であれば，

限界費用は平均可変費用を引き上げる。交差の点 E′ は，平均可変費用 AVC の最小値となっている。平均費用 AC は，平均可変費用 AVC と平均固定費用 AFC の和である。したがって，限界費用と平均費用の交点である平均費用の最小値 E は，限界費用と平均可変費用の交点である平均可変費用の最小値 E′ よりも大きくなる。

$$MC = AVC = AVC 最小値 \quad (E′ 点)$$

［限界費用と平均可変費用が等しくなるところは，交点の平均可変費用が最低水準］

### 損益分岐点と供給曲線

表 2-1 と図 2-3 から 3 単位の生産を考える。このとき限界費用は平均費用より小さい。つまり 1〜3 単位の平均費用よりも，3 単位目を増産するのに必要な追加的費用の方が小さいことになる。表 2-1 では平均費用は 24 で限界費用は 12 である。

1 単位が平均 24 の費用で生産されているときに，12 の費用で生産できる生産物を加えると，全体の平均費用は小さくなる。たとえばチームの平均打率より打率の低い打者がチームに加われば，チームの平均打率が下がるのと同じである。

逆に，6 単位の生産では，限界費用は平均費用よりも大きい。ひとたび限界費用が平均費用を上回ると，平均費用が低下することはなく上昇し続ける。これらのことは先の節で少し述べたが，限界費用と平均費用が等しいとき，平均費用は最小となる。この関係をまとめると次のようになる。

①平均費用曲線も限界費用曲線も U 字型である。
②平均費用が低下してるときは，限界費用曲線は平均費用曲線の下にある。
③平均費用が上昇してるときは，限界費用曲線は平均費用曲線の上にある。
④平均費用が最小のところで，限界費用曲線と平均費用曲線は交差する。

この企業が損しないためには，少なくとも平均費用と等しい価格で販売しなければならない。なぜなら，

1. 費用とは 37

価格×数量 = 収入

平均費用×数量 = 総費用

なので

収入 ≧ 総費用

（損をしないための条件）となるためには

価格 ≧ 平均費用

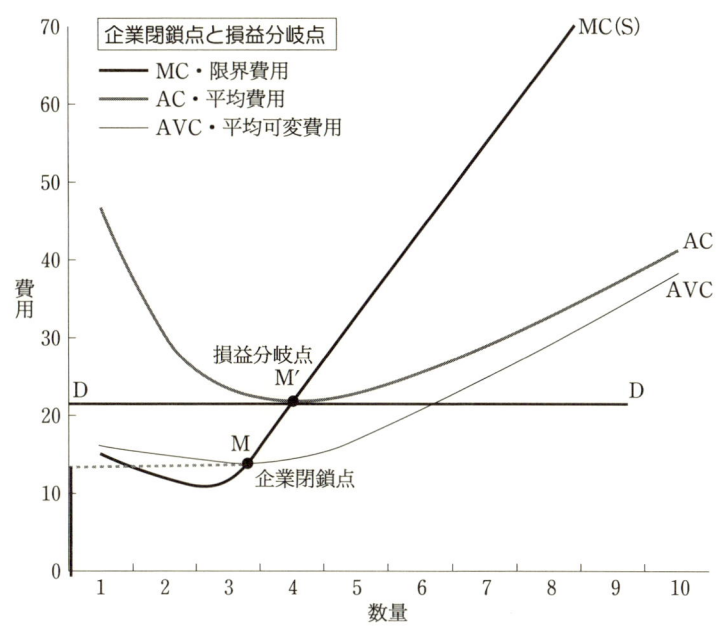

**図 2-3 損益分岐点と閉鎖点，限界費用と供給線**

　企業が生産活動を計画して実行している最中では，固定費用も生産量に応じて変更できるから，可変費用がコスト管理の最大の関心事になる。M点では，実質的に，投じた費用すべてを償うことができなくなるので，企業は工場閉鎖を決定する。多数の企業が同一の生産物を作成していれば，誰も価格支配力はないので，価格は生産量の多寡にかかわらず同じとなる。図では費用が 21 前後として，水平な需要線となる。もし，この需要線が損益分岐点 M′ と接していれば，企業の利潤はゼロとなっている。なお，この水準では新規企業の生産参入，既存企業の生産退出はない。

　競争市場では価格一定で，需要線 D はある価格で数量に関係なく一定となる。また，供給線 S は企業閉鎖点より上の MC に相当する。

でなければならないからである。**価格は平均費用と同じか，それ以上でなければ，損をしてしまう。企業にとって価格とは，つねに外部から与えられるものである。**それは薄型テレビのケースを見れば明らかである。いくらで売りたいかではなく，**与えられた価格でいくつ生産するかを決めることが経営者の仕事**である。

**生産量と利潤**

**仮定1**：企業は，価格と平均費用が等しくなるように生産量を決めるとする。

先述の②の場合と③の場合では決定的な違いが生じる。②の場合(3単位の生産)は，1単位の増産は必ず平均費用(24)以下でできるので，価格が平均費用(たとえば1,000個当たり2億4,000万円)に等しければ，次の1単位12(次の1,000個は1億2,000万円)は価格よりも安くなる。1個につき24万円で売れる生産物が，1個12万円でつくれるならば，企業は必ず増産する。

③の場合(6単位の生産)は，1単位の増産は1,000個当たり約4億4,000万円かかるのに対して，平均費用は1,000個あたり約2億6,000万円である。つまり1台26万円で売る生産物を1台44万円もかけてつくることになる。企業がこのような増産を受け入れるはずはない。

ここで気がつくことは，増産の決定に関しては限界費用の方が重要視されるということである。「**いくらで売れるものが，いくらでつくれるか。**」が増産の決め手である。それならば，仮定を次のように変えて考えてみよう。

**仮定2**：企業は，価格と限界費用が等しくなるように生産量を決めるとする。

②の場合(生産量3単位)は，価格イコール限界費用であるので，1単位12(1,000個当たり1億2,000万円)で販売することになる。しかしこのとき1単位つくるのに24(1,000個2億4,000万円)かかっている。3単位として単位当たりを3倍して，収入は3億6,000万円で総費用は7億2,000万円となり，赤字が出てしまう。これは，少なくとも価格は平均費用以上でなければならないという条件に反する。④の場合は，平均費用と限界費用が交差す

る点より左側では，つねに赤字が生じ，生産活動をする意味がない。

③の場合(生産量6単位)は，1単位44(1,000個約4億4,000万円)で販売し，収入が約13億円2,000万円で総費用が7億8,000万円となる。その差額5億4,000万円は利潤である。ついに企業は利潤を手に入れることになる。

**供給曲線と損益分岐点，企業閉鎖点**

利潤のない生産活動よりも，利潤が得られる方が企業にとって好ましい。④の点から左側では生産しなければ，赤字を出す心配もなくなる。④のような点を**損益分岐点**という。図2-3においては，M′が損益分岐点となっている。

[損益分岐点]
利潤が0になる点

企業は，平均費用ACよりも限界費用MCを重視し，価格Pが限界費用MCと等しくなるように生産する。

企業の価格と生産量の関係を図で表したものは，供給曲線といわれる。言い換えると限界費用と生産量の関係を表していることになる。つまり図2-3の限界費用曲線のM′点から右側がこれに相当している。

このように，企業は自らの限界費用曲線にしたがって，生産の判断を行う。つまり，短期的には，限界費用と価格が等しいとするMC＝Pの条件が成立している。しかし，交点Mのような価格を受け入れたとすれば，M点では，生産を続けたとしても，企業はちょうど可変費用を取り戻すくらいしかないほど，市場価格が低迷していることを意味している。企業は生産の瀬戸際に直面しており，その価格以下では企業は生産を止める。このM点は企業閉鎖点と呼ばれる。

企業閉鎖点
その価格以下では，可変費用も回収できない臨界点。

企業は生産を止める。
MC＝P＝AVC の最低点

　なお，企業閉鎖点から損益分岐点の間の価格では，企業は固定費用を償う金額をいくらか受け取っているから，生産を続けるかもしれない。しかし，一般的に，企業は利潤が発生する分岐点の損益分岐点を超えた市場価格で，生産を開始する可能性が高い。そこで，企業の供給曲線は次のように定義される。

［供給曲線の定義］
　企業が，与えられた価格に対して提供しようとする数量の関係を図示したもの。競争市場では企業閉鎖点から右側の限界費用曲線のこと。通常は右上がりの形状を持つ。

　ところで，供給曲線は生産者の限界費用から計算されたものであるが，需要曲線は消費者の予算と嗜好から導き出されたものである。生産者は価格が与えられて，売上げが実現すると利潤が確定するが，それは需要任せであり，予想するしかない。つまり，**生産者は自らの技術が集約された供給曲線を把握しながら，消費者の需要を予想して期待収益を予想**する。次節では，供給曲線と需要曲線から，均衡価格と取引量を理解する。

## 2. メーカー（生産者）はどのように価格を決めるか

スポーツの記録とハイテクギア
グラスファイバー・ポール
　スポーツの世界では，競技種目に使用する用品について，記録を大幅に塗り替えるような技術革新が見られる。たとえば，棒高跳びは棒を使って跳ぶ高さを競う競技である。ルーツは，羊飼いが杖を使って柵や小川を飛び越していたものといわれているが，はじめのころは頑丈で折れにくいペカンナッツなどのクルミの木，ヒッコリーやもみの木，トネリコが使われていた。高

さを競うためには、より長く重い木が必要となるが、重さのために代替的な材質のポール（高飛び用の棒）が必要となる。1800年代は材質が木の時代であり、記録は3m台であった。やがて、1900年代初頭から竹ポールが主流となり、記録は5mに迫る（最高記録4m77cm）ようになる。しかし、竹ポールは折れるという致命的な欠陥を持っており、スチール、アルミニウム、メタルポール（最高記録4m83cm）と混在することになるが、記録は16フィート（4m87cm）が限界といわれた。

ところが、1962年にしなやかさの極限ともいうべき性質を持ったグラスファイバー・ポールが登場して状況は一変した。グラスファイバー・ポールは、ガラス繊維を熱硬化プラスチックのなかに入れて、成型・硬化したもので、360度曲げても折れない。このポールの登場により16フィートの限界は破られ（4m89cm）、世界記録は6mの壁を越えるにいたる。グラスファイバー・ポールは、6m50cmあたりが限界といわれている。棒高跳びの記録更新の歴史は、新素材のポール開発によるため、次世代のハイテクポールの出現によって塗り替えられる可能性が大きい。

**レーザーレーサー**

2000年のシドニー・オリンピックのころから、水着メーカーの競争は激しくなったといわれている。イギリスのスピード（Speedo）社は、2008年2月に、画期的な競泳水着であるレーザーレーサー（LZR Racer）を発表した。そして、8月の北京オリンピックまでに、着用選手たちは長短水路の世界記録を71個更新した。LZRは着るのに30分かかるという欠点はあるにせよ、体を強い力できつく締め、凸凹を減らすことによってその体積を減らし、水から受ける抵抗を弱めた。また、極薄ナイロン生地を超音波で縫合し、縫い目をなくして、できる限り抵抗を減らしている。この水着は日本水泳連盟と国内水着メーカー3社（アシックス、デサント、ミズノ）との契約もあり、当初は着用が認められなかった。しかし、最終的に日本水泳連盟は着用の自由化を認め、日本選手も自由に選べることとなった。

グラスファイバー・ポールの出現同様に、LZRの出現は、記録を飛躍的に短縮した。100mで0.5秒、200mで1秒の短縮が実現された。ただし、高性能の一方で高額な販売価格が問題になった。アスリート用の水着として

は破格のおよそ 7 万円だったのである。

### イグニタス

2010 年の南アフリカで開催されたサッカーワールドカップ（W 杯）では，戦前の予想を覆して，日本チームは大いなる活躍を見せ，本田圭佑選手のシュートでカメルーン戦に快勝した。本田選手は，ゴールキーパーが弾道の軌道を予測しにくい無回転シュートを蹴り，得点をあげることができた。このキックを可能としたのが，本田選手のアドバイスを受けてミズノが開発したサッカースパイクシューズ・イグニタス（IGNITUS）である。

スパイクシューズの市場は，アディダス，プーマおよびナイキがおもなシェアを占めていた。W 杯参加選手 23 名中 16 選手が 3 社のスパイクシューズを使用していた。そのような状況で，本田選手の活躍により，国産メーカーが開発したスパイクシューズの販売が，中高生に向けて大きく伸びることになった。このシューズも人気のせいか，ほかのシューズよりも割高で販売されていたが，売上げは順調であった。

新機軸製品を開発したメーカーは独占的に各種製品を販売できる。これらのメーカーは，**独占して供給が可能なため，価格を自由に決めることができる**。これを独占または不完全競争と呼ぶ。これらの会社はどのような価格付けが可能になるだろうか。

### スポーツグッズ販売の限界収入と需要線

企業の利潤を決めるものは，売上げによる収入と生産に要した総費用で，その差額が利潤となる。同じものをつくっているメーカーが多数ある場合，企業がどれだけ生産するかは，市場で決まった価格を判断して損益分岐点を超えた水準で決める。

図 2-4 では，仮想的なスポーツグッズメーカーの総費用線と，生産量を決定する管理者が予想する総収入線が書かれている。総費用は既述のものであるが，**総収入は消費者の予算と嗜好を予想して生産者が予想するものである**。総収入は生産量の増加とともに売上げが期待され，$y_0$ の生産量で売上げによる収入が予想される。ただし，この水準を超えて市場に出回れば，過剰供給の感じから売上げが徐々に減少していくと考えられる。利潤が最大になる

ところは収入線と総費用線の差，図2-4では矢印で表された両線の幅が最大になるところで，利潤が最大になっている。

収入線の傾き，つまり，**生産量１単位増加させたときの収入の増減は限界収入**という。限界収入は，売上高の増加とともにはじめは増加するがやがて減少して，最大収入の水準でゼロとなる。一方，**生産量１単位増加させたときの費用の増減は限界費用**であることはすでに述べた。限界費用ははじめ減少の傾向にあるが，やがては増加傾向に転じる。このことから，限界収入と限界費用が等しい産出水準で利潤が最大になる。

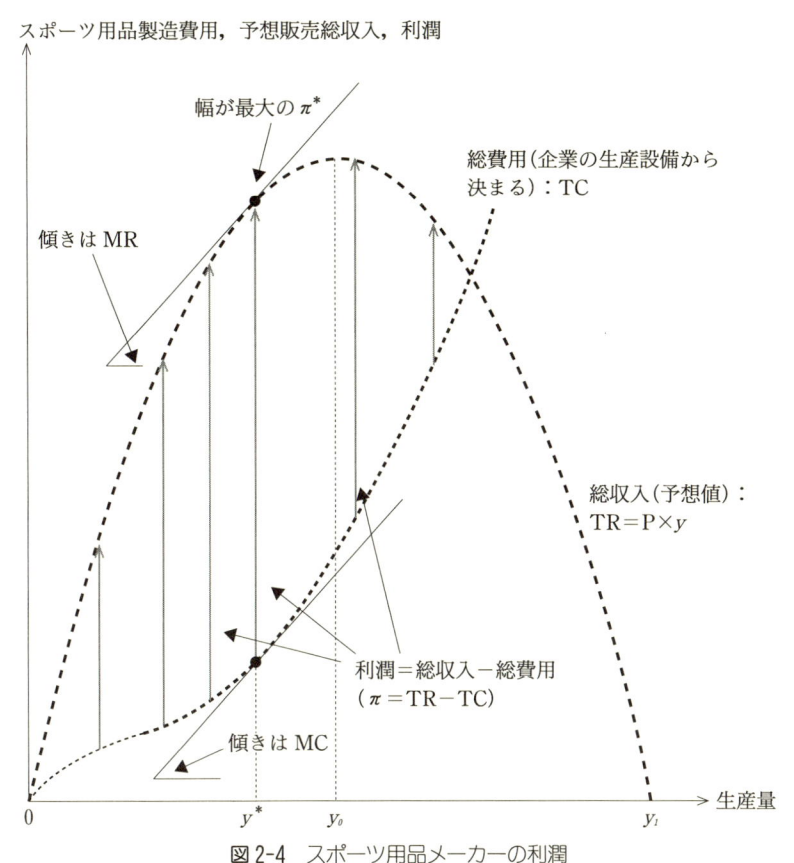

**図2-4 スポーツ用品メーカーの利潤**
限界費用＝限界収入(MR＝MC)，利潤最大化条件は，πの幅が最大のところ

① MR > MC

$y^*$ より低い生産水準では，生産量が増加すると，増加する収入が増加する費用を上回る。……まだ収入が増やせるから生産の継続

② MR < MC

$y^*$ より高い生産水準では，生産量が増加すると，増加する費用が増加する収入を上回る。……収入はさらに減少するから生産の中止。

③ MR = MC の水準，生産水準は $y^*$ となり，増加する収入が増加する費用と釣り合う。……利潤幅は最大となる。

図では生産 $y^*$ で利潤極大となり，そこで利潤極大の条件として，次の関係が成立している。

［企業の利潤極大の条件］
**限界収入 ＝ 限界費用（MR ＝ MC）**

なお，注意すべきは，消費者は短期的に意志決定を行い，生産者は長期的に意志決定を行う。もし何かの生産計画を持った場合，生産者は生産が始まるときの消費者の意志決定を予想して，つまりどれだけつくったらどれだけ売れるであろうかを予測して生産計画を立てるはずである。図2-5では，計算済みの限界費用と企業が予想する総収入を比較して生産量を決めている。

### スポーツ用品メーカーの生産量と利潤の決定

メーカーは自分の工場の生産技術を集約した限界費用は把握しているが，実際作ってみて，どれだけ売れるかは予想するしかない。たとえば，需要は価格 $P$ と生産量 $y$ の関係を表すもので，需要は右下がりであることを考慮すると，たとえば，次のような一次式で書くことができる。ただし，$a$ は切片 $b$ は需要線の傾きである。

需要線 DD：$P = a - b \cdot y$

収入 $R$ は価格×生産量（売上げ）であるから，需要の関係を考慮すれば，かけ算として次のように表せる。

収入 $R = 価格 \times 売上げ = (a - b \cdot y) \times y = a \cdot y - b \cdot y^2$

　限界収入は，生産量 $y$ 1単位当たりの収入 $R$ の増加分で，収入曲線の傾きと同じであった。収入 $R$ を売上げ $y$ で微分した値（$dR/dy$）が限界収入となっている。つまり，

限界収入 $= dR/dy = a - 2b \cdot y$

　需要線が直線であれば，限界収入は2倍の傾きを持つことになる。これらの関係を表しているのが，図2-5のスポーツ用品メーカーの限界費用，平均費用，限界収入，需要線と利潤の関係である。

　企業はMRとMCが等しいところで利潤を最大にする生産量 $y^*$ を見つける。そこでは，予想された需要線から，価格 $P^*$ で販売できるから，総収入は，価格×売上げとして $P^* \times y^*$ が総収入となる。また，$y^*$ における平均費用ACは総費用TCを $y^*$ で割ったものだから，AC×$y^*$ が $y^*$ における総費用となる。かくして，$y^*$ における利潤 $\pi^*$ は，総収入から総費用を引いて，次のように求めることができる。

利潤　$\pi = (P^* \times y^*) - (AC \times y^*) = (P^* - AC) \times y^*$

　図2-3における斜線部分が，利潤となる。さて，先のトピックスで述べた独占的に供給できるスポーツグッズの販売量はどのようにして決められるのだろうか。その答えのヒントとなるのは，弾力性の概念である。

## 3. スポーツグッズの生産量を決める弾力性

### 弾力性とは何か

　一般に，弾力性という言葉からは，タイヤやボールなどが外からの力に対応して弾む性質あるいは反発する強さを連想する。経済学における弾力性も同じである。消費者や生産者が，所得の増減や価格の変動などが起きたとき，購入量や生産量がどのように変化するのかを表す。弾力性が大きいとは，変動に対応して購入量や生産量が大きく変わることを意味する。

図中テキスト:

価格(p)

「不完全競争市場においては，需要線は右下がりとなる。なぜなら，企業は価格支配力を持ち，高い価格で利潤を上げることができる。」

D
MR
$\pi^* = (P^* - AC) \times y^*$
P*
限界費用：MC
平均費用：AC

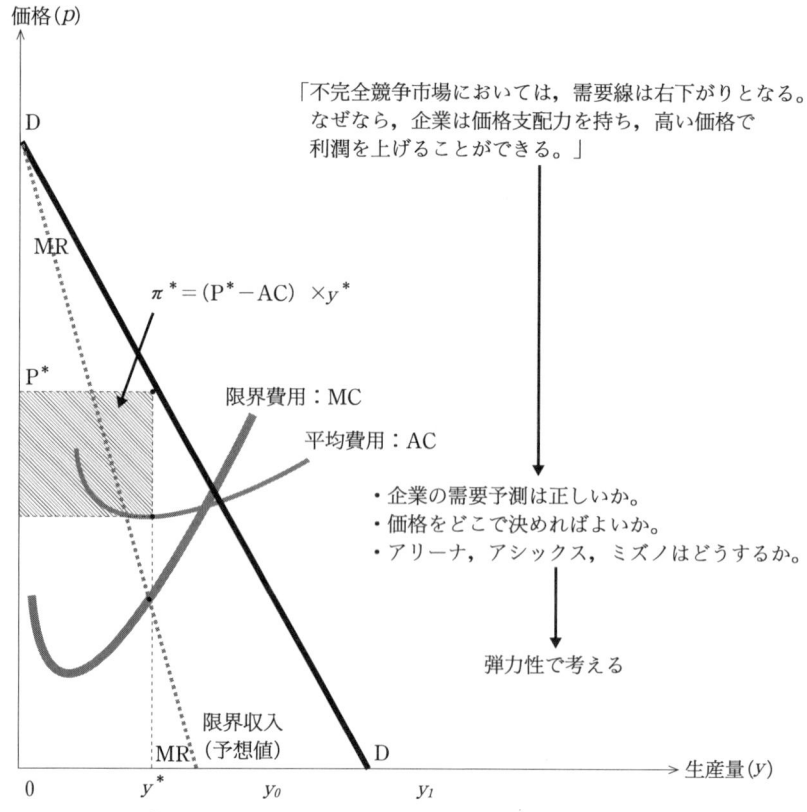

・企業の需要予測は正しいか。
・価格をどこで決めればよいか。
・アリーナ，アシックス，ミズノはどうするか。

弾力性で考える

限界収入
MR（予想値）
D
0　　y*　　　y₀　　　　y₁　　　　　生産量(y)

図2-5　スポーツ用品メーカーの限界費用，平均費用，限界収入，需要線と利潤
利潤最大化条件は，限界費用＝限界収入（MR＝MC）で決めた価格 P* と生産量 y*
総収入は P*×y*，総費用は AC×y*，利潤π* は ｛(P*×y*)−(AC×y*)｝

　消費者は価格が上がれば購入量を減らす。例として100円の値上がりに対して，購入量の変化が異なる2つの財（商品）で考える。

　　A財　元の価格1,000円　　→　　1,100円
　　　　 元の購入量10単位　　→　　8単位
　　B財　元の価格　 100円　　→　　 200円
　　　　 元の購入量10単位　　→　　6単位

A財は100円の価格上昇に対して2単位の購入量の減少，B財は同じく100円の上昇に対して4単位購入量を減少させる。これだけから見ると，B財はA財に比較して2倍も購入量を減少させるから，B財の方が弾力性が大きいと考えがちである。

しかし，これには重要な情報が含まれていない。つまり，変動以前の状況が考慮されていない。1万単位から9,900単位になるのと800単位が700単位なるのは同じことではない。また，50円が80円になることと2,000円が2,030円になることは受け止め方が違って当然である。変動前の状況に照らして変化の大きさを捉えることが重要となり，こうした点を考慮して，弾力性を変化率で表す。

$$需要の価格弾力性(e) = -\frac{需要量の変化率}{価格の変化率}$$

したがって，A財は

$$A財の価格変化率 = \frac{100円}{1,000円} \quad A財の需要量の変化率 = \frac{-2単位}{10単位}$$

$$A財の需要の価格弾力性(e_A) = -\frac{-2/10}{100/1,000} = -\frac{-2/10}{1/10} = 2$$

需要量の変化率は2単位の減少なので符号が負となっている。同様にB財は

$$B財の価格変化率 = \frac{100円}{100円} = 1 \quad B財の需要量の変化率 = \frac{-4単位}{10単位}$$

$$B財の需要の価格弾力性(e_B) = -\frac{-4/10}{100/100} = -\frac{-4}{10} = \frac{2}{5} = 0.4$$

弾力性の比較は，符号を除いた数値の大小で判断する。なぜなら，変化の向き（増加するか減少するか）ではなく大きさのみを問題とするからである。価格が上昇すれば需要量は減少するから，需要の価格弾力性から符号の影響を排除するために，マイナスをつけて計算する。上の計算からAの方がBよりも需要の価格弾力性が大きいと判断できる。先ほどと反対になったのは，変動前の状況をふまえた結果である。

## 需要の価格弾力性

弾力性は英語で elasticity といい，通常 e で表す。弾力性が1より大きければ**弾力的**(elastic)，1より小さければ**非弾力的**(inelastic)という。価格を p，数量を x とし，変動前の価格を $p_1$，数量 $x_1$，それぞれの変化の大きさを $\Delta p$，$\Delta x$ とすると**需要の価格弾力性**(price elasticity of demand) $e_d$ の定義式は次のようになる。

$$e_d = -\frac{\Delta x/x_1}{\Delta p/p_1} = -\frac{p_1}{x_1} \times \frac{\Delta x}{\Delta p} \qquad (2\text{-}1)$$

A財の弾力性の値は2だから弾力的で，B財の弾力性の値は0.4で非弾力的といえる。弾力性にはおもに4つの概念があり，それらには

1. 需要の価格弾力性
2. 需要の所得弾力性
3. 需要の交差弾力性
4. 供給の価格弾力性

がある。我々の興味は需要の弾力性にある。

需要の価格弾力性とは，価格の変化率に対する需要量の変化率の割合である。つまり，価格が1％変化したとき需要量は何％変化するかを表している。表2-2のような需要量と価格の関係を持つ財を例とすると，前の定義式から弾力性が計算できる。

ある価格における需要量は表の左から1列目と2列目に示されている。

この関係は需要関数と呼ばれ，図に表せば需要曲線となる。価格が7のときに価格が1だけ下落すると，需要量は2から4に増加する。$p_1$ が7，$x_1$ が2，$\Delta p$ が1，$\Delta x$ が2だから，弾力性は7になる。価格が1ずつ下落し需要量が2ずつ増加するときの弾力性が，表の右から2番目の列に示されている。

表 2-2 需要関数の弾力性

| 価格 $p$ | 数量 $x$ | 総支出 $p \times x$ | 弾力性 $e_d$ | |
|---|---|---|---|---|
| 1 | 14 | 14 | 1/7 | 非弾力的($e_d < 1$) |
| 2 | 12 | 24 | 1/3 | 非弾力的($e_d < 1$) |
| 3 | 10 | 30 | 3/5 | 非弾力的($e_d < 1$) |
| 4 | 8 | 32 | 1 | $e_d = 1$ |
| 5 | 6 | 30 | 5/3 | 弾力的($e_d > 1$) |
| 6 | 4 | 24 | 3 | 弾力的($e_d > 1$) |
| 7 | 2 | 14 | 7 | 弾力的($e_d > 1$) |

需要関数：$x = -2p + 16$

**需要線と価格弾力性**

このように1つの需要関数においても，価格弾力性は一定とは限らない。これを図に表すと図2-6のようになる。需要関数の傾きから(2-2)が成立し，

$$\frac{\Delta x}{\Delta p} = -2 \tag{2-2}$$

(2-1)式に代入し $e_d$ を1とすると $p/x$ は1/2となり，($p$, $x$)(4, 8)の点で弾力性は1となる。その右側は $e_d$ は1より小さく，左側は $e_d$ は1より大きくなる。

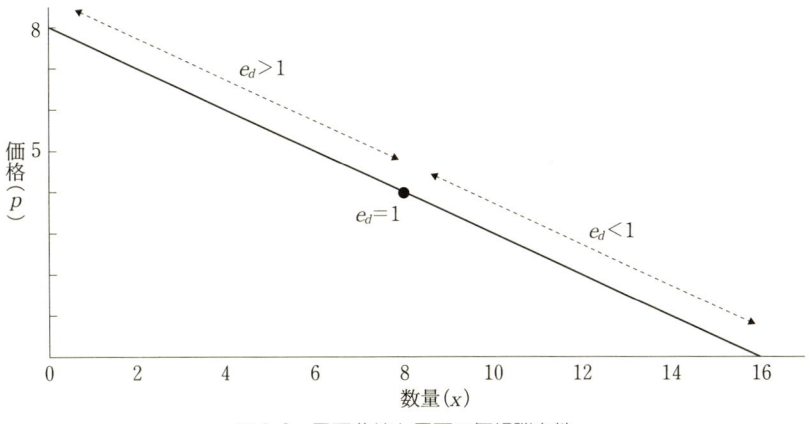

図 2-6 需要曲線と需要の価格弾力性

需要の価格弾力性は，このように，需要曲線上のはかる位置によって異なっている。そこで，異なる形状の需要線を並べた場合，どちらが弾力的か比較を行う。

図2-7には異なる形状の需要線が描かれている。需要線を重ねたとき，2つの需要線の交点で弾力性を比較すると，傾きがゆるやかな需要線は傾きが急な需要線よりも，価格変化に対する需要変化が大きいから，弾力性の値が大きくなる。したがって，多少表現が曖昧であるが，より垂直な需要線はよ

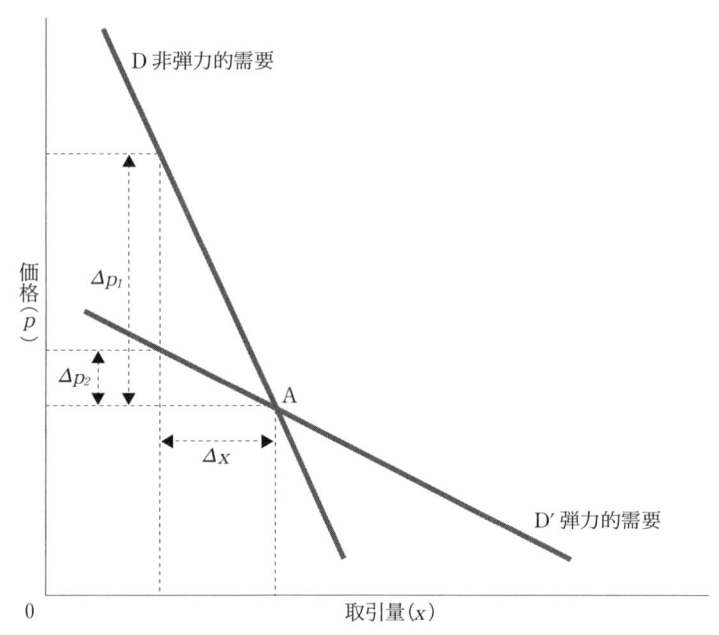

図2-7 弾力的・非弾力的需要の比較

異なる需要線について，交点Aで弾力性を比較すると，弾力性の定義からその大きさを比較できる。

$$e_d = -\frac{\Delta x/x_1}{\Delta p/p_1} = -\frac{p_1}{x_1} \times \frac{\Delta x}{\Delta p}$$

傾きが大きいほど，単位需要 $\Delta x$ 当たりの $\Delta p$ は大きくなる。したがって，弾力性は，上の式だから，$\Delta p$ が大きいほど相対的に非弾力といえる。ただし，交点とは別に，各需要 D と D′ 線上における弾力性は，右方向に行くにつれて弾力的（大きくなり），左下方向に行くにつれて非弾力的（小さくなる）となる。

需要線の比較で弾力的か非弾力的かは，その交点で比較していることに注意しなければならない。

り非弾力的であり、より水平な需要線はより弾力的といえる。

　LZRは大変高価であり、経済力が潤沢なチームでのみ利用可能であったことはすでに述べた。この理由はいくつか考えられるが、①供給したメーカーにとって、材料費と加工賃が割高であったこと、②非弾力的な商品の性格を持っていたため、独占的な販売が可能であったことなど、いろいろその理由を考えることができる。①は企業秘密であるから、これは部外者にはうかがい知れない。②の独占的地位を利用した販売方法については、これまでの知識から、高価な価格付けを理解することができる。

### 勝つためには不可欠で高価だが替えがないもの

　たとえば、LZRが非弾力的な財として、勝つためには不可欠で、高価でこれに替わるものがないとすれば、図2-8の(A)の図のような需要線となる。S1として、当初4単位の供給を行っていれば、価格は3万円となる。需要する側は、勝つためには不可欠で替わるものがないために、多少の供給調整が行われたとしても購入する可能性がある。そこで、S2として供給量を絞ったとすれば、価格は7万円で受給が一致する。この結果、供給量を4から3単位に減らし、価格を3万円から7万円の上げれば、収入は4×3＝12から2×7＝14として、収入は増加することになる。つまり、**非弾力的な財であれば、供給量を減らしながら、価格を上昇させると生産者の利益が増加**する。

　図2-8の(B)の図は、弾力的なケースである。**弾力的な財は、とりあえず購入延期が可能で、安価でこれに替わるものがあるばあいである**。比較のために、当初6単位5万円で販売していたところ、価格を7万円上げて供給量を2単位に減らせば、収入は30万円から14万円に減少することとなる。販売量が実現するかどうかは別の問題として、むしろ価格を下げて販売量を確保した方が企業にとっては利益となる。つまり、価格を下げて、マーケットシェアを広げ（販売量の確保）ることにより、収入の増加が期待できる。

　図2-9はこれまでの議論をまとめている。各社は個別の需要予測から、それぞれ個別の需要線に直面しているが、同じような生産物で生産者は多数存在するため、価格競争が行き着いて単一価格に決まらざるを得ない。しかし、

52　第2章　スポーツとミクロ経済学

(A)

非弾力的需要

7×2＝14

＊価格上昇(3→7)は，収入を増加(12→14)させる

3×4＝12

非弾力的な財とサービスに対する価格付け

価格($p$)　　取引量($x$)

(B)

＊価格上昇(5→7)は，収入を減少(30→14)させる

7×2＝14

5×6＝30

弾力的需要

弾力的な財とサービスに対する価格付け

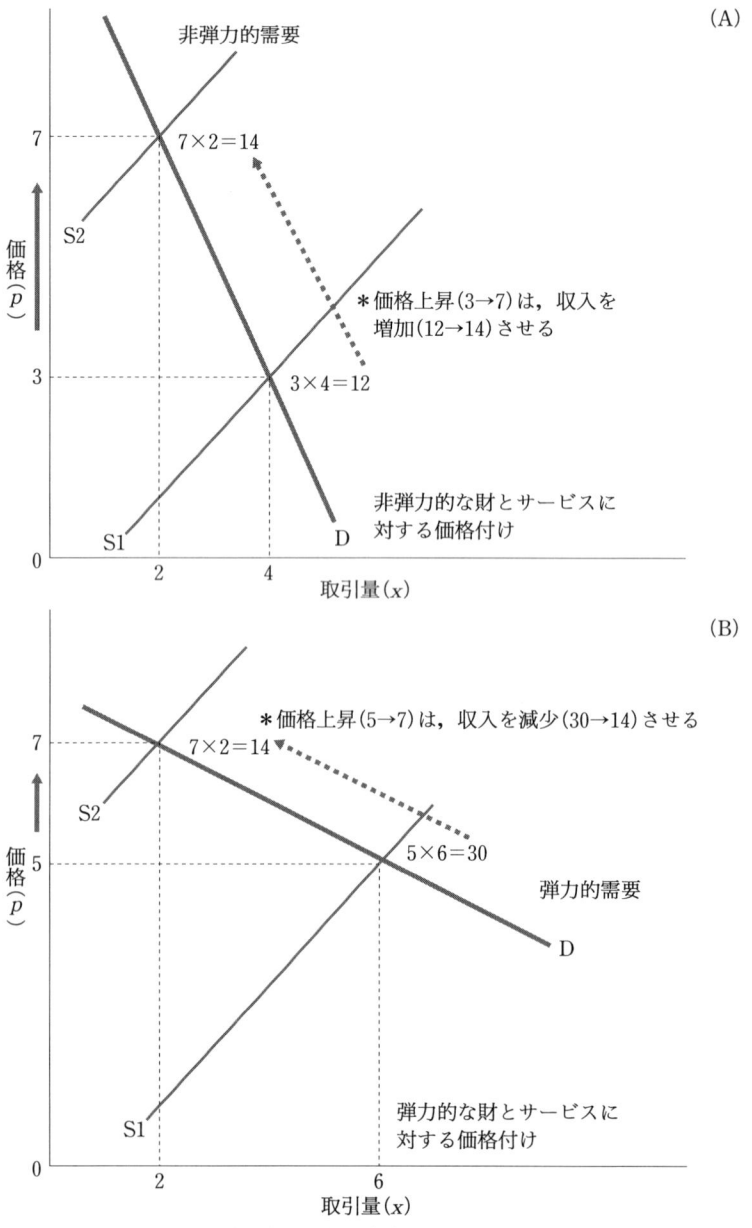

価格($p$)　　取引量($x$)

**図2-8** 独占企業の価格決定…需要は非弾力的か．
注：価格×取引量は，それが実際に販売されると企業の収入となる．

3. スポーツグッズの生産量を決める弾力性    53

同業他社とはまったく違い，優位を持った水着を生産できたとすれば，その会社の予測する個別需要線が産業の需要線となり，水平にはならないのである。なお，あくまでも仮説的な例であることに注意されたい。

1. アシックスの予想需要線

2. アリーナの予想需要線

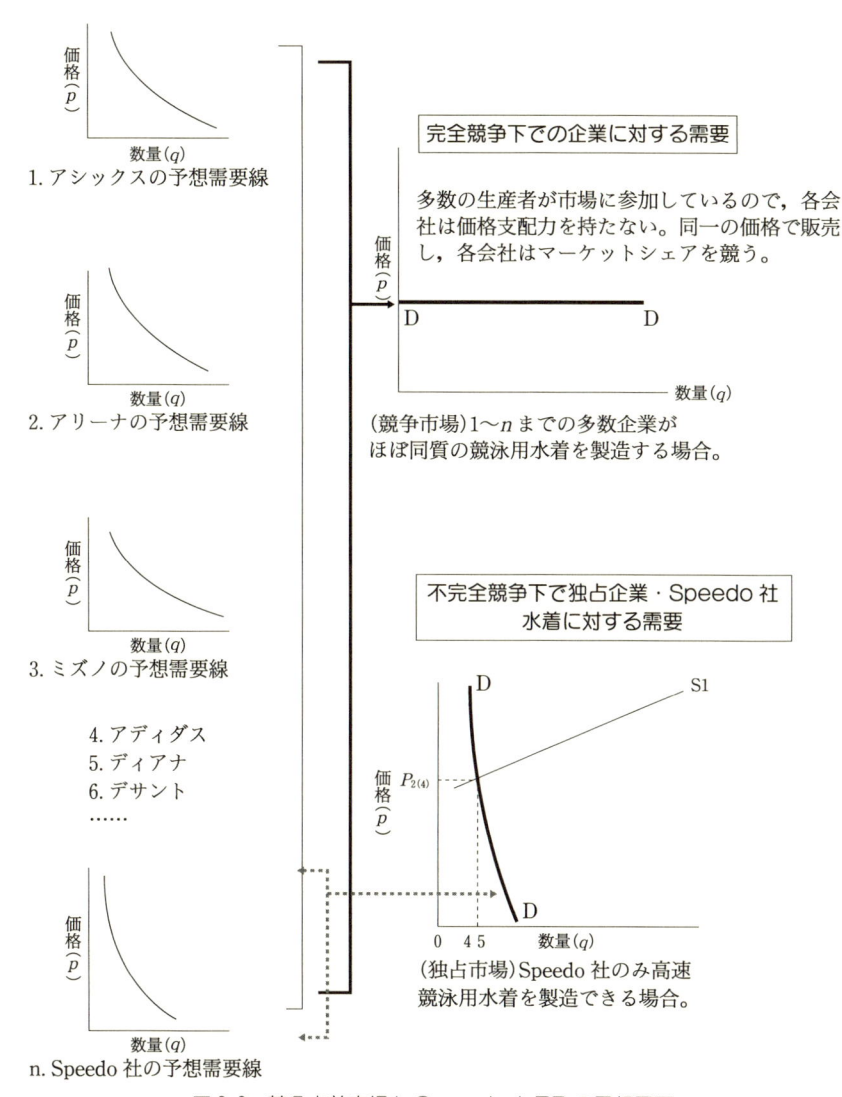

3. ミズノの予想需要線

4. アディダス
5. ディアナ
6. デサント
……

n. Speedo 社の予想需要線

**完全競争下での企業に対する需要**

多数の生産者が市場に参加しているので，各会社は価格支配力を持たない。同一の価格で販売し，各会社はマーケットシェアを競う。

(競争市場) 1〜n までの多数企業がほぼ同質の競泳用水着を製造する場合。

**不完全競争下で独占企業・Speedo 社水着に対する需要**

(独占市場) Speedo 社のみ高速競泳用水着を製造できる場合。

**図 2-9　競争水着市場と Speedo・LZR の予想需要**

### 競争市場と独占市場では価格決定が異なる

もう少し深く説明すれば,

①もし,アシックス,アリーナ,ミズノ,アディダス,ディアナ,デサント,……,Speedo 社が同じような材質で,機能も同じような水着をつくっていたならば,各企業の予想する需要曲線に相違があっても,水着産業全体ではほぼ横並びの価格付けがされてしまうだろう。機能は同じであるから,あとは消費者は好きなブランドで水着を買うかもしれない。この場合は,どこのブランドで買っても機能は同じため,価格はほぼ同一価格となり,水着産業全体では水着需要は水平線となる。図 2-10 にこの関係が示される。消費者にとって,機能が同一だから,代替的な水着はブランドの数だけあり,競争的で弾力的需要の水着を購入できる可能性が高い。これに対して,

② Speedo のほかに代替的な水着がなく,勝つためには不可欠で替えのない LZR を販売してるのは Speedo 社だけで,ほかに代替的な水着がない。このとき,競争市場の①の場合と異なり,Speedo 社の想定する需要曲線が産業全体の需要曲線となる。図 2-11 にあるように,S1 から S2 へ供給量を大幅に減少させ,価格を P2 から P1 へ上昇させ,収入を 20 から 24 に増加させることができる。つまり,**不完全競争における独占企業は右下がりの需要線に直面して独占的な価格支配力を持ち,少量生産で高価格を維持して収入を増加させることが可能**となる。

棒高跳びや,水泳,サッカーの例にあるように,スポーツの記録には新機軸製品の開発がつねに必要となる。開発に成功したメーカーは,独占企業として,価格を自由に決めることができる。また,少量の生産で高い価格付けをすることにより,収益を増加させることも可能となる。生産しているスポーツ用品について,それが代替的か非代替的な商品かにより,生産量と価格付けの戦略が異なってくる。

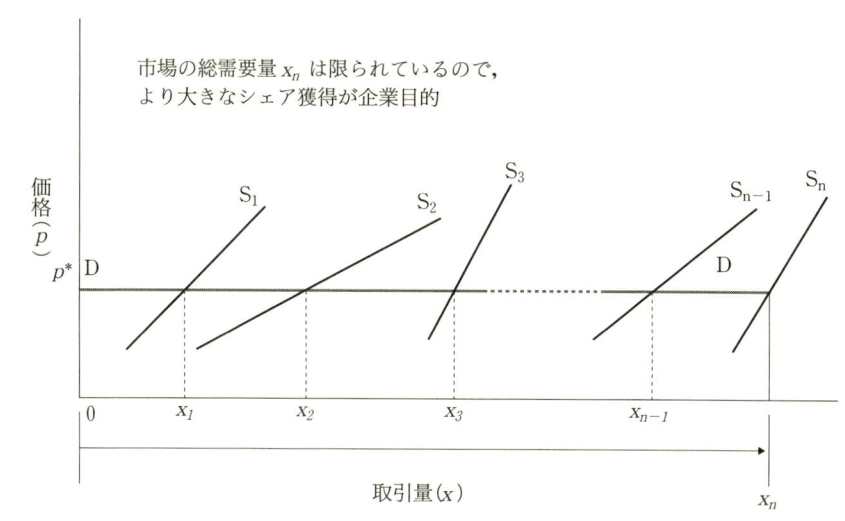

3. スポーツグッズの生産量を決める弾力性　　55

市場の総需要量 $x_n$ は限られているので，
より大きなシェア獲得が企業目的

**図 2-10**　スポーツ用品の競争的市場における価格決定とシェア競争

供給の大幅な減少

Speedo 社は右下がりの需要線に直面し，独占的な販売により価格支配力を持つ。少量生産で高い価格を維持し，利益を増加させることも可能となる。

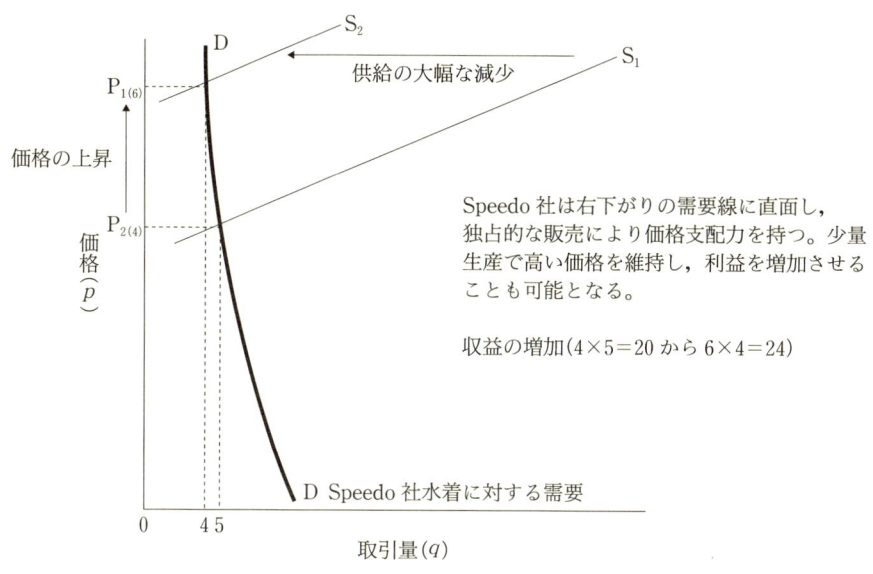

収益の増加（4×5＝20 から 6×4＝24）

D　Speedo 社水着に対する需要

**図 2-11**　独占市場におけるスポーツ用品の価格決定

# 第3章 統計学とスポーツ

## 1. 統計データとは

**データの整理・統計**

(安打数+四死球)÷(打数+四死球+犠牲フライ)で計算された打者の能力指標がある。これは，OBP(On Base Percentage)・出塁率という打者のアウトのなりにくさを表す指標である。従来は，(安打÷打席)で計算される平均打率が打者の優劣指標であったが，最近ではOBPをよく見かけるようになった。このような**新しい指標は野球選手の成績のデータから抽出され，新しい評価基準が開発されている**。

たとえば，打率が3割の打者と2割7分5厘の打者をどのように優劣比較するかは，実はやっかいな問題である。2人のヒットの数の差は，2週間に1本でしかない。この数字をゲーム采配に直接反映させるのは，誤りを犯す可能性が高い。**データを活かしながら，さらに工夫が必要**となる。これが，**新しい評価基準による野球戦術としてビル・ジェイムスらが開発したセイバーメトリックスの考え方**である。統計をスポーツに応用し，勝つための戦術や予測精度を向上させるためには，データの扱い方を理解する必要があり，統計の基礎を学ぶ必要がある。

データ(専門的には標本という)の入った資料の持つ性質は，データを加工した数値の統計量から把握することができる。資料は，具体的には「数値で表されたデータの集まり」をさしている。「**統計**」とは，**データの集団における個々の要素の分布を調べ，集団の傾向や性質を把握**するものである。たとえば，数値データをもとにしてヒストグラム(棒グラフ・度数分布表)をつ

くったり，データを加工して何かの特徴を見出そうとする。さらに，統計の分析方法には，「記述統計」と「推測統計」がある。両者の違いは，数値データまたは標本と呼ばれる「数値で表されたデータの集まり」に関する性質の相違である。

統計で処理される数値データ全体の集まりは，「**母集団 population**」と呼ばれる。母集団について，**統計処理の対象で母集団のすべてを扱う手法を「記述統計」**という。記述統計では，統計データから平均や標準偏差などのデータを特徴付ける値を計算したり，表やグラフをつくる。

母集団の一部のデータを取り出し，その統計処理結果を母集団全体に当てはめて考える方法を「推測統計」という。両者の相違は，母集団の大きさにある。母集団が小さければ，標本すべてを対象として，データを特徴付ける値を直接調べることができる。しかし，母集団が大きすぎると，母集団全体を調べることはできない。そのために，**推測統計では，母集団から無作為に（適当に）標本を抽出して，これをもとに母集団全体の特性を間接的に調べる。**

### 統計データとは

統計データには，いくつかの性質がある。たとえば，入学した1年生の身長の例を考える。ある年度の男子学生の入学者数が1,000人とする。この学生達の測定値をもとに，その年度の新入生の体格を大ざっぱに把握したいと考えている。これらの数値は皆同じではなく，ある範囲の中に適当にばらついて散らばっていると考えられる。測定値が皆同じであれば，統計処理をする意味はない。つまり，統計データは一定値ではなく，その値は変動的でなければならない。

統計の目的とは，このような「**変動する測定値の集まり（統計データ）から，変動の規則性を見出そうとする**」ことにある。したがって，統計データの集まりがまったく同一かまったくでたらめであれば，処理する意味はない。また，統計データは変動する要因，いわゆる**変量**について観測した結果得られる。変動要因として考える**統計データは確率変数として，また観測データは確率的にいろいろな値をとる変数として**扱われる。

統計データが散らばっている状況は，**分布している**と呼ばれ，いくつかの

指標から散らばり具合などを判断することができる。このような値は観測データから計算され，その集まり固有の値として「**統計量**」という。観測データは確率変数と見なされるから，統計量も確率的に変動する。

変数が確率変数であるためには，「**確率変数の独立性**」の条件が満たされねばならない。これは，観測データが相互に影響されず，自分の確率分布（散らばり）を持つことを意味する。時間ごとに観測値を並べるデータを時系列データといい，そこでは今年の値は去年の値から影響を受けないことを意味する。たとえば，2月1日のデータと12月1日のデータの各標本は**相互に関連せず影響を及ぼさず，同一の確率分布にしたがい，個別にでたらめな動き**をする。つまり，2月から下落傾向ありとか，8月以降ずっと上昇している，というような傾向やトレンドがあってはならない。隣り合ったデータ同士，一定に離れたデータ同士に何らかの関係があれば，独立性を満たさない。

### 母　数

国勢調査対象の日本国民全体といった巨大な母集団を対象として，仮に統計に対する答えが存在したとする。しかし，実際上はこの統計処理は不可能で，結果は誰も知ることはできない。つまり，**母集団の真の値は「神様しか知らない」**。神様しか知らない，母集団にかかわる未知の値を**母数**（parameter）といい，とくに**母平均** $\mu$（ミューという），**母分散** $\sigma^2$（シグマ2乗という）と区別する。大きな母集団の"真の"（しんの・ほんとうの）統計に関する値は得ることはできないが，それが存在することを前提に分析を進めなければ，統計処理は意味を失う。

推測統計では，限られた標本数から標本平均と分散を求め，神様のみ知る真の値である母平均と母分散に近づこうとする。このため，限られた標本から求められた標本分散や標本平均などの統計量が，真の値の母平均や母分散に近いものかどうかのチェックが必要になる。母集団から収集された限られた標本で計算された**標本統計量**が，未知の母数と比べて本当に確からしいのかどうかを調べる作業は「**検定**」という。標本から計算された標本平均，標本分散などは統計量といい，母数ではない。反対に，計算式の中に未知の母

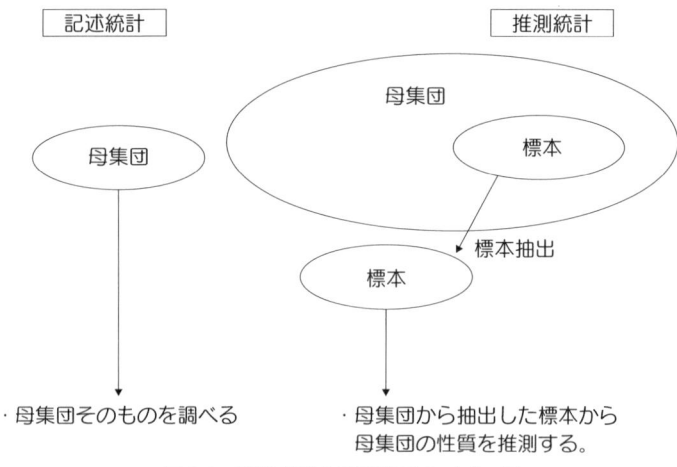

図 3-1 記述統計と推測統計のイメージ

数が入っているものは，統計量とはいわない。標本平均と母平均，標本分散と母分散は，根本的に異なっている。標本統計と母数のイメージは記述統計と推測統計を対比することにより，図3-1のようになる。

### 統計データの特性をつかむ

スポーツに関するデータは多様であり，データ対象の特性を把握するため，記述統計と推測統計いずれからも分析される。また，データを分析する際には，統計方法のやり方にこだわらず，データの分布の特性を把握する必要がある。分布の特性とは，①データの中心，②データのばらつきを示すものである。この特性を表す指標は，①データの中心を表す特性値として，平均（メジアン，中央値），モード（最頻値），四分位数（クアタイル），②データのばらつき（広がり）を表す特性値には分散，標準偏差がある。

たとえば，農作物の出来高予想について，今年はどうかと考える。ここ数年暑い年が続いているが，いつものことであり，「今年の作柄も従来通りだろう」と考える。このことは，多少の出来や不出来の年があったにせよ，従来通りの実りを予想している。すなわち，将来の予測を「平均値」の周辺で考えている。我々の身近なところでは，従来通りにとか例年並みになど，経

験的に平均値で予測して行動計画を立てていることが多い。人々は，変動要因を含む事柄の将来予想は例年通りとして，その水準からどれだけ離れるか，変動予想を微調整して予測を修正している。

また，収量の多寡は例年の平均的な作柄に対して，どれだけ多いか少ないかを豊作や不作の基準と考える。今年の収量が過去の平均収量からどれだけ多く外れているか，どれだけ少なく外れているかを，やや乱暴であるが標準偏差という。

### チームデータの整理

調査で集められた資料から調査対象の性格や特徴を見出そうとする。**調査の対象は「変量」といい**，それを，**変量の区間でいくつかに分けて「階級，クラス」で分類する。各階級に属する資料の数は「度数」という。各階級間を同じ幅にとり，度数をまとめたものを「度数分布表」**という。変量について，人数とか個数のように離ればなれの値しかとり得ない変量を「離散変量」といい，身長や体重，点数などのようにある範囲のすべての値を取り得る変量を「連続変量」という。度数分布表の代表例には，柱状のグラフであ

| 番号変量 | 1 | 2 | 3 | 4 | 5 | 6 | 7 | 8 | 9 | 10 |
|---|---|---|---|---|---|---|---|---|---|---|
| A | 196 | 181 | 182 | 175 | 183 | 182 | 188 | 178 | 165 | 176 |
| B | 177 | 191 | 182 | 183 | 185 | 170 | 169 | 178 | 184 | 182 |
| C | 187 | 205 | 185 | 175 | 190 | 184 | 190 | 183 | 170 | 195 |
|  | 11 | 12 | 13 | 14 | 15 | 16 | 17 | 18 | 19 | 20 |
|  | 185 | 180 | 182 | 177 | 180 | 169 | 175 | 183 | 189 | 183 |
|  | 176 | 190 | 174 | 170 | 176 | 172 | 181 | 170 | 180 | 182 |
|  | 188 | 183 | 185 | 175 | 190 | 184 | 186 | 164 | 172 | 175 |
|  | 21 | 22 | 23 | 24 | 25 | 26 | 27 | 28 | 29 | 30 |
|  | 175 | 177 | 193 | 188 | 164 | 185 | 176 | 184 | 182 | 184 |
|  | 170 | 184 | 191 | 170 | 182 | 176 | 170 | 185 | 187 | 185 |
|  | 170 | 200 | 190 | 182 | 186 | 185 | 188 | 180 | 179 | 186 |
|  | 31 | 32 | 33 | 34 | 35 | 36 | 37 | 38 | 39 | 40 |
|  | 172 | 182 | 184 | 172 | 175 | 173 | 175 | 190 | 166 | 183 |
|  | 182 | 180 | 197 | 182 | 170 | 183 | 176 | 186 | 183 | 177 |
|  | 193 | 171 | 177 | 178 | 194 | 187 | 184 | 174 | 190 | 184 |

る「ヒストグラム」がある。

　ある地域大学リーグのバスケットボール部の学生40人の個人記録をとったところ，2部リーグ2位A大学，2部リーグ3位B大学，1部リーグ2位C大学の身長は母集団として表のようなものであった。身長の単位はcmである。

　この身長の資料について，度数を5cmごとに刻むと，度数分布は次表のようにまとめられる。なお，表作成の階級は10個内外から20個以下が適当とされている。同一リーグ内のAとBの身長資料の度数の分布やちらばりを大まかに見るため，図3-2のようなヒストグラムによる図表を作成する。

　ヒストグラムは，変量の各階級の幅を横に目盛り底として，その階級の度数をその上に伸びた棒で表す。そこでは，横軸の階級幅(class interval)に対して，縦軸単位として度数が示される。統計学の教科書には，度数密度 $f/interval$ とか，$f/int$，単に $f$ と書かれている場合があり，一般的な度数目盛りとして使われる。

## 2. 統計データの特性

### データの位置に関する代表値・平均値

　計算によって求まる平均値として，算術平均，幾何平均，調和平均などがあり，データの合計値を標本で割った「算術平均」がよく使われる。変化率や成長率は平均を複利計算に求め，$n$期間に$n$乗根が求める平均となり，これは幾何平均と呼ばれる。データの逆数をとり，その算術平均は調和平均という。例では，合計値が7,189，標本数が40だから，算術平均は179.725となる。

　平均値は度数がどのように分布しているか情報を与える。ただし，分布の中央，度数が正確に集中しているとは一概に言えない。よく使われる平均値は，変数の総和をその項数で割って計算される「標本平均」で，単に平均とか「算術平均」とも呼ばれる。平均値はよく使われる統計の指標であるが，次のように求められる。

2. 統計データの特性　63

| 階級 | 160 | 165 | 170 | 175 | 180 | 185 | 190 | 195 | 200 |
|---|---|---|---|---|---|---|---|---|---|
| A 度数 | 0 | 0 | 8 | 2 | 9 | 15 | 3 | 2 | 1 |
| B 度数 | 0 | 2 | 2 | 8 | 7 | 15 | 4 | 1 | 1 |

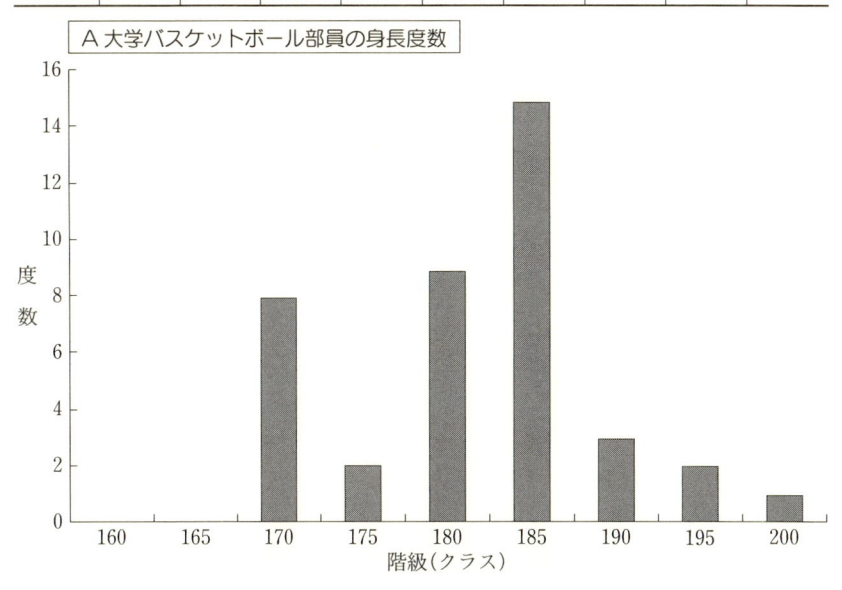

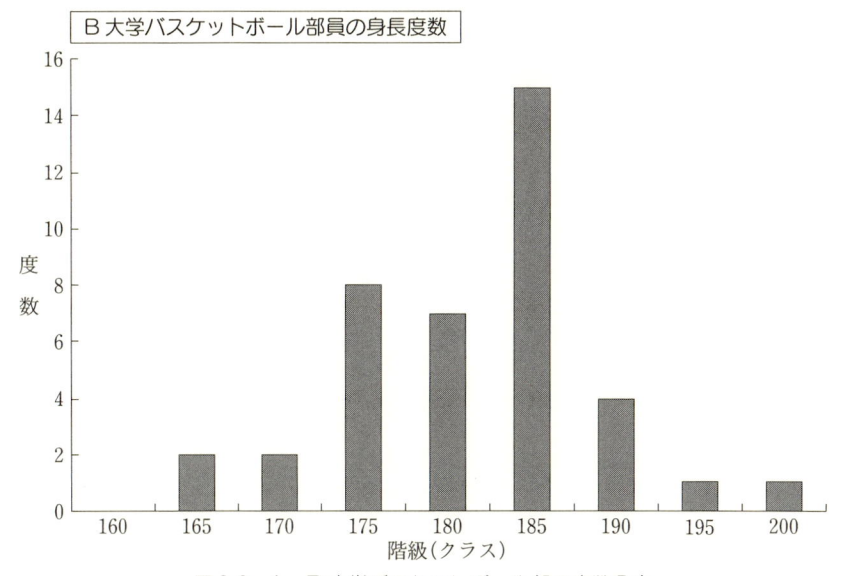

図 3-2　A，B 大学バスケットボール部の度数分布

[平均の公式]

$$平均：\bar{x} = \frac{n \text{個の測定値の合計}}{n} = \frac{x_1+x_2+x_3+\cdots+x_n}{n} = \frac{1}{n}\cdot\sum_{i=1}^{n}x_i$$

（例）

$x_1 = 18, x_2 = 15, x_3 = 5, x_4 = 13, x_5 = 2, x_6 = 7, x_7 = 14, x_8 = 6 \cdots x_i$, $n = 8$

$$\bar{x} = \frac{18+15+5+13+2+7+14+6}{8} = \frac{80}{8} = 10$$

平均は平均値からのプラス，マイナスの誤差がゼロとなるように計算されている。このため，次のような和の展開から，誤差の総和はゼロとなる。

$$\sum_{i=1}^{n}(x_i-\bar{x}) = \sum_{i=1}^{n}x_i - \sum_{i=1}^{n}\bar{x} = \sum_{i=1}^{n}x_i - n\cdot\bar{x} = \sum_{i=1}^{n}x_i - n\cdot\frac{1}{n}\cdot\sum_{i=1}^{n}x_i = 0$$

### メジアンとモード，四分位数

　位置に関する平均値は，度数分布の中心を決めて求められ，メジアンとモード，四分位数などがある。これらを求めることにより，中央値と大きさの順番，大まかな標本の散らばりの具合がわかる。**データのメジアン（中位数）とは，データを順番に並べて中央に位する値**である。前述のデータは164〜196までで，中央が2つの場合は平均をとり，181と182の平均としてメジアンは181.5となる。なお，メジアンと算術平均の関係から，①メジアンが平均値よりも大きければ，データは全体で平均値よりも大きい方（高い方）に偏っている。②反対に，メジアンが平均値より小さければ，全体的に平均値よりも小さな方に偏っている。両チームでは，平均値が約180でメジアンが181.5だから，全体的には平均より高い身長の方に偏っており，平均値以下のところにかなり低いデータも分布していることがわかる。

　北斗の拳の例で考えてみよう。その身長はケンシロー185 cm，シュウ180 cm，サウザー181 cm，シン183 cmで，平均身長は182.25 cmとなる。ここへ，5人目の拳闘家ラオウ210 cmを含めると，(729+210)÷4 = 187.8 cmとなり5 cm以上平均値が上昇する。ラオウの値が追加されると，平均値は度数分布の特性を乱すことになる。偏った値，つまり異常値が含まれている場合，平均値は異常値（この場合は210 cm）に影響される。このよ

|   | 最小値・クアタイル・最大値 |   | A大学 | B大学 | C大学 |
|---|---|---|---|---|---|
| 0 | 最　　小 | 最　小　値 | 164 | 169 | 164 |
| 1 | 下位の4分の1(25%) | 第1四分位 | 175 | 175.5 | 177.75 |
| 2 | 中　央　値　(50%) | メジアン | 181.5 | 181.5 | 184.5 |
| 3 | 上位の4分の1(75%) | 第3四分位 | 184 | 184 | 188.5 |
| 4 | 最　　大 | 最　大　値 | 196 | 197 | 205 |
|   | 平均身長 |   | 179.725 | 179.700 | 183.6 |

うな場合メジアンを使うと，180，181，183，185，210の中央値は183で，メジアンによる平均指標は183cmとなる。メジアンを平均値として用いるのは，異常値の影響をある程度排除できることによる。

　**データのモード(並み数，最頻値)とは，データ内でもっとも頻繁に出現する数値，または度数最大の変量**で，北斗の拳の例では182cmである。モードは，度数分布表からの計算が困難で，観察数が少なく度数分布表の形が整わない場合には計算ができない欠点がある。

　変量を値の小さなものから並べて，そのなかから取った1つを「順序統計量」，また，**変量のなかで最小値と最大値の差を「レンジ」または「範囲」**という。メジアンは中央値で，全観察量の2分の1位の順序統計量となる。大きさの順に並べた変量の4分の1位，4分の3位の順序統計量を，それぞれ「第1・四分位数」，「第3・四分位数」という。第2・四分位数はメジアンである。**データを最小値から最大値まで4分割して求めた四分位数(クアタイル)**は，データのばらつきを見る指標としても利用できる。先の例から，バスケットボールチームの身長の概要が次のように要約される。

　AとBの両チームを比較して見ると，メジアンと平均値はほぼ一致しており，全体の数値から求められた平均，位置から見た平均も一致しており，両チームは体格的にほぼ類似したチームといえるかもしれない。

### グループ間の比較・視覚的理解・箱ひげ図

　データの性質をつかむ四分位数は，データを小さい順に並べ，それは4分の1位，2位の四分位数のメジアン，3位，4位の最大値の順序統計量をさしている。異なるデータのグループを比較するために，四分位数を用いた

「箱ひげ図」が使われる。

箱ひげ図からの3大学のデータの比較は，次のように表せる。

A大学とB大学は最小値を除いては，ほぼ散らばりが同じ程度であることが視覚的に判断できる。一方，C大学は最小値と最大値の幅が大きいと同時に，やや高い身長のクラスに標本が散らばっていることがわかる。このように，視覚的にチェックすることで，どの母集団がどれだけ散らばっているかを明らかにできる。箱ひげ図は，同じような属性のデータが複数あるとき，散らばり幅の相違を比較的容易に確認することができる。

### データからチームのばらつきを比較する

位置の代表値である平均値からは，A大学もB大学もほぼ同じ平均値を持っていることが示されている。ヒストグラムでは形状がやや異なっている

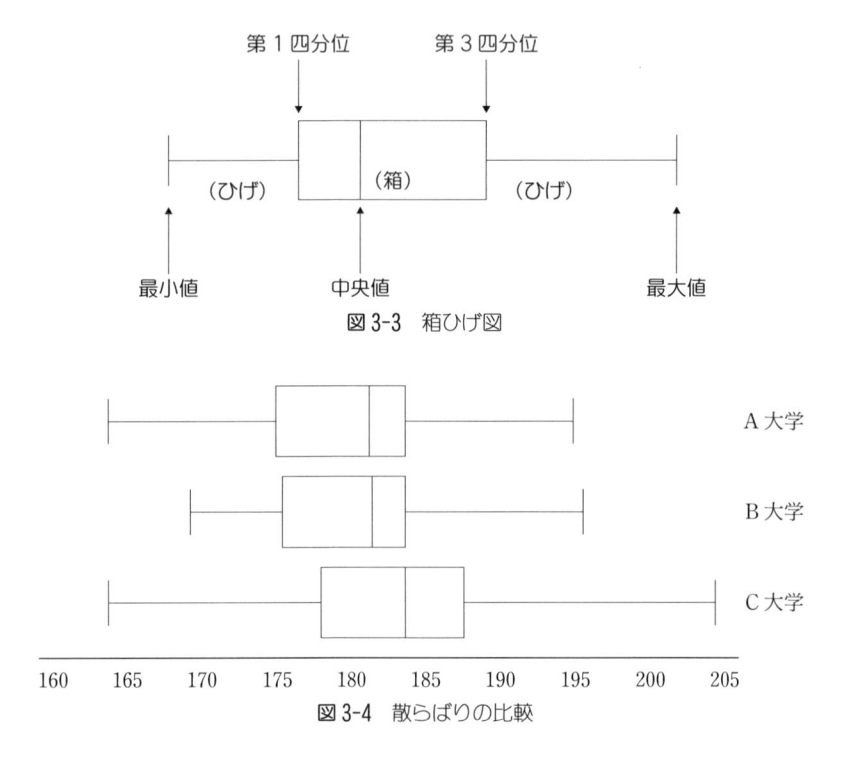

**図 3-3 箱ひげ図**

**図 3-4 散らばりの比較**

ことが読み取れるにもかかわらず，平均値からは明らかな相違を読み取ることができない。ただ，AとBのメジアンは平均値より6cm低く，低い水準に偏りがあることがわかっている。しかし，偏りがあるにせよ，データは平均より上や下にも広く散らばっており，どちらの散らばりがより大きいかを確かめる必要がある。散らばりが大きければ，大きいほどバランスを考慮しなければならない。散らばりが極端に大きく，まとまった身長のグループがなければ，コーチはチーム編成に大いに悩むかもしれない。

そこで，変動における散らばり（でたらめの度合い）を数値化したものに，「標準偏差」と「分散」がある。両者の性質は同じもので，分散の平方根を標準偏差，または標準偏差の自(2)乗を分散という。求め方は，

①データの総和を計算して平均値を求める。
②各標本データの平均からのずれを，1つずつ引き算をして差を求める。
③求められた平均からの差あるいは偏差を自乗し，その自乗誤差の総和から平均を求める。

求められた統計量を「分散」，分散の平方根を「標準偏差」という。
**分散と標準偏差は本来同じもので，平均からどれだけ離れているかの指標である。**平均からの誤差のみを加えるとゼロとなるから，自乗で符号を正にして誤差の大きさを取り，平均で小さな値に修正して，平方根を取ることで自乗の値をもとの水準に戻す。両方とも観測されたデータが，平均からどれだけ離れているか平均をとったもので，変動のでたらめの大小や多寡はこの分散か標準偏差で比較することができる。

なお，偏差のつくり方は，分布の位置を平均値に固定し観測されたデータが平均からどれだけ離れているかをはかる。個々のi番目の観測値を$x_i$, 平均を$\bar{x}$と書けば，偏差を$e$として，$e = x_i - \bar{x}$と書く。なお，$e = \bar{x} - x_i$とはならないことに気をつけること。Aチームを例にとれば，平均は179.725だったから，偏差はそれぞれ次のように求めることができる。

16.275, 1.275, 2.275, −4.725, ……, −4.725, 10.275, −13.725, 3.275

この40個の偏差を足せば，算術平均の性質からゼロとなるから，偏差を自乗して総和(2039.975)を求める。求められた偏差の自乗和は大きな値となっているから，標本数40で割り算をして平均(50.999)を求める。これが，偏りの大きさを代表する数値として分散という。なお，分散は偏差を自乗して処理された統計量で，かけ算による2次の値となっている。もとの1次の値に戻すには平方根(7.14)を求めればよいから，分散の平方根を偏りを表す1次の統計量として標準偏差という。

なお，偏差の大きさを絶対値で求めれば，符号の問題を回避できるが，ほとんど利用されない。使われない理由は，絶対値記号が入っているところにある。絶対値の処理自体はやっかいな問題ではないが，最大値問題や最小値問題を解くとき，自乗誤差にして計算しておけば便利なところがある。すなわち，誤差の最小化問題として解く場合，極値のための1階の条件は，微分をとるため1次式となり，数式の処理や展開が容易になる。このような数学的性質の利点によって，2次の誤差項・分散と，平方根を取って1次に変換した標準偏差が一般的に利用されている。

### 分散と標準偏差でばらつきの大きさを比較

これまでの整理として，偏りを表す指標として偏差の平方和，分散，標準偏差がある。数学的に良好な性質を持つため，誤差や偏差については2次の形式が一般に使われる。偏差の平方和とか偏差の自乗和を最初に計算して，算術平均をとったものを「分散 variance」といい，変量 $X$ の分散は $Var(X)$ と表記して，その公式は一般的に次のように書く。

$$X \text{ の分散} = \frac{\sum_{i=1}^{n}(x_i - \bar{X})^2}{n}, \text{ 一般には } Var(X) = \frac{\sum(x_i - \bar{X})^2}{n},$$
$$Var(X) = \sigma^2$$

分散の計算は簡単だが煩雑で，楽に計算するためには，いちいち計算する手間を少し省く「自乗の平均値から平均値の自乗をひく」方法もある。

$$Var(X) = \frac{1}{n} \cdot \sum_{i=1}^{n}(x_i - \bar{X})^2 = \frac{1}{n} \cdot \sum_{i=1}^{n}(x_i^2 - 2 \cdot x_i \cdot \bar{X} + \bar{X}^2)$$

$$= \frac{1}{n} \cdot \left( \sum_{i=1}^{n} x_i^2 - 2 \cdot \sum_{i=1}^{n} x_i \cdot \bar{X} + n \cdot \bar{X}^2 \right)$$

$$= \frac{1}{n} \cdot \left( \sum_{i=1}^{n} x_i^2 - 2 \cdot \sum_{i=1}^{n} x_i \cdot \frac{1}{n} \sum_{i=1}^{n} x_i + n \cdot \frac{1}{n} \sum_{i=1}^{n} x_i \cdot \frac{1}{n} \sum_{i=1}^{n} x_i \right)$$

$$= \frac{1}{n} \cdot \left( \sum_{i=1}^{n} x_i^2 - n \cdot \bar{X}^2 \right) = \frac{\sum_{i=1}^{n} x_i^2}{n} - \bar{X}^2$$

$$Var(X) = \sigma^2 = \frac{x_1^2 + x_2^2 + x_3^2 + \cdots + x_n^2}{n} - \bar{X}^2$$

ギリシヤ文字 $\sigma$(シグマ)の自乗, $\sigma^2$ は分散を表す記号として用いられる数学記号である。分散の平方根, 標準偏差(standard deviation)は, $\sigma$ と書くこともある。標準偏差の大小は, 平均値からどれくらい離れて散らばっているかの目安を与える。より大きな標準偏差は, その変量の散らばり具合が大きく, 小さな標準偏差の変量に比べて, 平均から離れて散らばっている。Aチームの分散は, 次のような計算から 50.999 で, 標準偏差は 7.141 となる。

$$標準偏差 = \sqrt{分散} = \sqrt{\frac{2039.975}{40}} \simeq \sqrt{50.999} \simeq 7.14$$

$$\sigma_A = \sqrt{\sigma_A^2} = \sqrt{\frac{\sum(x_i - \bar{X})^2}{n}}$$

|  | A | B | C |
|---|---|---|---|
| 分散 | 50.999 | 48.164 | 70.44 |
| 標準偏差 | 7.141 | 6.853 | 8.392 |

さらに, Bチームの分散は 48.164 で標準偏差は 6.853 となる。両チームを比較すると, 平均とメジアンはほぼ同一であった。しかし, 身長のばらつきはAチームの方が大きく, チームを編成する上で, 身長のばらつきに関してはBチームのコーチの悩みは少ないかもしれない。Cチームはばらつきの具合は遥かに大きい。このような数値を求めるとき, 表計算ソフトは有

用である。たとえば，⺟集団全体を標本とする統計量の求め方で，Excelのデータを縦のセルに d11〜d50 と入れた場合，VARPA($d_{11}$：$d_{50}$)，STDEVPA($d_{11}$：$d_{50}$)のコマンドで容易に求めることができる。また，AVERAGE，MEDIAN，QUARTILE のコマンドから，平均値，メジアン，クアタイルが求まる。ヒストグラムは，分析ツールで利用することができる。

### 標準偏差と偏差値

もう1つ，平均からのずれ具合をはかる指標として，試験などの「偏差値」という指標がある。これは，試験の得点で自分は平均からどのあたりにいるかを教えてくれる。たとえば，皆が高い点数を取っていれば，80点という点数を取っても順位はさほど高いものではないかもしれない。皆の点数が低ければ，60点もさほど悲観することはないかもしれない。点数の散らばりの指標としての標準偏差を利用することで，自分がどこにいるかが明らかになる。偏差値とは，平均あるいは真ん中にいることが50という数値で示されるように工夫されている。点数がどうであれ，偏差値が50より高ければ，得点結果は高い方にずれて，50より低ければ全受験者の真んなかより下位にいることを示している。偏差値の定義に求められた数値を入れて，AとBチームのメディアンに関して偏差値を計算すると，

$$偏差値 = 50 + 10 \times \frac{身長 - 平均身長}{標準偏差}$$

$$A : 50 + 10 \times \frac{181.5 - 179.725}{7.14} \simeq 50 + 2.14 \simeq 52.45$$

$$B : 50 + 10 \times \frac{181.5 - 179.7}{6.85} \simeq 50 + 2.62 \simeq 52.62$$

となる。メジアンについての偏差値は，Aチームは52.45，Bチームは52.62を得る。つまり，中央値については，AチームもBチームも，あまり数値に変化はない。ある身長が平均身長と等しくなれば，偏差値の第2項目は消えて，その偏差値は50となる。すなわち，平均であれば偏差値は50となる。

## 3. 変数同士の関係・相関係数

**領域分割，偏差積和，共分散で打点，本塁打，盗塁の関係を調べる**

2変数間の関係をさらに分析することができる。下記のデータはリーグ打撃30傑の各種データ（打点/本塁打/盗塁）であり，これまでと同様に確率変数として扱われる。

図3-5(B)と(C)は，打点，盗塁と本塁打の散布図で，なかの破線は平均値で区切る線である。平均値で区切られた4つの領域には，重要な意味があり，すべてのデータの組合せは4領域に入る。平均からの偏差が正か負かで，Ⅰ～Ⅳの領域にクラス分けされ，$x$ から見た偏差と $y$ から見た偏差では，符号が異なる場合があり，それぞれの領域では偏差の積の符号が異なる。

$y$ が平均値以上の領域はⅠとⅡだから，この領域の $y$ の平均との偏差 $(y_t - \bar{y})$ は正となる。ⅠとⅣでは，$x$ が平均値以上の領域で，この領域での $x$ の平均との偏差 $(x_t - \bar{x})$ は正である。これら平均からの偏差積についての組合せは，図3-5にまとめられている。①各変数がⅠにある場合，$x$ と $y$ の平均からの偏差は正で，偏差の積は正となる。②Ⅱの領域では，$y$ の偏差が正で $x$ の領域が負だから，積は負となる。③Ⅲでは，$x$ と $y$ の平均からの偏差は両方とも負で，偏差の積は正となる。④Ⅳでは，$y$ の偏差が負で $x$ の領域が正で積は負となる。

したがって，合計点が**領域ⅠとⅢに偏差積が集まっている**ほど，「正」として大きな値で「右上がりの線」上に点が並んでいるはずである。逆に，合計点が**領域ⅡとⅣに偏差積が集まっている**ほど，「負」として大きな値で「右下がりの線」上に点が並んでいる。すなわち，偏差積の大きさと符号に

| 057/19/16 | 109/25/00 | 049/10/10 | 087/24/03 | 085/30/04 | 085/33/01 |
| 059/14/00 | 034/05/02 | 044/05/07 | 056/14/01 | 019/00/24 | 080/19/01 |
| 091/29/00 | 037/04/20 | 072/19/02 | 087/15/01 | 055/12/01 | 091/26/01 |
| 066/13/01 | 039/09/07 | 097/31/01 | 075/19/03 | 044/10/02 | 099/34/02 |
| 090/20/01 | 065/27/04 | 022/00/26 | 011/00/12 | 052/16/18 | 044/08/00 |

（打点平均63.3点，本塁打平均16.7本，盗塁平均16.6個）

72　第3章　統計学とスポーツ

I. $(x_i-\bar{x})(y_i-\bar{y})>0$
II. $(x_i-\bar{x})(y_i-\bar{y})<0$
III. $(x_i-\bar{x})(y_i-\bar{y})>0$
IV. $(x_i-\bar{x})(y_i-\bar{y})<0$

(A)

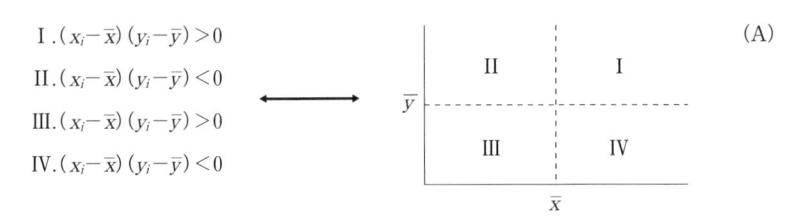

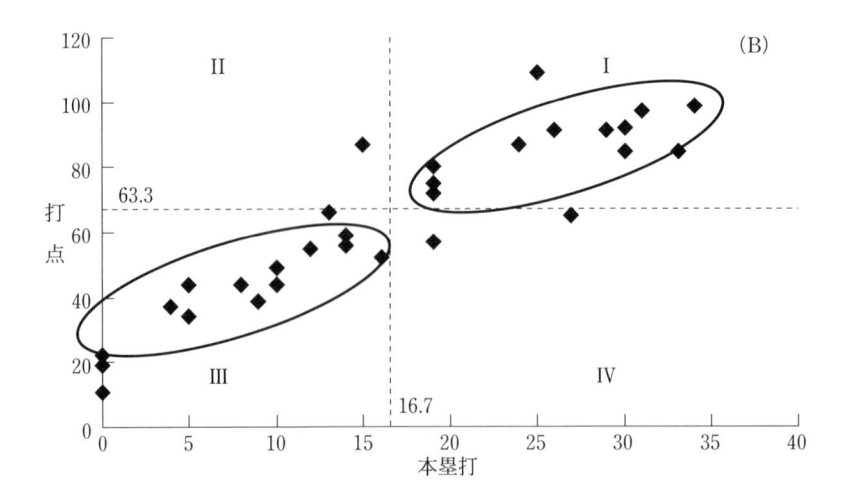

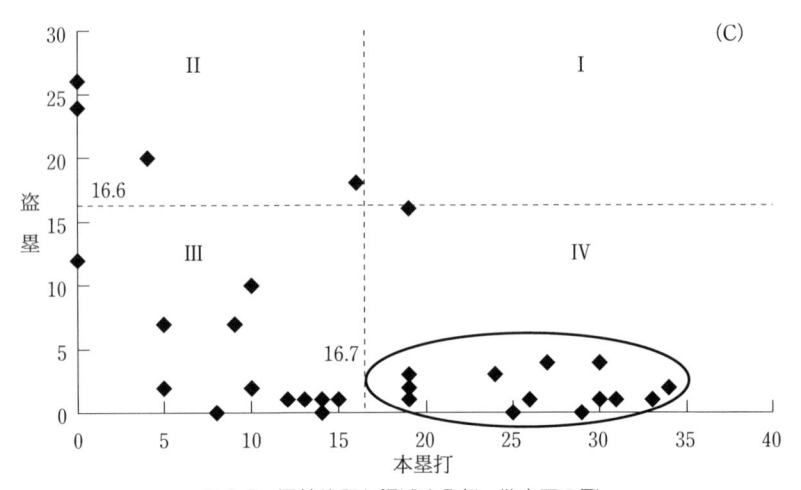

**図 3-5** 偏差積和と領域4分割，散布図の例

よって，右上がりか右下がりかを判別することができる。

例では，本塁打と打点について，領域ⅠとⅢに集まっているので，右上がりの線が想定され，本塁打が多ければそれだけ打点が高いという関係を導くことができる。本塁打と盗塁は，ⅡとⅣの領域がやや多いことが認められる。このことは，本塁打が多いほど盗塁が減少することかもしれないが，本塁打と打点の関係ほど明瞭ではない。どれだけ関係が深いかどうかは，相関係数により明らかになる。

図3-5(B)の本塁打と打点の偏差積和を次のように計算すると7176.33，(C)の本塁打と盗塁のそれは−1293.99となる。

$$(57-63.3)(19-16.7)+(109-63.3)(25-16.7)+\cdots$$
$$+(44-63.3)(8-16.7) = 7176.33$$
$$(16-16.6)(19-16.7)+(0-16.6)(25-16.7)+\cdots$$
$$+(0-16.6)(8-16.7) = -1293.99$$

この結果，当初の見込み通り，本塁打と打点は正の傾きを持つ直線を，本塁打と盗塁は負の傾きを持つ直線と関連していることがわかる。

**偏差積和と共分散，相関係数から相互関連を明らかにする**

「偏差積和」は変数と変数の関係を表すのに便利な性質を持っているが，十分ではない。**偏差積和は，標本数が大きくなれば絶対値が大きくなる**特徴があり，データ数が大きくなれば，見せかけの線形関係かどうかの判断がむずかしい。データ増加のための欠点を補うためには，その平均値で比較するといくぶん問題を回避することができる。偏差積和の平均は「共分散」という。2つの変数間の直線的傾向は，**共分散**(covariance)を求めることで，いくつかの手がかりを得ることができる。

2変数のデータを$x$と$y$として，$x$は$(x_1, x_2, \cdots, x_n)$，$y$は$(y_1, y_2, \cdots, y_n)$の$n$個の要素からなり，2つ並べて，$(x_1, y_1)$，$(x_2, y_2)$，$\cdots$，$(x_n, y_n)$とする。共分散は，データ間の相互関係を表すもので，分散を求めた場合と同様に，偏差(平均値との差)をかけ合わせたものの平均で

ある。母集団全体にかかわる共分散が求められたとすると，その共分散は母数となり $\sigma_{ab}$ と書く。$S_{ab}$ は，有限で部分的なデータから求められた標本・共分散である。

共分散：$S_{xy}$

$$S_{xy} = \frac{[(x \text{ データの各値} - x \text{ の平均}) \times (y \text{ データの各値} - y \text{ の平均})] \text{の和}}{\text{データの数}}$$

$$= \frac{(x_1 - \bar{x})(y_1 - \bar{y}) + (x_2 - \bar{x})(y_2 - \bar{y}) + \cdots + (x_n - \bar{x})(y_n - \bar{y})}{n}$$

$$= \frac{1}{n} \sum_{i=1}^{n} (x_i - \bar{x})(y_i - \bar{y})$$

共分散の求め方は，もう少し簡易な方法で求めることも可能で，

$$S_{xy} = \frac{(x_1 - \bar{x})(y_1 - \bar{y}) + (x_2 - \bar{x})(y_2 - \bar{y}) + \cdots + (x_n - \bar{x})(y_n - \bar{y})}{n}$$

$$= \frac{1}{n} \sum_{i=1}^{n} (x_i - \bar{x})(y_i - \bar{y})$$

$$= \frac{1}{n} \sum_{i=1}^{n} (x_i y_i - \bar{x} y_i - x_i \bar{y} + \overline{xy}) = \frac{1}{n} \left( \sum_{i=1}^{n} x_i y_i - \bar{x} \sum_{i=1}^{n} y_i + \bar{y} \sum_{i=1}^{n} x_i + \overline{xy} \cdot \sum_{i=1}^{n} 1 \right)$$

$$= \frac{1}{n} \left( \sum_{i=1}^{n} x_i y_i - \bar{x} \cdot n\bar{y} + \bar{y} \cdot n\bar{x} + \overline{xy} \cdot n \right)$$

$$= \frac{1}{n} \sum_{i=1}^{n} (x_i y_i - n \cdot \overline{xy} - n \cdot \overline{xy} + n \cdot \overline{xy})$$

$$= \frac{1}{n} \sum_{i=1}^{n} x_i y_i - \overline{xy} \cdot \left( \because \bar{x} = \frac{1}{n} \sum_{i=1}^{n} x_i, \ \bar{y} = \frac{1}{n} \sum_{i=1}^{n} y_i \right)$$

共分散は偏差積和の平均だったから，標本個数の数 30 で除してやれば共分散の値が求められる。例の共分散値は，本塁打と打点が 239.11，本塁打と盗塁が −43.13 となる。

偏差積和の平均の共分散に修正したので，標本を増加させたとき絶対値が大きくなる問題は多少改善される。また，高い打率であれば，高い出塁率であることが想像できる。これらの標本データについて，Excel の共分散コマンド COVAR を使って計算すると 0.0004443673 という正のかなり小さな値が求められる。共分散の数値は，属性の共通する異なる標本データにつ

いて，平均からの偏差をかけて求められる。(平均から離れた打率の差)×(平均から離れた出塁率の差)を計算して総和を求め，1より小さいものどうしのかけ算から，値はさらに小さくなる。反対に，国全体のGDPとか消費や投資額となれば，率とは逆に途方もなく大きな数となる。共分散の弱点は標本の桁サイズで，**標本の桁数が大きければ共分散は大きくなり，桁数が小さくなれば共分散は小さくなる傾向がある。**

標本サイズの数や標本自体の桁数から，偏差積和や共分散は大きな問題を持っていることがわかる。そこで，これらのデータ数や単位に影響されない，変数間の直線関係を明示する尺度が必要となる。これらの問題を解決して優れた指標となるものが，**「相関係数」** である。

相関係数から，データ間の相互関係の強さを線形関係(直線で描けること)を判断できる。相関係数は，次のように計算される。第2の式もよく使われる表記で，相関係数は $\rho$ (ロー)または標準偏差の記号 $\sigma$ が使われる。

$$r_{xy} = \frac{x と y の共分散}{(x の標準偏差) \times (y の標準偏差)}$$
$$= \frac{S_{xy}}{S_x \times S_y}, \left[ r_{xy} \equiv \rho = \frac{COV(x, y)}{\sigma_x \sigma_y} \right]$$

相関係数は，Excelの関数 **CORREL** コマンドを使うと，簡単に求めることができる。プロ野球選手の成績と相関関係の計算結果は，次のように求められる。

| 相関関係 | 相関係数 |
|---|---|
| 打点－本塁打 | 0.91183 |
| 盗塁－本塁打 | −0.56251 |
| 出塁率－打率 | 0.62437 |

表からは，打点と本塁打には高い正の相関関係があることがわかる。また，盗塁と本塁打には負の相関があり，一方が増加すると他方は減少する関係がある。出塁率と打率は正の相関があるが，打率と本塁打ほど高い相関関係を示していない。

表 3-1　相関係数の評価

| 相関係数の値 | 変数間の関係 |
| --- | --- |
| −1　〜−0.7 | 強い負の相関 |
| −0.7〜−0.4 | かなり負の相関 |
| −0.4〜−0.2 | やや負の相関 |
| −0.2〜　0 | ほとんど相関なし |
| 0　〜　0.2 | ほとんど相関なし |
| 0.2〜　0.4 | やや正の相関 |
| 0.4〜　0.7 | かなり正の相関 |
| 0.7〜　1 | 強い正の相関 |

```
 −1    −0.7    −0.4   −0.2    0    0.2    0.4    0.7    1
         負の相関                      正の相関
  強い    かなり    やや    無相関    やや    かなり    強い
```

### 相関係数の値と散布の状況

散布の状況と相関係数については，2通りに分類される。これらは，表3-1に要約されて，次のように分類される。

①散布図における**散らばりが右上がりのときは，正の相関**があるという。このとき，相関係数 $r_{xy}$ は正の値をとる。相関係数が1であれば，正の完全相関として，正の傾きを持つ直線上にデータが並ぶ。また，相関係数の大きさにより，正の相関の強弱を判断することができる。だいたいの目安として，0.7以上であれば**強い正の相関**，0.4〜0.7 であれば**かなり正の相関**，0.2〜0.4 であれば**やや正の相関**，0〜0.2 では**無相関**と見なす。図3-6 では，強い正の相関（$r_{xy} = 0.8$）が示されている。

②散布図の**散らばりが右下がりのときは，負の相関**があり，相関係数 $r_{xy}$ は負の値となる。決定係数が −1 であれば，負の完全相関として，負の傾きを持つ直線上にデータが並ぶ。負の相関の強弱を判断する場合も，−0.7以下で強い**負の相関**，−0.4〜−0.7 であれば**かなり負の相関**，−0.2〜−0.4 であれば**やや負の相関**，0〜−0.2 では**無相関**と見なす。図3-6 では，強い負の相関とやや負の相関（$r_{xy} = -0.3$）が示されている。

相関係数が絶対値で0.2よりも小さくなる場合は，変数 $x$ と $y$ には線形関係のない無相関と見なす。ただし，図3-6 の右下は注意が必要である。こ

## 3. 変数同士の関係・相関係数　77

**図 3-6** 散布状況と相関係数

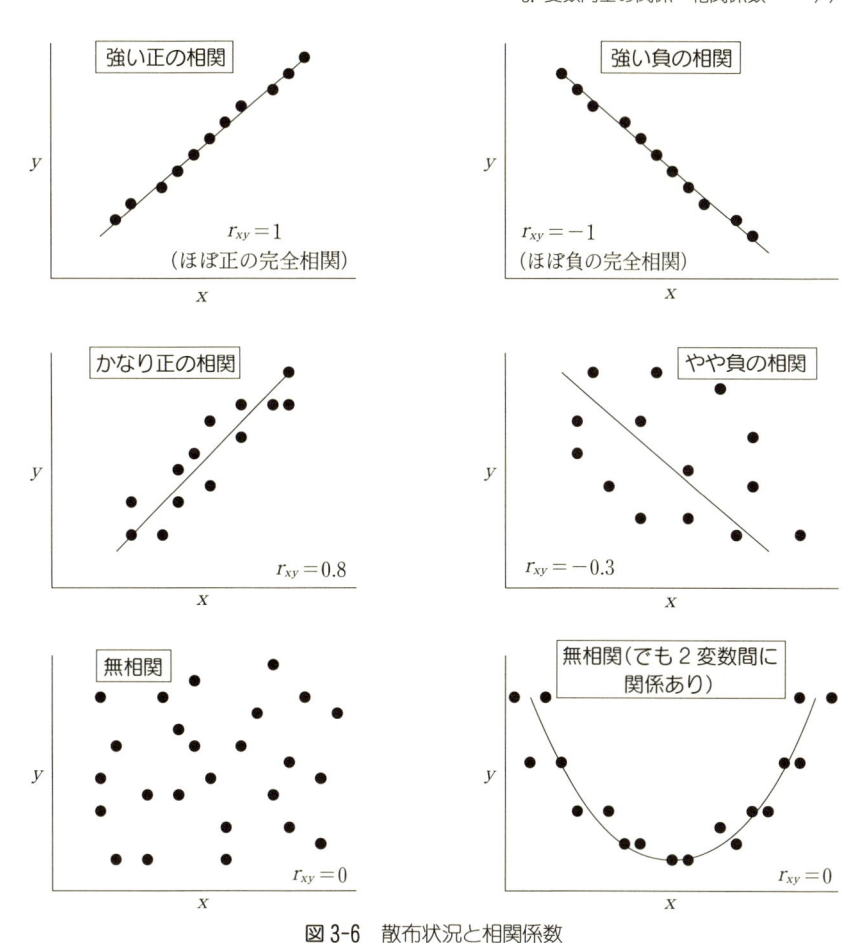

の場合は，相関係数が極めて小さい値のため，変数 $x$ と $y$ には線形関係が認められない。しかし，その形状は双曲線として 2 次関数の形状をしていることが読み取れる。したがって，相関係数で線形関係はないという結論が得られても，何か他の高次非線形の関係を探さねばならない。

## 4. 確率変数とは，期待値とは

### コイントスと確率変動

アメリカンフットボールのキックオフでは，キックかレシーブをコイントスで決める。コイントスの出目はでたらめで，予測ができない確率変動をする。**確率変数は，一定の値をとらない変数で，定まった確率にしたがって変化する**。たとえば，サイコロ投げも確率変数で，定まった値は出現しない。1～6まで，何が出るかは投げるまでわからないが，確率1/6の同じ比率で出現する。コイントスは出る目が2つで，表か裏かは1/2の確率で出現する。このように，確率変数は変動がでたらめで，何が出現するかは事前には特定することはできない。事前にサイコロの目やコインの表裏がわかっていたとすれば，それはインチキで確率変数とはいえない。

確率変数はランダム変数とも呼ばれ，その変動は「ランダム・ウォーク」とか「酔歩」ともいう。酔歩とは，酔っぱらいの千鳥足を意味する。酔っているので，ウォーキングやジョギングのように規則正しく足を繰り出すことは困難である。その歩みについて，次の一歩が，右へ歩み出すのか，左か，前か，後ろかは，歩いてみなければわからない。たぶん，本人に聞くよりも，明確な意志を持たない右足か左足に聞くしかない。結局のところは，事前にまた確定的にどちらへ歩むかはわからない。これが，「でたらめな動き＝酔っ払いの歩み」の意味である。

コイントスの出目は確率変動をしていて，その動きはランダム・ウォークと呼ばれる。予測は一般には不可能なので，運を天に任せ，つまり神様にキックかレシーブを決めてもらうことになる。

### 確率とは

**偶然に支配される操作や実験などは，「試行」という**。サイコロやコインを「投げる」こと，宝くじを「買うこと」，鉛筆を「ころがすこと」などが「試行」の例である。**試行の結果は，「事象」という**。サイコロを振ったり鉛筆をころがす試行で現れる事象は，{1}，{2}，{3}，{4}，{5}，{6}で，コイ

ントスでは{表}，{裏}となる。事象すべての合計を $S$ と書けば，サイコロや鉛筆の例では，次のように表す。

$$S = \{1, 2, 3, 4, 5, 6\}$$

これらの事象は，サイコロが均一で対称ならば，**どの目も均一に出現するので，その出方は「同様に確からしい」という**。たとえば，共通な事象を含まない事象の集まりを，集合AとBとする。例として，サイコロを振った結果出現する偶数の事象をA，5(要素が1個しかない)だけの事象をBとする。Aが起こるのは，6通りのうちの3通りでありA = {2, 4, 6}，Bが起こるのは6通りのうちの1通り・B = {5}となる。したがって，Aが起こる「確からしさは」6分の3，Bが起こる確からしさは6分の1となる。**確率とは，ある事象が起こる可能性あるいは確からしさを，数値で表したものをいう。**

どれも同じように確からしい試行で，その全事象の数を $n(S)$ とし，特定の事象の集まり A の数を $n(A)$ と書くとき，事象 A の起こる確率は，次のように定義される。

$$P(A) = \frac{n(A)}{n(S)}$$

Aの例では3/6 = 1/2，Bでは1/6となる。ここで $n$ は，数を表す英語「number」，$P$ は(Probability)の頭文字を表す。一般的に，確率の表し方の例はP(……) = 0.9のように記述される。たとえば，「P(パスの成功率 ≧ 80) = 0.9」は，「ゲームでパスが通る結果が80%以上の確率は90%」である。

**確率の性質**
**確率の性質(1)**
サイコロの出る目は全部で{1, 2, 3, 4, 5, 6}の6通りだから，事象Aを全事象とすると，P(S) = $n$(S)/$n$(S) = 6/6 = 1となり，全事象の出現確率は1となる。なお，注意すべきは，要素としての事象は記述の順番はどうでもかまわないが，同じ要素を2回以上重複して書いてはならない。

**確率の性質(2)**

サイコロを投げたとき8という数は絶対出現せず，起こりえない要素の個数はゼロである。このような**事象がない場合，空っぽという意味で空事象 $\phi$（ギリシャ文字のファイ）という**。起こりえない事象の出現回数は，$n(\phi)$ と書いてゼロとする。

**確率の性質(3)**

性質(1)と(2)をまとめれば，確率1とは必ず発生して，確率ゼロとは絶対に発生しないことを意味する。**確率の値がとる領域は0〜1の間**で，ある事象Aの出現確率は $0 \leq P(A) \leq 1$ と書く。

**確率の性質(4)**

事象AとBの起こる確率は，AとBの起こる確率の和となる。Aが3の倍数の目が出る事象{3, 6}，Bが偶数の目が出る事象{2, 4, 6}であれば，偶数か3の倍数の目が出る要素の合計は5となる。

$$n(A) + n(B) = 2 + 3 = 5$$

ここでは，全体で見ればAとBのどちらかが起こるとして，「和」の事象と考える。集合の記号で書けば，図3-7のA∪Bと表せる。また，和集合にはA∩B（AかつB・共通）の要素からなる共通集合が含まれる。

**全体の集合SにA共通の事象を含まないAとBがあるとき，その事象は「排反事象」**という。排反であればAとBは同時に起こり，そのどちらかが起こる確率は，AとBの起こる確率の和となる。

共通の事象を含まないAとBがある時，それらの事象は「排反事象」といい，どちらかが起こる確率はAとBの起こる確率の和となる。

$$P(A \cup B) = P(A) + P(B)$$

AとBが排反事象ならば，図3-8で示される。共通の事象A∩Bの要素がゼロ，すなわち空集合となっている。また，AとBが排反でなければ，確率の性質(4)は次のように書き換えられる。

$$n(A \cup B) = n(A) + n(B) - n(A \cap B)$$

両辺を $n(S)$ で割ると

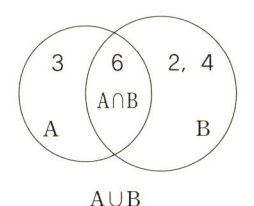

4. 確率変数とは，期待値とは　81

図3-7　加法定理
A：サイコロの目で3の倍数
B：サイコロの目で偶数

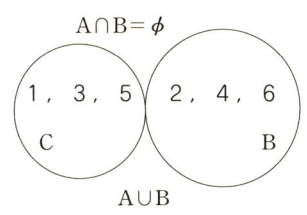

図3-8　排反事象の加法定理
C：サイコロの目で奇数
B：サイコロの目で偶数

$$P(A \cup B) = P(A) + P(B) - P(A \cap B)$$

図3-7の例では$(A \cap B)$は6で，$n(A \cap B) = 1$となり，$n(A \cup B) = 4$である。したがって

$$P(A \cup B) = \frac{n(A \cup B)}{n(S)} = \frac{2+3-1}{6} = \frac{4}{6} = \frac{2}{3}$$

### 確率変数の平均値

　偏りのない3枚のコインがあって，コイントスから表が出た枚数について100円もらえるとするギャンブルを考える。参加費用が100円であれば，参加するだろうか。200円であればしないだろうか。このような確率的に変動する賭け事の参加を決める1つの尺度として「期待値」がある。3回のコイントスの試行で出現する事象は，表と裏から始まるものをすべて書き出せば，8通りの組合せがある。

　　①表－表－表，②表－表－裏，③表－裏－表，④表－裏－裏
　　⑤裏－表－表，⑥裏－表－裏，⑦裏－裏－表，⑧裏－裏－裏

　ここで，表が出る事象をAとすれば，Aは表が1回もでない0枚の場合，1枚出る，2枚出る，3枚出たの4通り考えられる。

　・0枚出る場合（1回も出ない場合は），

⑧裏－裏－裏の1通り。
・1枚出る場合，
　④表－裏－裏，⑥裏－表－裏，⑦裏－裏－表の3通り，
・2枚出る場合は，
　②表－表－裏，③表－裏－表，⑤裏－表－表の3通り，
・3枚の場合は
　①表－表－表の1回

となる。このギャンブルで表の出る枚数は，「出現可能な枚数にその確率をかけた和」によって求めることができる。

$$\left(0 \times \frac{1}{8}\right) + \left(1 \times \frac{3}{8}\right) + \left(2 \times \frac{3}{8}\right) + \left(3 \times \frac{1}{8}\right) = \frac{12}{8} = 1.5$$

ギャンブルで期待される獲得金額は，$100 \times 1.5 = 150$ として 150 円である。この結果がわかっていれば，100 円では参加しても，200 円では参加しない人が出てくるかもしれない。

このように，期待値は現れるすべての数に対して確率をかけて，総和を計算する。すなわち，**出た目に確率のウエイトがついた，総和が期待値**となる。記号の約束として，ある実験や行為などの試行 $X$ の $E$ を期待値，出現する事象を $x_n$，その確率をそれぞれ $p_n$ とすると，$E$ は次のように書ける。

$$E(X) = x_1 \times p_1 + x_2 \times p_2 + x_3 \times p_3 + \cdots + x_n \times p_n$$

上式で定義されている期待値は，「実験や試行を繰り返し行い，その回数が十分大きいとき，確率変数の実現値の平均が近づく値」と考える。または，**確率という起こりやすさのウエイト付けされた平均**と考える。

サイコロの期待値を例に考える。鉛筆も芯と垂直な断面は正六角形だから，偏りがなければほぼサイコロと同じ役割を果たす。サイコロの出る目や鉛筆のころがって上向きとなる面を $X$ とする。出る目は同じ確からしさで，でたらめに出現する。

$X$ の事象は全部で $\{1, 2, 3, 4, 5, 6\}$ の 6 通りで，その他の数については空である。確率分布は各事象について 1/6 となるから，サイコロの期待値

は，次のように 3.5 と求めることができる。

$$E(X) = 1 \times \frac{1}{6} + 2 \times \frac{1}{6} + 3 \times \frac{1}{6} + 4 \times \frac{1}{6} + 5 \times \frac{1}{6} + 6 \times \frac{1}{6} = \frac{21}{6} = 3.5$$

平均値が 3.5 とは，サイコロを多く振ればそれだけ 3.5 に近づくということで，3.5 の目があるということではない。このことを理解するため，1 回，2 回と振った結果を考えてみる。サイコロを 1 回振っただけでは，1，2，3，4，5，6 は確率 1/6 で発生して，どれが出るかはわからない。サイコロを振る回数として，2 回，3 回と増やしてやがて無限大に近づく勢いで度数分布を作成すると，その形状は図 3-9 の(A)，(B)そして(C)の形状となる。でたらめなものを積み重ねたこれらの形状には規則性があり，後にそれを利用する。

サイコロが 1 個の場合は，階級が 6 しかないので多くの隙間がある。2 個になると階級は 11 に増加し，3 個になれば 16 に増える。このようなデータは，前に述べたように**階級間に隙間のあるものとして「離散型データ」**という。しかし，無限大に近い程度にサイコロを増加させていけば隙間は埋まり，やがて一筆書きでなぞれるようになる。この**1 つの線として途切れることなく階級が続くデータを「連続型データ」**という。

### 平均と分散，平均と期待値を確率変数から考える

これまで扱ってきた平均と分散などはデータの特性を知る上で，重要な指標である。たとえば，標本平均はすべての標本の和を求め，それを標本数で割ったものである。標本分散は，観測値 $x_i$ と標本平均の差について自乗を求め，総和からの平均として計算され，定義式はそれぞれ次のように表せる。

$$\bar{x} = \frac{1}{n} \cdot \sum_{i=1}^{n} x_i \quad s_x^2 = \frac{1}{n} \cdot \sum_{i=1}^{n} (x_i - \bar{x})^2$$

推測統計で扱う標本は無作為抽出と考えられるから，どの標本も同じ確率で選ばれている。したがって，$x_i$ のどれをとっても，選択される重み（ウエイト）は同じと考えられる。この重みを本来の確率と考えれば，**標本平均や分散は観測値 $x_i$ の生起確率を 1/n としたときの期待値**と見なすことができる。ただし，標本平均が母数全体から抽出された母平均 $\mu$ とは一致する保

84　第3章　統計学とスポーツ

(A)

出現回数

2個のサイコロの目の平均

(B)

出現回数

3個のサイコロの目の平均

無限個のサイコロを振った！とすれば，工夫して変形させると，下の図となる。
出る目は連続な曲線となり，正規分布と呼ばれる形状を示す。

(C)

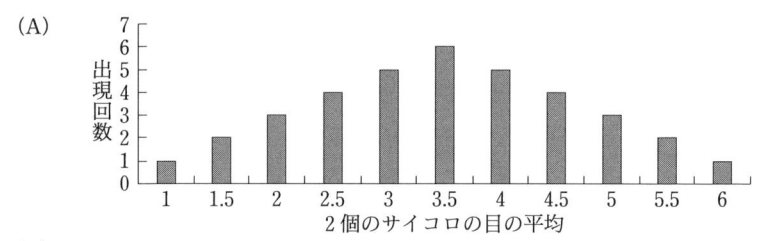

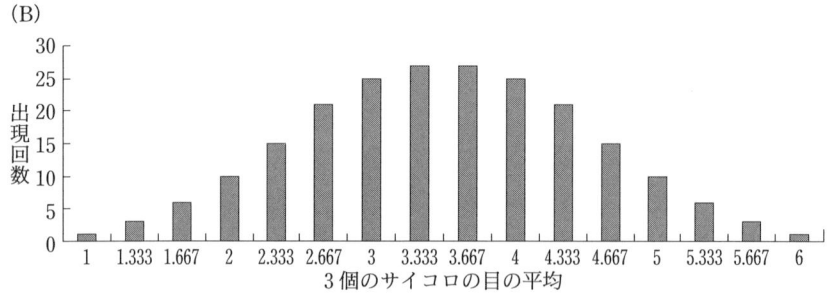

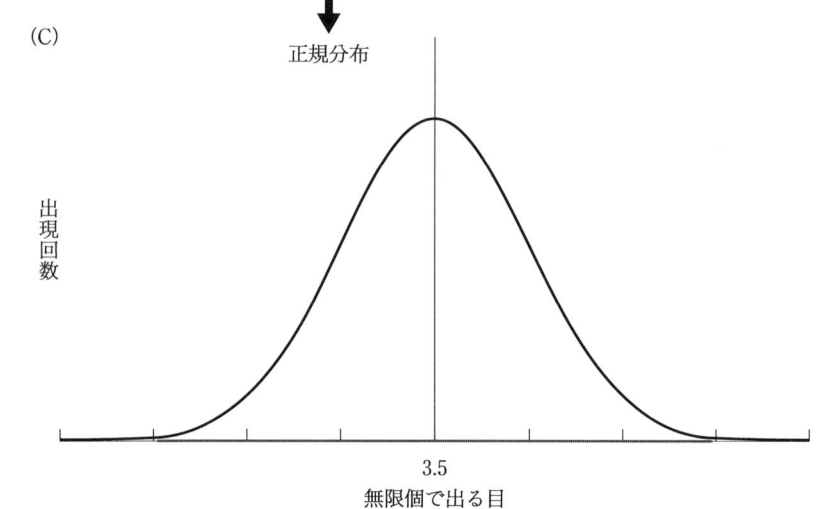

正規分布

出現回数

3.5
無限個で出る目

**図3-9　無限個のサイコロを振ったとすれば**

証がない。

　平均と期待値とは同じような概念で，混同することも多い。一般に，n個の変数の和をnで割ったものを**平均値**という。あるいは，平均値とはすべて同じと見なしうる多数回発生した事象やたくさんの標本を全部足して，その回数や個数で割ることで得られる。多数回発生の事実が確認できたり，サンプル数がしっかり把握できていれば，同等なものどうし寄せ集めることで，平均を求めることは容易である。

　しかし，**ある事象や標本を求めることがたった1回しかない場合，ゲーム，ギャンブルなどの場合は，単純に総和を取って割り算をして**という手順は踏めない。このような，結果が1回しか得ることができないような場合には，確率を使う。つまり，**数少ない結果について多数の事象や標本が得られたとすれば，それらは確率で示された割合にしたがって出現することが予想される**。これを，**期待値**という。

　確率と同じ割合で出現するであろうことが予想されるため，たった1回の事象や標本も，確率の与える比率によって足し算は可能である。また，同じ条件のもとで試行を回繰り返していけば，足し算は比率の示す合計とほぼ一致する。すなわち，期待値は平均値と同じ意味になる。**期待値は「1回当たりの平均値」**と考えれば，多くの試行とともに両者はやがて一致するから，期待値と平均値は同じ意味を持つものと理解できる。具体的な例をあげて，たとえば，**総数100本で次のような賞金がついているくじを考える。**

|  | 1 等 | 2 等 | 3 等 | はずれ |
|---|---|---|---|---|
| 賞 金 | 1,000 円 | 600 円 | 200 円 | 0 円 |
| 本 数 | 2 本 | 4 本 | 24 本 | 70 本 |

　このくじについて，賞金の各値の出る確率は，次のとおりである。

| 賞 金 | 1,000 円 | 600 円 | 200 円 | 0 円 |
|---|---|---|---|---|
| 確 率 | 2/100 | 4/100 | 24/100 | 70/100 |

　くじ1本当たりの賞金額の平均は次のように求められる。

$$\frac{1}{100} \cdot (1000 \times 2 + 600 \times 4 + 200 \times 24) = \frac{9200}{100} = 92 \qquad (3\text{-}1)$$

この92円が意味するところは，1本のくじを引いたときに，平均的に期待できる賞金の額と考えることができる。

当たり金額は(賞金金額×当たる確率)を加えた値として表せる。記号の約束として，1,000円，600円，200円，0円の各賞金の当たった回数を $X_1$，$X_2$，$X_3$，$X_4$ とし，試行回数を $n$ 回とする。これにより，次の式で，**確率を用いた当たり金額**の計算式を書くことができる。試行回数が十分大きな数であれば，2/100，4/100，24/100および70/100に近い値となる。

$$\begin{aligned}
&1000 \times \frac{x_1}{n} + 600 \times \frac{x_2}{n} + 200 \times \frac{x_3}{n} + 0 \times \frac{x_4}{n} \\
&= 1000 \times \frac{2}{100} + 600 \times \frac{4}{100} + 200 \times \frac{24}{100} + 0 \times \frac{70}{100} \qquad (3\text{-}2)\\
&= 20 + 24 + 48 + 0 = 92
\end{aligned}$$

この結果，(3-1)式と(3-2)式はほぼ等しく，(3-1)式の**くじ1本当たりの賞金額の平均**と(3-2)式の**付与された確率から期待される賞金額**は一致する。

なお，(3-2)式では，ある確率変数 $X$ が $x_1$，$x_2$，……，$x_n$ のどれか1つだけの値を取り，それらの値を取る確率がそれぞれ $P_1$，$P_2$，……，$P_n$ のとき，確率変数 $X$ の**期待値**(または**平均値**)を表している。このように，確率変数にそれぞれの実現する確率をかけて合計したものを**数学的期待値**ともいう。

## 5. でたらめさから規則性を見つける

### 不良品を見つけ出す方法と釣り鐘

記号の約束として標本の大きさを $n$，変数を $X$ とする。このとき，変数 $X$ の相対度数分布グラフについて，経験的に次のことが知られている。

標本の大きさ $n$ が十分に大きいとき，$X$ の相対度数分布グラフは標本の取り方によらず，$X$ に特有なある一定のグラフにほぼ等しくなる。また，

$n$ が大きくなればそれだけ一定の形との相違は小さくなることが多い。

　この一定のグラフを，変数 $X$ の確率分布または母集団分布のグラフという。$X$ の確率分布とは，母集団すべての個体 $X$ の値を調べた「相対度数分布」となっている。また，階級幅を狭くすることによって，図3-9の(C)のなめらかな曲線を得たが，この曲線は左右対称で「ベル」または「釣り鐘」の形状をしている。この左右対称の曲線を「**正規曲線**」という。

　これを理解するために，たとえば，大量生産されている母集団 S として製品 N-Cafe の全体を考える。これを確率変数と見なして，観測 X は N-Cafe が良品として 0，不良品として 1 を取る離散タイプの変数と見なす。

　$X$ の確率分布として，不良品の比率を $p$，良品を $q$ とする。

$$p = P(\{X=1\}),\ q = P(\{X=0\})$$

平均値と分散の期待値は，次のように書ける。

$$E[X] = 0 \cdot q + 1 \cdot p = p,$$
$$V[X] = E[X^2] - (E[X])^2 = E[X] - (E[X])^2, [X^2 = X : X は 0 か 1]$$
$$= p - p^2 = p(1-p) = p \cdot q.$$

ここで，$X_1$ や $X_n$ はそれぞれ，第1回，第 $n$ 回の観測を表す。観測数 $n$ 回の不良品の個数を次のように書く。

$$S_n = X_1 + \cdots\cdots + X_n$$

$S_n$ の確率の求め方は次のように考える。ラインから出てきた製品がトレイに並んで出てくる。良品は Good(G) で，不良品は Bad(B) で示される。

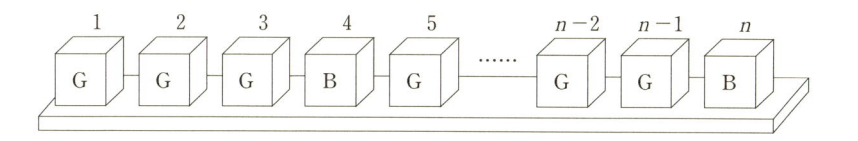

| 1 | 2 | 3 | 4 | 5 | …… | $n-2$ | $n-1$ | $n$ |
|---|---|---|---|---|---|---|---|---|
| G | G | G | B | G | | G | G | B |

検査製品 $n$ 個のなかに，$k$ 個の不良品(B)が混入して，良品は $(n-k)$ 個

とすれば，$S_n$ の確率は次のように書ける。

$$(不良品を買う確率 \ p)^k \times (良品を買う確率 \ q)^{n-k} = p^k \times q^{n-k}$$

問題は $n$ 個のサンプルのなかで不良品の入っている回数を $X$ として，その確率を求めるものである。そこで，$n$ 個の番号の付いたトレイに不良品を混入させる方法は，1～$n$ 個のトレイから $k$ 個のトレイを選ぶことと同じである。$S_n$ の確率分布は次のように書ける。

$$P(\{S_n = k\}) = {}_nC_k \cdot p^k \cdot q^{n-k} = \frac{k!}{k!(n-k)!} \cdot p^k \cdot q^{n-k}, \ n!$$
$$= n(n-1)(n-2)\cdots 3 \cdot 2 \cdot 1$$

これは，順列・組合せの，組合せを利用した二項定理と同じものである。

### 二項分布から正規分布へ

不良品の母集団 $S_n$ の平均 E と分散 V は，定義から次のように書ける。

$$\begin{aligned}
E[S_n] &= E[X_1] + E[X_2] + \cdots + E[X_n] \\
&= E[X] + E[X] + \cdots + E[X] = n \cdot E[X] = n \cdot p \\
V[S_n] &= V[X_1] + V[X_2] + \cdots + V[X_n] = p \cdot q \\
&= V[X] + V[X] + \cdots + V[X] = n \cdot V[X] = n \cdot pq
\end{aligned}$$

$S_n$ は大量生産の生産物に関する母集団だから，確率分布のグラフは，階級幅は膨大な数 $n$ となっている。**確率は合計して1だから，面積の和も1にしかならない。**1日の生産個数は，1個から始まって，$n$ は万，数十万の単位かもしれない。実際に描けば，極端に幅広で高さにメリハリのない扁平

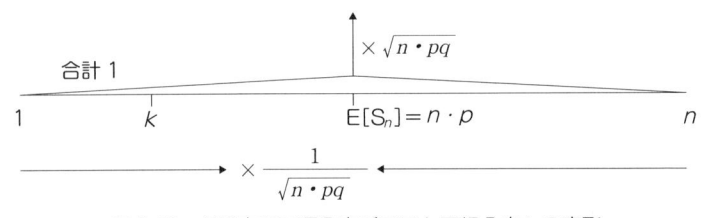

図3-10 多標本の二項分布グラフと正規分布への変形

な形をしているはずで，分布は頂点をつなぐと次のような形になる。日産5万個であれば，1～nまでの距離が50,000あり，各階級の頂点の高さの合計はわずか1にしかならない。

　これでは，ほぼ直線に見えて確率分布のグラフが見えにくい。そこで，**確率合計は1のままにして，縦を伸ばして横を縮める**。これを見やすくするため，$E[S_n]$を次の3つの手順で変形する。

　①中心を平均値 $E[S_n] = n \cdot p$ に移動させる
　②縦を伸ばす。$E[S_n] \times \sqrt{n \cdot pq}$
　③横を縮める。$E[S_n] \times \dfrac{1}{\sqrt{n \cdot pq}}$

$\dfrac{S_n - n \cdot p}{\sqrt{n \cdot pq}} \Leftrightarrow$ と変形された確率分布のグラフ $\Rightarrow$ 一定の形（図3-9の(C)）

　変形の作業により，回数を増加させて階級幅が縮まり，縦の長さも高くなる。観測個数を無限大，すなわち $n$ を無限大とすると，平方根のなかでは $n$ だけが巨大になり，ほかの項目の $p$ や $q$ は取るに足らない大きさとなる。その結果，確率 $p$ に依存しないなめらかな形の図3-9(C)にある連続型となる。Xの確率分布がこのような形になるとき，Xは標準正規分布にしたがうといい，次のように書く。なお，$N$ は正規分布（Normal Distribution）の頭文字で，カッコのなかには，標本の特性として特に平均0と分散1の値が表示される。

$$X \sim N(0, \ 1^2)$$

　このグラフの特徴は，図3-11(A)に示され，直線 $x = 0$ に関して対称で，$x$ 座標が±1のところで変曲点となり，$x$ の値が ±∞ になるにつれて $x$ 軸に急速に接近する。

　図3-11(A)と(B)で比較されているように，変数を変化させる。手順は，**Xの確率分布について，中心を0から平均 $\mu$ へ，変曲点を1から標準偏差 $\sigma$ に移動するように変換**する。このような変数変換を施したXの分布は，使い勝手がよく，**一般的な正規分布**と呼ばれる。形式的には，$V$ という記号を使って書き換えて，次のように表す。

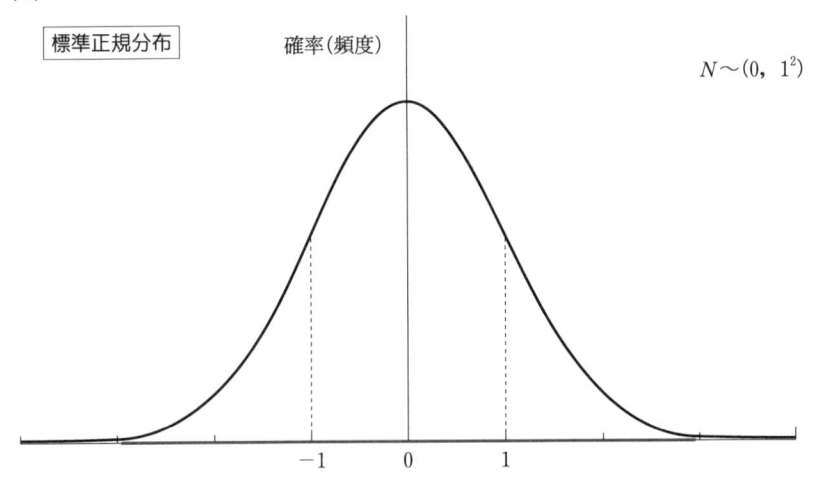

(A)

**標準正規分布**　　確率(頻度)　　　　　　　　　$N \sim (0, 1^2)$

(B)

**一般正規分布**　　　　　　　　　　　　　　　　$N \sim (\mu, \sigma^2)$

34.13%

68.26%　13.59%

0.135%　　　　　　　　　　　　　　　　2.145%

95.44%

$\mu-3\sigma$　$\mu-2\sigma$　$\mu-\sigma$　$\mu$　$\mu+\sigma$　$\mu+2\sigma$　$\mu+3\sigma$

**図 3-11**　標準正規分布待，平均と標準偏差・$2\sigma$

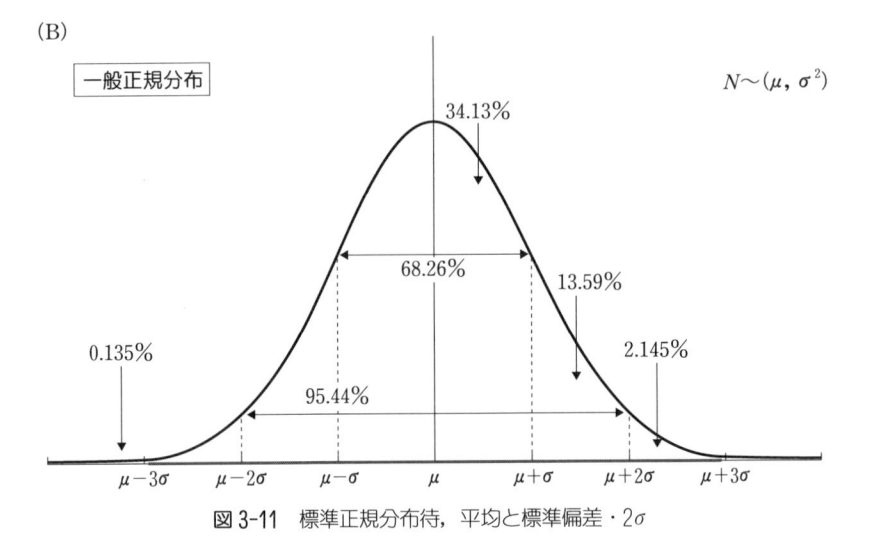

$$x \to v = \frac{x-\mu}{\sigma} \quad (\sigma < 0)$$

なお，$\sigma$の値が小さければ$(x-\mu)$の値は大きくなるので，釣り鐘の先は伸びる。逆に大きければ，釣り鐘は下の方へ溶ける。すなわち，$\sigma$が小さけ

れば(大きければ)，ばらつきは大きい(小さい)ことがわかる。

なぜなら，$\sigma$は標準偏差，分散の平方根から求められた。分散は各観測値の平均からの乖離幅について2乗したものを総和して，その平均である。標準偏差が大きいということは，平均からの乖離幅がより大きいことを意味するから，$\sigma$の大きさは平均から離れる度合いの大きさ，すなわちばらつきの大きさを表している。

分布の平均 $E[S_n]\cdot\mu$ と分布の分散 $V[S_n]\cdot\sigma^2$ が決まると，それにしたがって，確率分布の形状が決まる。そして，Xは母数 $\mu$ と $\sigma^2$ の正規分布にしたがうといい，次のように書く。$N$ は正規分布 Normal distribution の略。

$$X \sim N(\mu, \ \sigma^2)$$

なお，$S_n$の例の確率分布は$n$が十分に大きければ，$N(np, npq)$にしたがう。

### 正規分布の特徴

標準正規分布 $X\sim N(0, 1^2)$ には正規分布表と呼ばれる数表が作成されている。$X$ が平均 $\mu$，分散 $\sigma^2$，$X\sim N(\mu, \sigma^2)$ならば，分布について次のような特徴がある。

①分布は，$x=0$としての平均$\mu$を中心に左右対称となる。

②分布は，$x$の値が無限大に近づくにつれて，$x$軸に急速に接近する。

③分布は，平均値$\mu$でもっとも高く，左右の裾野へ向かうにつれて低くなる。

④確率変数$X$がある値$a$と$b$を取り，それを$a \leq X \leq b$とする。また，その条件を満たす確率を，$P(\{a \leq X \leq b\})$と書く。このとき，$a$と$b$については，次の関係が成立する。

$$P(\{a \leq X \leq b\}) = P\left(\left\{\frac{a-\mu}{\sigma} \leq X \leq \frac{b-\mu}{\sigma}\right\}\right)$$

ここで，$\mu$の中心から左右に標準偏差1個($1\sigma$)だけずれた区間を考えると，それは$\mu-\sigma \leq X \leq \mu+\sigma$となる。正規分布では，$X$がこの条件を満

たす区間にデータが入る確率は決まっていて、それは約 68.3% となる。

① $1\sigma$ の区間確率：
$$P\{X|\mu-\sigma \leqq X \leqq \mu+\sigma\} \fallingdotseq 0.6826 \tag{3-3}$$

$\mu$ の中心から左右に標準偏差 2 個（$2\sigma$）だけずれた区間を考えると、それは前と同じに、$\mu-2\sigma \leqq X \leqq \mu+2\sigma$ と書けて、この区間にデータが入る確率は約 95.4% となる。

② $2\sigma$ の区間確率
$$P\{X|\mu-2\sigma \leqq X \leqq \mu+2\sigma\} \fallingdotseq 0.9544 \tag{3-4}$$

同様に、$3\sigma$ は 99.7%。

③ $3\sigma$ の区間確率
$$P\{X|\mu-3\sigma \leqq X \leqq \mu+3\sigma\} \fallingdotseq 0.9973 \tag{3-5}$$

これらの関係は、図 3-11（B）に整理されている。また、**観測値が確率変動をしていて、母分散とほぼ同じかもしれない標本分散が求まれば、母平均とほぼ同じかもしれない標本平均からの乖離（離れていること）誤差確率を求める**ことができる。

バスケットボール A、B チームの身長データの出現がでたらめで、確率変数のように出現すると仮定すると、適当に選手を指名したときの身長の出現する区間確率が求まる。

A チーム：平均 179.725、標準偏差 7.141
B チーム：平均 179.700、標準偏差 6.853

標本平均と標本標準偏差が、確からしいものとすれば、変動区間の生起確立を計算することができる。コーチが選手名簿から適当に選手を選んだとき、その選手の身長幅とその出現確率は、

① 1σ の区間確率
　A：1σ の変動幅　179.725±1×7.141，186.866〜172.584
　B：1σ の変動幅　179.700±1×6.853，186.553〜172.847
　　　186.866〜172.584 cm までの変動幅となる確率は約 68.3%。
　　　186.553〜172.847 cm までの変動幅となる確率は約 68.3%
② 2σ の区間確率
　A：2σ の変動幅　179.725±2×7.141，194.007〜165.443
　B：2σ の変動幅　179.700±2×6.853，193.406〜165.994
　　　194.007〜165.443 cm までの変動幅となる確率は約 95.4%。
　　　193.406〜165.994 cm までの変動幅となる確率は約 95.4%
③ 3σ の区間確率
　A：3σ の変動幅　179.725±3×7.141，201.148〜158.302
　B：3σ の変動幅　179.700±3×6.853，200.259〜159.141
　　　201.148〜158.302 cm までの変動幅となる確率は約 99.7%。
　　　200.259〜159.141 cm までの変動幅となる確率は約 99.7%

　通常は，95%の確率で考えて，A チームのほとんどの選手は194.007〜165.443 cm の範囲内に，B チームでは 193.406〜165.994 cm のなかに入る。また，約 70%の確率で A チームのコーチは 186.866〜172.847 cm，B チームのコーチは 186.553〜172.847 cm の身長の選手を選ぶだろう。

# 第4章 野球と統計学・セイバーメトリックスで勝つ

## 1. セイバーメトリックス

**セイバーメトリックスの変遷**

　MLBオールスターゲームでは，多くの優れたプレーヤーがファン投票や監督推薦で出場しファンを楽しませる。真剣に勝敗にこだわるプレーに歓声が沸くが，ワールドシリーズ開催に向けて有利な立場を得るために必死にならざるを得ない。ところで，セイバーメトリックスによる選手評価で，優れた選手とはいったい誰であろうか。この問に対しては，新聞やスポーツ雑誌などで見慣れた指標ではなく，聞き慣れない評価で選手の価値を判断している。

　MLBの野球理論では，「**セイバーメトリックス**」という手法が広く取り入れられている。これは，1970年代から始まった，**野球における新しいデータ分析や統計的解析**をさしている。語源は，**SABR(Society for American Baseball Research：アメリカ野球学会)と-metrics(測定学とか計量学の意味)を組合せた造語**である。野球の記録データをコンピュータ分析する方法で，**セイバーメトリカ**ともいう。これは，1977年にビル・ジェイムスが著した，"Historical Baseball Abstract" が原本となっている。

　彼は，独自のデータ分析から野球における新たな指標を開発し，"Historical Baseball Abstract" はその評価指標や作戦の指標に統計学的根拠を加えた著作を発表した。これは，ややもすると従来の評価や作戦を否定するものであった。彼の主張では，バントや盗塁などは得点確率を下げ

るものと評価し，失策や守備率も審判による主観的なものとして，作戦指標の効果については否定的な見解であった．

　これは従来の伝統的な野球戦略や選手の用法を頭から否定するもので，すんなりと受け入れられるものではなかった．やがて，ジェームズが名付けたセイバーメトリックスは，1982 年に再出版されて日の目を見ることとなり，やがてベースボール革命を起こすことになる．

　これを全面的に採用した球団として，オークランド・アスレチックス，ボストン・レッドソックスなどが知られている．**セイバーメトリックスとは，数値処理に基づく統計理論の利用による「新しいゲーム采配と球団運営の方法」**をさす．従来の野球選手の能力基準はおもに見栄えからくるもので，目に写るものとしてパワフルな打撃，走塁のすばやさ，華麗な守備，切れのある投球などが評価のポイントであり，選手起用のポイントであった．

　たとえば，MLB のスカウトは伝統的な指標を参考に，新人選手の発掘を行っている．スカウト達が使用している基準の例として，①Hit，②Power，③Running，④Arm Strength(肩の強さ)，⑤Arm Accuracy(制球力)，⑥Fielding(守備)，⑦Range(守備範囲)，⑧Make Up(取り組み姿勢)，⑨Apitide(適応能力)，投手にはさらに⑩Velocity(球速)，⑪Mechanic(投球フオーム)がある．具体例として，次のような数字がある．

| 評価対象 | 評価得点 | 80〜77 | 76〜74 | 73〜71 | 70 | 69〜67 | 66〜64 | 63〜60 |
|---|---|---|---|---|---|---|---|---|
| (1)打　　率 | | 0.320〜0.314 | 0.313〜0.308 | 0.307〜0.302 | 0.300 | 0.299〜0.294 | 0.293〜0.288 | 0.287〜0.280 |
| (2)本　塁　打 | | 40-37 | 36-34 | 33-31 | 30 | 29-27 | 26-25 | 24-23 |
| (3)走塁(1塁へ)左打(秒) | | 4.00-4.03 | 4.04-4.06 | 4.07-4.09 | 4.10 | 4.11-4.13 | 4.14-4.16 | 4.17-4.20 |
| 　　　　　　右打 | | 4.10-4.16 | 4.18-4.21 | 4.22-4.24 | 4.25 | 4.26-4.28 | 4.29-4.31 | 4.32-4.35 |
| (4)捕手の送球(2塁へ)(秒) | | 1.70-1.73 | 1.74-1.76 | 1.77-1.79 | 1.80 | 1.81-1.83 | 1.84-1.86 | 1.87-1.90 |
| (10)球速(マイル/155 km) | | 96.0-95.4 | 95.2-94.8 | 94.6-94.2 | 94 | 93.8-93.4 | 93.2-92.8 | 92.6-92 |

(評価得点ランクはレジースミスベースボール：ジャパンを参考)

　評価得点は，80〜77：すばらしい(Outstanding)，76〜74：とてもよい(Very Good)，73〜71：平均より上(Above Average)，70：平均(Average)，69〜67：平均より低い(Below Average)，66〜64：平均よりかなり低い(Well Below Average)，63〜60：最低(Poor)の評価がつけられる。前掲のデータでは打者の打率や本塁打数，投手の球速が主たる選択基準となっている。

　セイバーメトリックスは，このような野球観を否定し，選手の個々のプレーが，得点やチームの勝利にどれほど貢献したかを数値化し，それを評価や運用基準とする。したがって見栄えといった主観的な要素が入る余地がない。このため，**主観的な評価基準では，はかり得なかった選手の能力を客観的に表す**ことができる。

### セイバーメトリックスの主張

　セイバーメトリックスでは，プレーヤーのゲームの結果をデータ処理し，独特の統計処理による価値基準や指標から評価する。このため，伝統的な価値基準とは，相容れないところも多くある。たくさんの研究者や球団従事者，ファンやオーナーが統計基準に工夫をして，新しく説明力のある指標作りをめざしている。ありきたりでスタンダードな平均や標準偏差などの伝統的な統計量はあまり意味を持たず，後に説明するように，ある目的のために利用される指標が数多く開発されている。

　セイバーメトリックスの研究者は数多いが，先駆的な開発者は前述のビル・ジェイムスである。彼の考え方を最初に取り入れたのは，アスレチックスである。野球は，3アウトを取られない限り永遠に攻撃が続き，逆ではずっと守備に回らねばならないルールである。セイバーメトリックスの**戦術上の要点は，攻撃側ではいかにアウトを取られないか，守備側ではいかにアウトを取るか**である。球団運営からすれば，**勝利数，盗塁，セーブ数などの選手価格の高騰する要因**を省きながら，安価に優れた選手を調達する方法として利用した。具体的には，**不確定な要素を可能な限り排除し，相手に得点させる要素を徹底して排除し，できるだけ安い値段で選手を集めて，強いチームを作る**ために利用した。この過程は，マイケル・ルイス著・中山宥訳（2006）『マネーボール』に詳述されている。レッドソックスとアスレチックスの年俸の開きは2倍近いものがある。アスレチックスは安く調達して育

た選手を他球団へ放出し，見返りに将来性のある若手を獲得して年俸総額を抑えていた。スーパースター選手に限らず，優れた資質の選手を見つける上で非常に有力な手段となっている。

　たとえば，誰が最高のベースボール・プレーヤーかといえば，もっともアウトになりにくい選手をさしている。最もアウトになりにくい程度は，出塁率（OBP：On Base Percentage）にあり，出塁率は次のように定義される。

$$出塁率(OBP) = \frac{ヒット(H) + 四球(BB) + 死球(HP)}{打数(AB) + 四球(BB) + 死球(HP) + 犠牲フライ(SF)}$$

【例】打数(560)，ヒット(180)，四球(8)，犠牲フライ(15)

$$出塁率(OBP) = \frac{180 + 100 + 8}{560 + 100 + 8 + 15} = 0.421$$

$$\left(打率 = \frac{ヒット(H)}{打数(AB)} = \frac{180}{560} = 0.321\right)$$

　この例では，打率は3割2分1厘と首位打者をめざせるものではないが，打席に立てば4割以上の比率で塁上に立つことを示している。もっとも優れたプレーヤーは，できる限りアウトにならないで，塁上に立つことを求められる。ベースボールはアウトを3つ取られると，攻撃が終了するゲームである。

#### 評価ポイントの要点

　野球はアウトにならないことが重要であり，それらが反映される**野手として評価される点は，次の3点である。すなわち①出塁率（OBP），②選球眼を反映する四球の数，さらに打点よりも③得点（RC）**を評価される。得点指標はいくつかあるが，ビル・ジェイムスの考案したRC（Runs Created 生み出された得点）指標があり，基本概念は次式である。

```
RC ＝ [(安打＋四球)×総塁打数]÷(打数＋四球)
総塁打数≡(1B＋2B×2＋3B×3＋HR×4)
```

# 1. セイバーメトリックス

RCは後に詳述されるが，選手の打席の結果を得点に貢献した値に換算する。計算式はやや複雑で，1シーズンにどれだけの得点を生み出されるかを明らかにする。なお，**打点とは打者がその打撃によって何人本塁まで生還させたか，得点とは打者が自ら何回本塁まで還ってきたかを表している**。得点は，アウトを取られずしかも勝利に寄与しているので，評価対象としては大きなウエイトがつけられる。

**野手として評価されない点は，①盗塁，②送りバント，③打点，④エラーの4点**である。①盗塁は，できるだけアウトになる要因を攻撃から排除するという点で，アウトのリスクを高めるものとして評価されない。たとえ成功しても，1点しか得ることができないと見なされる。盗塁はゲームのスリリングな要素を高めるが，成功率の高い選手は別として評価されない。②たとえば，1アウト1塁の状況の送りバントは，アウトを1もしくは2を与えるリスクを高める。③打者が打ったときにランナーが塁上にいるのは偶然だから，打点はさほど重要ではない。④守備範囲の広いプレーヤーはエラーの数が多くなる。また，エラーの判定は審判員の主観によるものが多いためである。

**投手が重要視しなければならない点は，①与四死球，②被本塁打，③奪三振，④被長打率**である。①の与四死球は直接OBP指標に関連する。四死球は野手のファインプレーによってアウトにすることはできない。②本塁打も野手のファインプレーでアウトにすることはできない。③三振はエラーによって打者を塁に送らない，不確定要素のないアウトの取り方として重要である。④長打を打たれることにより，得点されるリスクが高まるから，これを重要視すべきである。**投手に責任のある出塁として，与四死球と本塁打があり，これに極力留意すべきところが要点**といえる。

**投手が軽視してもよい点は，①被安打数，②勝利数，③速球，④クローザー（抑え）の役割**である。①投手の被安打は，野手のいないところに球が偶然飛んだもので，野手の守備位置によりアウトになったりヒットになったりする。②勝利数は投手個人の能力を表してはいない。1対0でも，7対6でも勝ちは同じである。③勝利すればよいわけで，球速は意味がない。④9回の1回だけではなく，セットアッパー（中継ぎ）の役割は重要である。

セイバーメトリックス研究では，これらの評価のポイントを踏まえながら，新しい指標を数多く開発している。指標は，ゲームの展開で，監督やコーチが利用したり，トレードの選手評価に利用される。たとえば，ボストン・レッドソックスは，岡島選手をK/BBレイシオ，オールティーズ選手をSecAレイシオを使って優れた資質を見出し，トレードでは安価でしかも優秀な選手を見つけるのに成功している。これは，セイバーメトリックスの真骨頂といえよう。これらの指標の詳細と解説は，表4-6-⑭と表4-1-⑦に要約されている。順を追って説明しよう。

## 2. 優れた打者と投手を評価するもの

### セイバーメトリックスのデータ指標——打者-1

打者が有力かどうかは，伝統的な指標として打率（AVG）が長い間用いられている。これは，単打からホームランまでのヒット合計数を打席数で除して求められる。実際，各種メディアにおける打者番付の順位は打率順で表されている。しかし，打者の評価では得点に高い評価を与えるセイバーメトリックスの基準からは，単打も長打も同じ評価になるという批判があり重用されない。

最初に，「表4-1 セイバーメトリックスで使われるデータ指標・打者編Ⅰ」から見ていこう。打者の評価で打率に変わる指標として，第1に，②出塁率（OBP）があげられる。これは，打率が［安打］と［打席］の比率だったのに対して，［安打と四死球］と［打数と四死球，犠飛］の比率になっている。つまり，打者がバットで稼いだ分だけでなく，四死球を含めてどれだけ塁に出たかを計算している。換言すれば，**アウトのなりにくさを表す指標**となっている。表ではセントラルリーグの打率順打者の成績について各セイバーメトリックス指標を計算している。太字は上位5選手のデータである。これによれば，打率6位の選手がもっとも出塁率（OBP）が高く，アウトになりにくいことが示されている。また，打率では12位の選手が出塁率5位となっている。

第2の指標に，④**出塁率＋長打率（OPS）**がある。長打率（SLP）は，打率

の欠点を補うため，塁打合計と打数の比率になっている。塁打合計とは，単打×1，2塁打×2，3塁打×3，ホームラン(H.R.)×4のように，ヒットの内訳数に応じて進塁数をかけて，奪った総塁数を計算する。このSLPにOBPを加えたのがOPSである。**OPSはアウトのなりにくさと出塁率の和として，打者の実力を総合的に表している**と見なされている。なお，新攻撃指標⑤NOIや⑥GPAは，OPSの修正版で，OBPやSLPにウエイトをつけて，当てはまりの良さをめざしている。OPS指標によれば，このシーズン打者の最高実力者は，打率10位の選手で，打率19位の選手が第4位の実力打者であることがわかる。OPS指標にしたがえば，打率19位の選手にバントのサインを出すことは誤りであることがわかる。

第3の指標は，⑦**第2の打率(SecA)**があり，打率以外の攻撃能力も加味されるように工夫されている。第2の打率は，表4-1の定義のように，長打と四死球の寄与率を抽出して，**長打力があり出塁率の高い選手を探し出す**。この基準からも，第10位の選手が打撃と出塁に関して高い成績を上げている。盗塁刺しがマイナス項目になっているのは，盗塁をリスクの高い戦略と考えているためである。

そのほか，打者の能力を示す指標として⑧**TA指標**がある。TAは，**1アウト当たりどれだけ塁を獲得できるか**を表す。セリーグは0.8，パリーグは0.89であり，1を超える場合は，アウトを取られる前に進塁していることになる。計算式から，四死球が多くなればTAの数値が上がる。ソフトバンクの監督を歴任した王貞治氏の現役時代では，1963～1979年まで1を超えて，1974年には1.74と，1アウトを取られる前に塁を2近く獲得していた計算になる。

### セイバーメトリックスのデータ指標――打者-2

⑨**BRA**は，出塁率が高く同時に長打率も高い選手の指標で，OBPやSLPの値の高い選手が高い数値をあげている。次に，「表4-1　セイバーメトリックスで使われるデータ指標・打者編II」で説明されている第4の指標として，**セイバーメトリックスで最も重要とされる指標は，生み出された得点(RC)**である。この指標は，ビル・ジェイムス・モデルとも呼ばれ，得

点貢献度を表す重要な指標である。表の 4-1-⑩の解説にあるように，**打者の生み出す得点を予測する指標で，どれだけ選手が活躍したかの指標**となっている。計算式は非常に複雑であるが，[打者の得点打率×打数]といった基本方程式を再構築している。表ではVer. 2002 年を使用して計算しているが，打率第3位と第 12 位の選手が 103 台の高い数値を示している。この数値は，選手の成績査定に重要な示唆を与えてくれるだろう。RC 27 は，27 個のアウトで選手がどれだけ点数をあげるか，その選手のみで打線を構成したら何点とれるかを表している。

　第5の指標は，⑪選手のしぶとさを表している。BB/K は三振1個に対して四球を何個選んだかを計算し，選球眼の良さを表すセイバーメトリックスでは出塁率を基準に考え，安打より四球を評価するため，選球眼の指標（BB/K）はプレーヤーの評価に深く関係する。P/PA は1打席当たり，投手にどれだけ投球させるかの数値で，PA/K は三振1個を取られるまでの打席数で，高い数値ほどピッチャーにとってはやっかいな打者といえよう。

### セイバーメトリックス指標と打率の評価

　「原データ1」はセリーグの打率順成績で，3割の打率成績は灰色部分上位7位までである。この成績が本当に打者の成績を表しているか，次の「**セイバーメトリックス指標値1・セントラル打率順成績**」で検証することができる。RC 指標 No.1 は打率3位の選手で，修正された指標の新攻撃指標（NOI）などの値も1位となっている。また，12 位の選手もほんの僅差で高い RC 値を達成しており，打率下位の選手においても，侮りがたいプレーヤーがいることを判断できる。このことは，19 位のプレーヤーにも当てはまるだろう。さらに，打率 10 位の選手は，各指標で高い順位を得ており，打者として高い能力を持っていることがわかる。**得点と指標の相関係数は，**は次表に要約される。

セントラル・セイバーメトリックス指標の相関係数

| RC | OBP | OPS | SecA | BRA | SLP | GPA | NOI | TA | AVG |
|---|---|---|---|---|---|---|---|---|---|
| 0.7791 | 0.6316 | 0.5533 | 0.4657 | 0.5531 | 0.4694 | 0.5841 | 0.6093 | 0.5829 | 0.5640 |

第 3 章で学んだ相関係数の散布状況から数値を評価すれば，ほぼすべてのセイバーメトリックス指標と得点の間には，かなり正の相関があることがわかる。また，RC についてはかなり強い正の相関があり，RC と得点の間には線形の，つまり 1 次式の関係が成立していることがわかる。さらに，出塁率(OBP)や NOI も得点と強い相関があることが明らかであろう。

「原データ 2」はパリーグの打率順成績で，0.320 以上の打者を灰色にしている。「セイバーメトリックス指標値 2・パシフィック打率順成績」を見れば，指標の上位と打率上位の打者はほぼ高い値を示している。しかし，7 位には NOI の高い選手がおり，19，20 位の相対的に下位の打率のプレーヤーにも優れた打者がいることがわかる。監督はサインの出し方には追加情報を入れて修正が必要となろう。

パシフィック・セイバーメトリックス指標の相関係数

| RC | OBP | OPS | SecA | BRA | SLP | GPA | NOI | TA | AVG |
|---|---|---|---|---|---|---|---|---|---|
| 0.8170 | 0.4622 | 0.4405 | 0.2740 | 0.4404 | 0.3559 | 0.4664 | 0.4742 | 0.4894 | 0.5217 |

得点と各指標の当てはまりについては，セントラルの値より当てはまりが悪い。しかし，かなり強い正の相関が認められ，RC についてはセントラルの値よりも強い正の相関が認められる。

セリーグとパリーグの打者戦力比較は，いくつかの指標を箱ひげ図で判断できる。生み出された得点(RC 2002)，出塁率(OBP)，出塁率＋長打率(OPS)，第 2 の打率(SecA)，選球眼の指標(BB/K)について比較している。全体にパシフィックの選手の方がばらつきが少なく，セントラルよりも均一度が高いかもしれない。生み出された得点 RC 2002 の比較では，セントラルは高い点数を達成して，OBP と OPS では，パシフィックの方が高い方に偏っており，その指標では優秀であることがわかる。SecA と BB/K は評価が困難である。

表4-1 セイバーメトリックスで使われるデータ指標・打者編

Ⅰ. 打者の指標1
①AVG(Batting Average)／打率(単純に求められたヒットを打つ割合)

$$AVG = \frac{安打(ヒット)}{打席} = \frac{1塁打, 2塁打, 3塁打, ホームラン数の単純合計}{実際に打者になった回数(打席数・At Bats)}$$

定義・打席＝打席数＝打数＋四・死球＋犠打・飛＋打撃妨害，
　　　打数＝打席数－(四・死球＋犠打・飛＋打撃妨害)
安打(ヒットも同じ意味)は，1塁打，2塁打，3塁打，ホームラン数の単純合計
[打席あるいは打席数とは，結果はどうであれバッターボックス(打席の意味)に入った回数。打数とは打撃数ともいい，打席数から，四球・死球・犠打・犠飛および打撃妨害による出塁回数を引いた数。]
(TVメディアや出版物などでもっともよく使われる打者指標だが，単打も長打も同じ評価になってしまうという欠点がある。)

②OBP(On Base Percentage)／出塁率(アウトのなりにくさ)

$$OBP = \frac{安打＋四球＋死球}{打数＋四球＋死球＋犠牲フライ}$$

打者がどれくらい塁に出ることに優れているか，アウトのなりにくさを表す。長打の情報が加味されない欠点がある。出塁の意図なしということから，分母に犠打は含まれない。

③SLP(SLugging Percentage)／長打率(1打数でどこまで進むか)

$$SLP = \frac{塁打}{打数} = \frac{(1塁打×1＋2塁打×2＋3塁打×3＋ホームラン×4)の合計}{打　数}$$

進塁した累数合計を打数で割る。1打数でどの累まで進んだかを求めることができる。SLPが1以上であれば，毎打席少なくとも1塁に進塁している。3塁打やホームランが多いほど，または俊足ランナーであればSLPは高くなる傾向がある。MLB公認の3つの攻撃評価はSLPとBA，OBP。

④OPS(On Base Plus Slugging percentage)／打者の実力，得点能力を表す
　　OPS ＝ OBP＋SLP ＝ 出塁率＋長打率　　　　　　　　　　　　　(1:1)
OPSが高ければ，アウトになりにくく出塁率が高く，出塁と長打を打つ能力が高いことがわかる。また，俊足かもしれない。導出方法は簡単だが得点能力との関係は高い。OPSが高いほど得点貢献度が高く，1試合当たりの平均得点と高い相関が見られる。

⑤NOI(New Offence Initiative)／新攻撃指標(OPSの修正)
　　NOI ＝ {OBP＋(SLP÷3)}×1000 ＝ {出塁率＋(長打率÷3)}×1000　　(3:1)
OPSの弱点は，出塁率と長打率を同等に評価している。得点との相関でどちらが重要であるかを加味するため，3:1のウエイトを付している。NOIは出塁率を重視している。

⑥GPA(Gross Production Average)／NOIの修正
　　GPA ＝ (OBP×1.8＋SLP)÷4 ＝ (出塁率×1.8＋長打率)÷4　　　　(1.8:1)
OPSの変形版でNOIと同列。出塁率と長打力に対して，1.8対1のウエイトをつけている。NOIと同じく出塁率を重視している。日本プロ野球の選手比較で，当てはまりがよい。

⑦SecA(Secondary Average)／第2の打率(打率以外の攻撃能力も加味する)

$$SecA = \frac{(塁打数－安打数＋四球数＋盗塁数－盗塁刺)}{打　数}$$

分子では，塁打数から安打数を引くことで長打力を，さらに四球数を加えて安打以外での出塁を抽出する。そして，盗塁成功による出塁を加えている。つまり，本塁打でも安打は1だから，打率や長打率データを加工して出塁率を加え，長打力があり出塁率の高い選手を探し出す。(ボストン・レッドソックス，オールティーズ選手のケースでは，打率は0.24だったが，SecAは0.40以上で，これがトレードの決め手となった。)

⑧TA(Total Average)／1アウト当たり，どれだけ塁を獲得できるか

$$TA = \frac{(塁打数＋四球数＋死球数＋盗塁数－盗塁刺)}{打数－安打数＋盗塁刺＋併殺打}$$

分子では，塁打数に四死球数と盗塁による出塁を加えて盗塁失敗数を引き，獲得した塁数を，分母はアウトの数を計算する。つまり，1アウトとられるまでに，どれだけの塁を獲得できるかを表

した指標。SLP は打数当たり，TA はアウト当たりの獲得塁数を求めている。1 を超える打者は，1 アウト取られる前に塁を奪っていることになり，チャンスメーカーと評価される。

II．打者の指標 2
⑨BRA(Batter's Run Average)と DX(Scoring Index) / 打者得点率と得点指標 /
BRA ＝ OBP×SLP ＝ 出塁率×長打率

野球のデータはたまたま偶然に出現した確率変数と見なされるから，BRA(打者得点率)は確率変数の積，つまり，出塁率が高いと同時に長打率も高い選手の指標として利用される。BRA は，実際のチーム得点率と指標について，当てはまりのよさをチェックする回帰分析を行った結果，SLP(長打率)よりも当てはまりがよかったので，SLP の代わりの指標として提案された(リチャード・クレーマー，ピート・パルマーによる)。

$$DX = \frac{安打＋四球＋死球}{打数＋四球＋死球} \times \frac{総塁打数＋盗塁－盗塁失敗球}{打数＋四球＋死球}$$

DX は打者が投手と対峙した数当たりの得点を近似している(クックによる)。

⑩ RC(Runs Created) / 生み出された得点(ビル・ジェームス・モデル)

$$RC = \frac{(安打＋四球)\times 総塁打数}{打数＋四球}$$

長打率 SLP は総塁打数÷打数だから，RC の基本式は，打者得点率 BRA×打数とほぼ等しい。つまり，BRA や DX は打数ごとの得点を予測しているが，RC は打者の生み出す得点を予測している。または，上式を RC ＝ (出塁×進塁数)÷(出塁の機会)と近似的に考えれば，その打者の獲得得点と考えることができる。

ビル・ジェームスは 1985 年に非常に精緻なモデル TECH1 を開発し，それ以降開発と修正を繰り返した。2002 年 Version では，基本モデルが次のように修正されて，選手の勝利貢献度を測る指標として広く利用されている。

$$RC_{2002} = \{(A＋2.4\times C)\times(B＋3\times C)÷(9\times C)\} － 0.9\times C$$

A：安打数＋四死球数－盗塁刺－併殺打
B：塁打数＋{0.24×(四球－故意四球＋死球)}＋0.62×盗塁数＋{0.5×(犠打＋犠飛)}
　－0.03×三振
C：打数＋四死球＋犠打数＋犠飛数

シーズンが進むにつれて数値は上昇する。攻撃力に優れた選手は 100 を超えた数値となる。また，各選手の RC を合計すると，チームの総得点と近似的に一致する。

1 試合での得点能力を表す指標は RC 27 という。RC 27 は，27 個のアウト(1 試合)で選手一人当たりどれだけ得点を生み出すかを表す指標で，次のように修正される。

RC 27 ＝ (RC×27)÷(打数－安打数＋犠打数＋犠飛数＋盗塁刺＋併殺打)

1 試合当たりに選手が何点あげたかの指標であるが，日本プロ野球トップ 10 では 6 点台から 7 点台を記録している。

⑪その他，しぶとい打者としての指標
BB/K(Bases on Balls per Strikeout)
BB/K ＝ 四球÷三振

打者が三振 1 個に対して四球はいくら選べたかの指標。高いほど，選球眼がよい。優れた選球眼の指標は 1 以上。高い数値が優秀。

PA/BB(Plate Appearances per Bases on Balls)
PA/BB ＝ 打席÷四球

フォアボール 1 個選ぶのに必要な打席数。優れた指標は 5 前後，すなわち 5 打席に 1 個のフォアボールを選んでいる。低い数値が優秀。

P/PA(Pitch per Plate Appearances)
P/PA ＝ 投球数÷打席

1 打席当たり，投手に何球投げさせるか，高い数値が優秀。

PA/K(Plate Appearances per Strikeout)
PA/K ＝ 打席÷三振

三振 1 つ奪われるのに，何打席必要かの指数，高い数値が優秀。

表 4-2 原データ 1・(セントラル・打率順成績)

| 順位 | 打率 | 試合 | 打席 | 打数 | 得点 | 安打 | 二塁打 | 三塁打 | 本塁打 | 塁打 | 打点 | 盗塁 | 盗塁刺 | 犠打 | 犠飛 | 四球 | 故意四球 | 死球 | 三振 | 併殺打 |
|---|---|---|---|---|---|---|---|---|---|---|---|---|---|---|---|---|---|---|---|---|
| 1 | 0.322 | 144 | 608 | 577 | 66 | 186 | 35 | 0 | 31 | 314 | 103 | 4 | 3 | 0 | 6 | 21 | 4 | 4 | 88 | 12 |
| 2 | 0.318 | 132 | 552 | 503 | 65 | 160 | 32 | 2 | 17 | 247 | 66 | 1 | 5 | 2 | 4 | 42 | 5 | 1 | 56 | 16 |
| 3 | 0.309 | 139 | 580 | 514 | 78 | 159 | 25 | 1 | 31 | 279 | 107 | 2 | 1 | 0 | 2 | 60 | 2 | 4 | 107 | 8 |
| 4 | 0.306 | 141 | 640 | 581 | 87 | 178 | 33 | 3 | 18 | 271 | 62 | 5 | 3 | 7 | 4 | 44 | 3 | 4 | 101 | 8 |
| 5 | 0.306 | 144 | 657 | 569 | 87 | 174 | 24 | 2 | 5 | 217 | 39 | 13 | 7 | 8 | 2 | 72 | 0 | 6 | 66 | 13 |
| 6 | 0.303 | 142 | 624 | 531 | 80 | 161 | 23 | 2 | 16 | 236 | 66 | 18 | 10 | 1 | 4 | 75 | 4 | 13 | 65 | 9 |
| 7 | 0.302 | 144 | 592 | 517 | 73 | 156 | 24 | 4 | 29 | 275 | 87 | 5 | 2 | 0 | 5 | 68 | 2 | 2 | 56 | 16 |
| 8 | 0.294 | 128 | 505 | 469 | 43 | 138 | 26 | 4 | 5 | 187 | 46 | 3 | 2 | 12 | 4 | 16 | 0 | 4 | 58 | 6 |
| 9 | 0.294 | 142 | 625 | 558 | 71 | 164 | 16 | 8 | 0 | 196 | 26 | 14 | 7 | 19 | 3 | 44 | 3 | 1 | 39 | 5 |
| 10 | 0.293 | 123 | 462 | 409 | 63 | 120 | 20 | 2 | 32 | 240 | 76 | 1 | 1 | 2 | 7 | 34 | 0 | 10 | 87 | 9 |
| 11 | 0.29 | 134 | 547 | 490 | 79 | 142 | 25 | 4 | 25 | 250 | 71 | 12 | 5 | 4 | 3 | 45 | 3 | 5 | 74 | 7 |
| 12 | 0.289 | 144 | 632 | 546 | 83 | 158 | 42 | 3 | 23 | 275 | 109 | 4 | 3 | 1 | 5 | 72 | 2 | 8 | 95 | 12 |
| 13 | 0.288 | 144 | 617 | 538 | 84 | 155 | 31 | 2 | 20 | 250 | 75 | 7 | 7 | 5 | 4 | 65 | 0 | 5 | 83 | 13 |
| 14 | 0.275 | 144 | 615 | 549 | 87 | 151 | 25 | 0 | 39 | 293 | 110 | 1 | 1 | 0 | 2 | 48 | 0 | 14 | 157 | 17 |
| 15 | 0.271 | 113 | 462 | 377 | 45 | 102 | 18 | 2 | 3 | 133 | 44 | 3 | 4 | 34 | 2 | 36 | 0 | 13 | 56 | 7 |
| 16 | 0.27 | 137 | 543 | 504 | 75 | 136 | 13 | 5 | 5 | 174 | 34 | 42 | 6 | 5 | 3 | 27 | 1 | 4 | 86 | 4 |
| 17 | 0.27 | 132 | 462 | 404 | 56 | 109 | 15 | 1 | 0 | 134 | 18 | 3 | 1 | 28 | 7 | 22 | 0 | 7 | 53 | 5 |
| 18 | 0.27 | 140 | 631 | 582 | 80 | 157 | 21 | 1 | 2 | 186 | 38 | 37 | 14 | 19 | 1 | 25 | 0 | 4 | 70 | 14 |
| 19 | 0.267 | 128 | 482 | 409 | 62 | 109 | 26 | 1 | 27 | 218 | 80 | 2 | 2 | 0 | 5 | 53 | 4 | 15 | 101 | 6 |
| 20 | 0.261 | 144 | 619 | 518 | 66 | 135 | 37 | 0 | 21 | 235 | 91 | 8 | 1 | 0 | 8 | 88 | 6 | 5 | 98 | 7 |
| 21 | 0.26 | 144 | 599 | 558 | 68 | 145 | 32 | 1 | 15 | 224 | 82 | 4 | 4 | 0 | 7 | 28 | 0 | 6 | 82 | 20 |
| 22 | 0.258 | 130 | 514 | 434 | 48 | 112 | 24 | 2 | 4 | 152 | 35 | 6 | 5 | 38 | 4 | 34 | 0 | 4 | 50 | 10 |
| 23 | 0.257 | 140 | 582 | 521 | 68 | 134 | 21 | 0 | 23 | 224 | 79 | 1 | 1 | 0 | 3 | 48 | 1 | 7 | 82 | 11 |
| 24 | 0.255 | 118 | 485 | 427 | 49 | 109 | 13 | 2 | 12 | 162 | 43 | 8 | 8 | 17 | 3 | 32 | 0 | 6 | 77 | 9 |
| 25 | 0.248 | 144 | 588 | 528 | 62 | 131 | 26 | 2 | 16 | 209 | 54 | 13 | 7 | 0 | 3 | 45 | 3 | 11 | 134 | 17 |
| 26 | 0.247 | 122 | 446 | 413 | 26 | 102 | 21 | 1 | 5 | 140 | 43 | 2 | 2 | 6 | 3 | 23 | 1 | 1 | 69 | 14 |
| 27 | 0.244 | 114 | 447 | 401 | 43 | 98 | 18 | 0 | 18 | 170 | 52 | 1 | 2 | 0 | 1 | 43 | 3 | 2 | 107 | 8 |
| 28 | 0.242 | 134 | 495 | 463 | 38 | 112 | 15 | 3 | 2 | 139 | 24 | 19 | 4 | 15 | 1 | 13 | 1 | 3 | 98 | 8 |
| 29 | 0.232 | 137 | 489 | 423 | 58 | 98 | 15 | 3 | 6 | 137 | 43 | 14 | 7 | 25 | 5 | 33 | 0 | 3 | 79 | 3 |

表 4-3 セイバーメトリクス指標値1・(セントラル・打率順成績)

| 順位 | OBP | SLP | OPS | NOI | GPA | SecA | TA | RC2002 | BRA | BB/K | P/PA | PA/K |
|---|---|---|---|---|---|---|---|---|---|---|---|---|
| 1 | 0.347 | 0.544 | 0.891 | 528.438 | 1.169 | 0.267 | 0.778 | 102.374 | 0.891 | 0.239 | 28.952 | 6.909 |
| 2 | 0.369 | 0.491 | 0.860 | 532.775 | 1.155 | 0.250 | 0.692 | 83.854 | 0.860 | 0.750 | 13.143 | 9.857 |
| 3 | 0.384 | 0.543 | 0.927 | 565.417 | 1.235 | 0.360 | 0.800 | 103.934 | 0.927 | 0.561 | 9.667 | 5.421 |
| 4 | 0.357 | 0.466 | 0.823 | 512.509 | 1.109 | 0.246 | 0.679 | 95.493 | 0.823 | 0.436 | 14.545 | 6.337 |
| 5 | 0.388 | 0.381 | 0.770 | 515.413 | 1.080 | 0.223 | 0.598 | 87.819 | 0.770 | 1.091 | 9.125 | 9.955 |
| 6 | 0.400 | 0.444 | 0.844 | 547.827 | 1.164 | 0.322 | 0.689 | 98.203 | 0.844 | 1.154 | 8.320 | 9.600 |
| 7 | 0.382 | 0.532 | 0.914 | 559.062 | 1.219 | 0.371 | 0.767 | 100.629 | 0.914 | 1.214 | 8.706 | 10.571 |
| 8 | 0.320 | 0.399 | 0.719 | 453.394 | 0.976 | 0.149 | 0.555 | 59.863 | 0.719 | 0.276 | 31.563 | 8.707 |
| 9 | 0.345 | 0.351 | 0.696 | 461.969 | 0.972 | 0.151 | 0.524 | 71.036 | 0.696 | 1.128 | 14.205 | 16.026 |
| 10 | 0.357 | 0.587 | 0.943 | 552.121 | 1.229 | 0.401 | 0.807 | 83.199 | 0.943 | 0.391 | 13.588 | 5.310 |
| 11 | 0.354 | 0.510 | 0.864 | 523.659 | 1.147 | 0.333 | 0.728 | 86.986 | 0.864 | 0.608 | 12.156 | 7.392 |
| 12 | 0.377 | 0.504 | 0.881 | 545.067 | 1.183 | 0.366 | 0.735 | 103.500 | 0.881 | 0.758 | 8.778 | 6.653 |
| 13 | 0.368 | 0.465 | 0.832 | 522.542 | 1.126 | 0.307 | 0.664 | 90.140 | 0.832 | 0.783 | 9.492 | 7.434 |
| 14 | 0.346 | 0.534 | 0.880 | 524.241 | 1.157 | 0.372 | 0.737 | 97.468 | 0.880 | 0.306 | 12.813 | 3.917 |
| 15 | 0.353 | 0.353 | 0.706 | 470.399 | 0.988 | 0.210 | 0.488 | 50.862 | 0.706 | 0.643 | 12.833 | 8.250 |
| 16 | 0.310 | 0.345 | 0.656 | 425.488 | 0.904 | 0.208 | 0.578 | 60.829 | 0.656 | 0.314 | 20.111 | 6.314 |
| 17 | 0.318 | 0.332 | 0.650 | 428.533 | 0.904 | 0.141 | 0.464 | 45.347 | 0.650 | 0.415 | 21.000 | 8.717 |
| 18 | 0.304 | 0.320 | 0.624 | 410.451 | 0.867 | 0.139 | 0.474 | 55.913 | 0.624 | 0.357 | 25.240 | 9.014 |
| 19 | 0.367 | 0.533 | 0.900 | 544.889 | 1.194 | 0.435 | 0.755 | 81.853 | 0.900 | 0.525 | 9.094 | 4.772 |
| 20 | 0.368 | 0.454 | 0.822 | 519.559 | 1.117 | 0.386 | 0.681 | 92.200 | 0.822 | 0.898 | 7.034 | 6.316 |
| 21 | 0.299 | 0.401 | 0.700 | 432.643 | 0.939 | 0.201 | 0.537 | 61.682 | 0.700 | 0.341 | 21.393 | 7.305 |
| 22 | 0.315 | 0.350 | 0.665 | 431.870 | 0.917 | 0.189 | 0.469 | 49.700 | 0.665 | 0.680 | 15.118 | 10.280 |
| 23 | 0.327 | 0.430 | 0.757 | 470.304 | 1.019 | 0.269 | 0.589 | 71.101 | 0.757 | 0.585 | 12.125 | 7.098 |
| 24 | 0.314 | 0.379 | 0.693 | 440.566 | 0.945 | 0.215 | 0.513 | 50.356 | 0.693 | 0.416 | 15.156 | 6.299 |
| 25 | 0.318 | 0.396 | 0.714 | 449.972 | 0.968 | 0.265 | 0.563 | 64.661 | 0.714 | 0.336 | 13.067 | 4.388 |
| 26 | 0.286 | 0.339 | 0.625 | 399.358 | 0.854 | 0.150 | 0.456 | 35.907 | 0.625 | 0.333 | 19.391 | 6.464 |
| 27 | 0.320 | 0.424 | 0.744 | 461.224 | 1.000 | 0.289 | 0.596 | 53.352 | 0.744 | 0.402 | 10.395 | 4.178 |
| 28 | 0.267 | 0.300 | 0.567 | 366.739 | 0.780 | 0.125 | 0.430 | 36.231 | 0.567 | 0.133 | 38.077 | 5.051 |
| 29 | 0.289 | 0.324 | 0.613 | 396.752 | 0.844 | 0.194 | 0.449 | 41.986 | 0.613 | 0.418 | 14.818 | 6.190 |

表4-4 原データ2：(パシフィック・打率順成績)

| 順位 | 打率 | 試合 | 打席 | 打数 | 得点 | 安打 | 二塁打 | 三塁打 | 本塁打 | 塁打 | 打点 | 盗塁 | 盗塁刺 | 犠打 | 犠飛 | 四球 | 故意四球 | 死球 | 三振 | 併殺打 |
|---|---|---|---|---|---|---|---|---|---|---|---|---|---|---|---|---|---|---|---|---|
| 1 | 0.342 | 127 | 590 | 512 | 85 | 175 | 23 | 4 | 5 | 221 | 48 | 30 | 10 | 7 | 2 | 67 | 3 | 2 | 56 | 5 |
| 2 | 0.342 | 99 | 428 | 360 | 61 | 123 | 20 | 2 | 23 | 216 | 78 | 1 | 0 | 0 | 2 | 64 | 4 | 2 | 78 | 13 |
| 3 | 0.334 | 128 | 614 | 530 | 103 | 177 | 28 | 6 | 8 | 241 | 46 | 17 | 10 | 7 | 4 | 70 | 0 | 3 | 89 | 8 |
| 4 | 0.325 | 124 | 522 | 461 | 66 | 150 | 34 | 1 | 7 | 207 | 63 | 8 | 2 | 28 | 4 | 22 | 0 | 7 | 59 | 9 |
| 5 | 0.321 | 116 | 513 | 449 | 68 | 144 | 30 | 3 | 16 | 228 | 82 | 14 | 5 | 0 | 10 | 45 | 2 | 9 | 89 | 17 |
| 6 | 0.32 | 131 | 601 | 547 | 70 | 175 | 23 | 5 | 4 | 220 | 48 | 30 | 11 | 9 | 0 | 39 | 1 | 6 | 76 | 5 |
| 7 | 0.319 | 122 | 520 | 439 | 83 | 140 | 31 | 3 | 15 | 222 | 61 | 21 | 7 | 10 | 1 | 61 | 2 | 9 | 79 | 6 |
| 8 | 0.316 | 127 | 504 | 465 | 67 | 147 | 29 | 1 | 25 | 253 | 77 | 2 | 2 | 0 | 3 | 29 | 2 | 7 | 85 | 10 |
| 9 | 0.316 | 114 | 429 | 374 | 31 | 118 | 14 | 0 | 3 | 141 | 38 | 9 | 3 | 15 | 1 | 39 | 0 | 0 | 77 | 13 |
| 10 | 0.312 | 128 | 547 | 509 | 64 | 159 | 37 | 0 | 13 | 235 | 102 | 8 | 3 | 6 | 7 | 22 | 2 | 3 | 79 | 17 |
| 11 | 0.309 | 130 | 591 | 495 | 66 | 153 | 31 | 2 | 4 | 200 | 71 | 13 | 4 | 17 | 3 | 72 | 1 | 4 | 63 | 7 |
| 12 | 0.308 | 121 | 531 | 461 | 78 | 142 | 28 | 7 | 8 | 208 | 59 | 12 | 6 | 5 | 6 | 52 | 2 | 7 | 56 | 3 |
| 13 | 0.308 | 123 | 558 | 507 | 77 | 156 | 28 | 9 | 5 | 217 | 49 | 10 | 5 | 5 | 1 | 42 | 0 | 5 | 69 | 13 |
| 14 | 0.302 | 131 | 591 | 513 | 80 | 155 | 19 | 10 | 3 | 203 | 37 | 53 | 19 | 44 | 3 | 26 | 1 | 8 | 70 | 7 |
| 15 | 0.298 | 128 | 570 | 531 | 76 | 158 | 31 | 3 | 14 | 237 | 68 | 1 | 0 | 0 | 2 | 29 | 0 | 5 | 87 | 16 |
| 16 | 0.297 | 127 | 595 | 535 | 91 | 159 | 30 | 5 | 10 | 229 | 45 | 55 | 12 | 13 | 4 | 38 | 0 | 8 | 60 | 9 |
| 17 | 0.292 | 117 | 497 | 449 | 59 | 131 | 24 | 4 | 2 | 169 | 34 | 17 | 6 | 19 | 1 | 25 | 0 | 3 | 85 | 6 |
| 18 | 0.29 | 121 | 524 | 469 | 62 | 136 | 33 | 4 | 15 | 222 | 73 | 2 | 1 | 0 | 5 | 39 | 1 | 11 | 74 | 5 |
| 19 | 0.288 | 127 | 575 | 465 | 75 | 134 | 36 | 1 | 13 | 211 | 91 | 2 | 1 | 0 | 7 | 91 | 1 | 12 | 105 | 13 |
| 20 | 0.285 | 99 | 442 | 358 | 61 | 102 | 10 | 3 | 2 | 124 | 27 | 8 | 3 | 49 | 1 | 30 | 0 | 4 | 58 | 11 |
| 21 | 0.281 | 121 | 500 | 445 | 69 | 125 | 31 | 2 | 32 | 256 | 87 | 0 | 2 | 0 | 3 | 46 | 0 | 6 | 133 | 11 |
| 22 | 0.28 | 99 | 413 | 378 | 52 | 106 | 19 | 0 | 14 | 167 | 63 | 1 | 1 | 0 | 2 | 29 | 1 | 3 | 61 | 4 |
| 23 | 0.274 | 106 | 426 | 387 | 60 | 106 | 18 | 0 | 24 | 196 | 76 | 1 | 2 | 0 | 3 | 30 | 0 | 7 | 83 | 7 |
| 24 | 0.271 | 95 | 391 | 340 | 25 | 92 | 16 | 0 | 4 | 120 | 41 | 2 | 1 | 12 | 2 | 29 | 1 | 0 | 38 | 8 |
| 25 | 0.267 | 112 | 457 | 404 | 53 | 108 | 14 | 2 | 17 | 177 | 62 | 0 | 1 | 1 | 3 | 49 | 0 | 2 | 103 | 14 |
| 26 | 0.265 | 120 | 490 | 445 | 50 | 118 | 22 | 1 | 13 | 179 | 63 | 2 | 0 | 1 | 1 | 42 | 2 | 2 | 80 | 18 |
| 27 | 0.265 | 125 | 547 | 468 | 63 | 124 | 20 | 2 | 20 | 204 | 88 | 0 | 0 | 8 | 9 | 66 | 1 | 4 | 128 | 21 |
| 28 | 0.264 | 100 | 406 | 375 | 58 | 99 | 18 | 0 | 18 | 177 | 63 | 14 | 2 | 8 | 3 | 13 | 1 | 6 | 83 | 6 |
| 29 | 0.263 | 121 | 468 | 399 | 42 | 105 | 16 | 3 | 2 | 127 | 30 | 14 | 3 | 10 | 3 | 46 | 5 | 10 | 85 | 6 |
| 30 | 0.255 | 126 | 537 | 478 | 57 | 122 | 24 | 2 | 16 | 198 | 65 | 0 | 0 | 1 | 3 | 48 | 3 | 7 | 88 | 15 |
| 31 | 0.243 | 115 | 470 | 416 | 53 | 101 | 20 | 0 | 21 | 184 | 76 | 2 | 2 | 0 | 4 | 48 | 2 | 2 | 99 | 11 |
| 32 | 0.23 | 123 | 519 | 469 | 49 | 108 | 23 | 0 | 24 | 203 | 78 | 0 | 0 | 0 | 5 | 38 | 1 | 7 | 130 | 8 |

表 4-5 セイバーメトリックス指標値 2・(パシフィック・打率順成績)

| 順位 | OBP | SLP | OPS | NOI | GPA | SecA | TA | RC 2002 | BRA | BB/K | P/PA | PA/K |
|---|---|---|---|---|---|---|---|---|---|---|---|---|
| 1 | 0.419 | 0.432 | 0.850 | 562.405 | 1.185 | 0.264 | 0.721 | 97.578 | 0.850 | 1.196 | 8.806 | 10.536 |
| 2 | 0.442 | 0.600 | 1.042 | 641.589 | 1.395 | 0.444 | 0.890 | 88.008 | 1.042 | 0.821 | 6.688 | 5.487 |
| 3 | 0.412 | 0.455 | 0.867 | 563.434 | 1.196 | 0.272 | 0.705 | 100.208 | 0.867 | 0.787 | 8.771 | 6.899 |
| 4 | 0.362 | 0.449 | 0.811 | 512.023 | 1.101 | 0.200 | 0.632 | 75.124 | 0.811 | 0.373 | 23.727 | 8.847 |
| 5 | 0.386 | 0.508 | 0.894 | 555.230 | 1.203 | 0.327 | 0.744 | 85.089 | 0.894 | 0.506 | 11.400 | 5.764 |
| 6 | 0.372 | 0.402 | 0.774 | 505.686 | 1.071 | 0.199 | 0.643 | 85.111 | 0.774 | 0.513 | 15.410 | 7.908 |
| 7 | 0.412 | 0.506 | 0.917 | 580.330 | 1.247 | 0.378 | 0.779 | 93.326 | 0.917 | 0.772 | 8.525 | 6.582 |
| 8 | 0.363 | 0.544 | 0.907 | 544.457 | 1.198 | 0.305 | 0.783 | 86.985 | 0.907 | 0.341 | 17.379 | 5.929 |
| 9 | 0.379 | 0.377 | 0.756 | 504.896 | 1.060 | 0.182 | 0.569 | 53.104 | 0.756 | 0.506 | 11.000 | 5.571 |
| 10 | 0.340 | 0.462 | 0.802 | 494.007 | 1.074 | 0.208 | 0.650 | 75.190 | 0.802 | 0.278 | 24.864 | 6.924 |
| 11 | 0.399 | 0.404 | 0.803 | 533.635 | 1.122 | 0.267 | 0.635 | 86.075 | 0.803 | 1.143 | 8.208 | 9.381 |
| 12 | 0.382 | 0.451 | 0.833 | 532.527 | 1.139 | 0.284 | 0.686 | 83.201 | 0.833 | 0.929 | 10.212 | 9.482 |
| 13 | 0.363 | 0.428 | 0.791 | 506.141 | 1.082 | 0.219 | 0.636 | 76.755 | 0.791 | 0.609 | 13.286 | 8.087 |
| 14 | 0.340 | 0.396 | 0.736 | 471.940 | 1.008 | 0.220 | 0.580 | 73.279 | 0.736 | 0.371 | 22.731 | 8.443 |
| 15 | 0.342 | 0.446 | 0.788 | 490.881 | 1.062 | 0.220 | 0.643 | 77.292 | 0.788 | 0.333 | 19.655 | 6.552 |
| 16 | 0.347 | 0.428 | 0.775 | 489.758 | 1.053 | 0.292 | 0.689 | 85.580 | 0.775 | 0.633 | 15.658 | 9.917 |
| 17 | 0.333 | 0.376 | 0.709 | 458.100 | 0.975 | 0.171 | 0.555 | 58.791 | 0.709 | 0.294 | 19.880 | 5.847 |
| 18 | 0.355 | 0.473 | 0.828 | 512.744 | 1.112 | 0.294 | 0.697 | 80.998 | 0.828 | 0.527 | 13.436 | 7.081 |
| 19 | 0.412 | 0.454 | 0.866 | 563.428 | 1.196 | 0.389 | 0.692 | 91.686 | 0.866 | 0.867 | 6.319 | 5.476 |
| 20 | 0.346 | 0.346 | 0.692 | 461.512 | 0.969 | 0.170 | 0.460 | 44.598 | 0.692 | 0.517 | 14.733 | 7.621 |
| 21 | 0.354 | 0.575 | 0.929 | 545.760 | 1.212 | 0.411 | 0.798 | 86.722 | 0.929 | 0.346 | 10.870 | 3.759 |
| 22 | 0.334 | 0.442 | 0.776 | 481.407 | 1.043 | 0.243 | 0.633 | 55.918 | 0.776 | 0.475 | 14.241 | 6.770 |
| 23 | 0.336 | 0.506 | 0.842 | 504.501 | 1.111 | 0.331 | 0.716 | 65.121 | 0.842 | 0.361 | 14.200 | 5.133 |
| 24 | 0.338 | 0.353 | 0.691 | 455.378 | 0.961 | 0.188 | 0.506 | 42.102 | 0.691 | 0.763 | 13.483 | 10.289 |
| 25 | 0.349 | 0.438 | 0.787 | 494.724 | 1.066 | 0.300 | 0.629 | 59.362 | 0.787 | 0.476 | 9.327 | 4.437 |
| 26 | 0.327 | 0.402 | 0.729 | 461.281 | 0.991 | 0.229 | 0.563 | 54.055 | 0.729 | 0.525 | 11.667 | 6.125 |
| 27 | 0.355 | 0.436 | 0.791 | 499.961 | 1.074 | 0.321 | 0.617 | 70.190 | 0.791 | 0.516 | 8.288 | 4.273 |
| 28 | 0.296 | 0.472 | 0.768 | 453.816 | 1.006 | 0.288 | 0.655 | 53.795 | 0.768 | 0.157 | 31.231 | 4.892 |
| 29 | 0.352 | 0.318 | 0.670 | 457.627 | 0.951 | 0.223 | 0.522 | 50.966 | 0.670 | 0.541 | 10.174 | 5.506 |
| 30 | 0.330 | 0.414 | 0.744 | 468.299 | 1.009 | 0.270 | 0.581 | 63.329 | 0.744 | 0.545 | 11.188 | 6.102 |
| 31 | 0.321 | 0.442 | 0.764 | 468.712 | 1.021 | 0.317 | 0.608 | 57.446 | 0.764 | 0.485 | 9.792 | 4.747 |
| 32 | 0.295 | 0.433 | 0.728 | 439.076 | 0.963 | 0.299 | 0.592 | 60.385 | 0.728 | 0.292 | 13.658 | 3.992 |

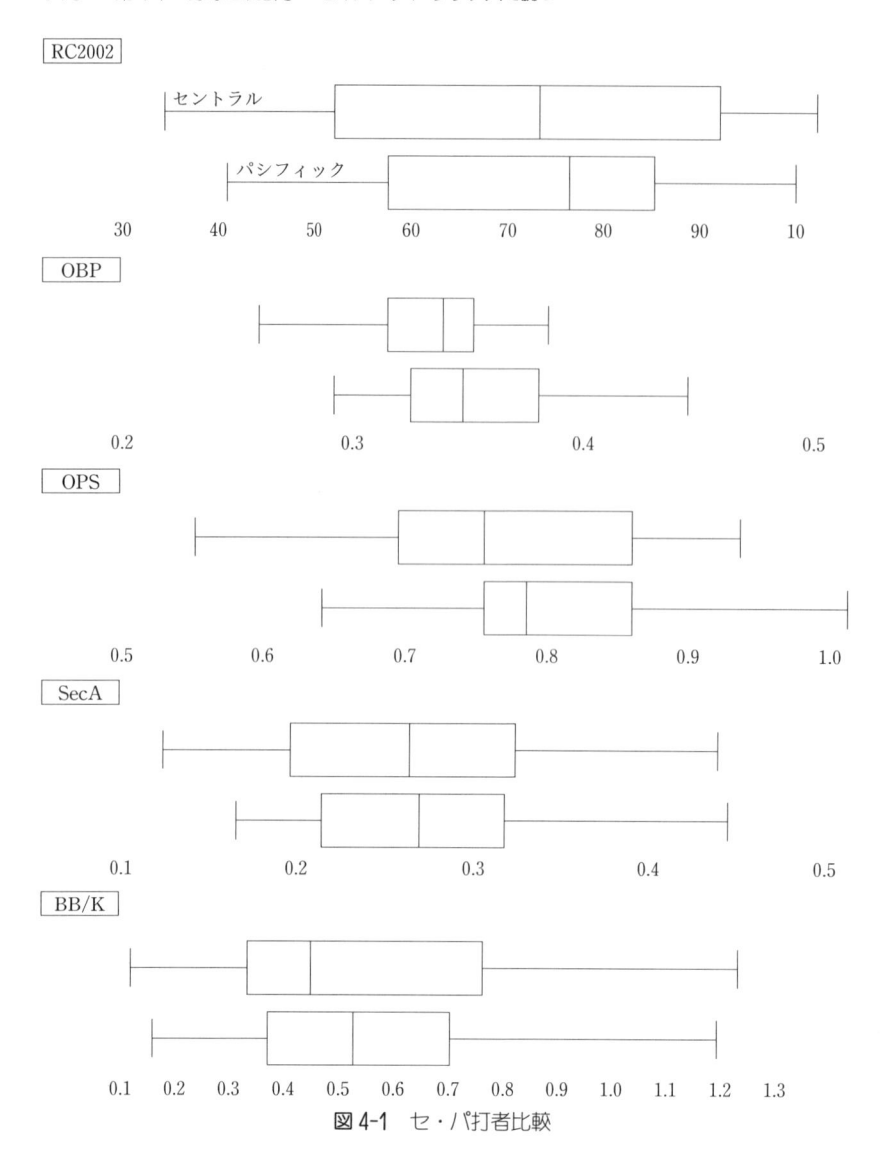

110　第4章　野球と統計学・セイバーメトリックスで勝つ

**図4-1　セ・パ打者比較**

## セイバーメトリックスのデータ指標──投手-1

投手能力の評価を判定する指標は,「**表4-6　セイバーメトリックスで使われるデータ指標・投手編**」にまとめられている。最初の「**投手の指標1**」

⑫では，DIPSが重要である。定義のように，投手に責任のある与四死球と本塁打，および投手の力のみによって得られる奪三振から投手を評価している。**四死球と本塁打を少なく，奪三振が多いほど指標が小さくなるように工夫している**。防御率上位のセリーグ投手では，防御率が低いほどDIPSは小さい値となっている。ただし，投手の責任は本塁打と与四球だけの指標には異論もある。たとえば，打たせて取る技巧派投手は奪三振が減るため，DIPSの値は劣化する。そのため，打球の性質をゴロ，フライ，ライナーなどに分類して飛んだ打球の性質にウエイトをかけて修正されたのがDIPS2である。これによって，タイプ別の投手の不公平感は緩和されることになった。

第2の指標はBABIPである。DIPSが本塁打と死球を重視するのに対して，BABIPは**本塁打以外のインフィールドに飛んだ安打を奪われる比率で，打たせて取るタイプの投手に関する指標**として使い，低いほどよい。いわゆる技巧派投手と呼ばれるプレーヤーの能力を測定するものであるが，チームの失策など，野手に恵まれなければ不運な結果となる可能性がある。BABIPの数値が悪化すると防御率は高く，良化すると防御率は低くなる傾向がある。セリーグのデータからは，セーブ型の投手よりも先発完投型の投手でよい数字を示している。

第3の指標はWHIPである。これは1イニング当たりに出塁を許した走者の数を示す。すなわちこれは，バランスを崩した投手がわかに走者を許してしまうように，**投手の安定性を示す指標**といえる。完投型は防御率上位とほぼ同じであるが，セーブ上位の投手ではばらつきがある。

### セイバーメトリックスのデータ指標――投手-2

「投手の指標2」には，先発投手の資質評価の⑬QSと，リリーフ投手の資質をはかるERCがある。ERCは計算が複雑であるが，2以下が優秀と判定される。2.24以下のケースでは計算式が異なる。セーブ上位の投手とホールドポイントの上位投手では，2以下の選手が比較的多い。なお，ホールドポイントとは，中継ぎ投手が，中継ぎを引き受けた時点の状況よりも悪化させず次の投手にマウンドを引き継ぐときにカウントされる。なお，

ERAの計測は資料が入手困難で計測不能であった。

そのほかの投手の能力を測る指標として⑭K/BBがある。これは，打者評価のBB/Kの逆数であるが，この数値が高いほど，与四死球が少なく奪三振が多い。つまり，ランナーを増やして不確実性を増加させることなく，確実なアウトを稼ぎ，早く3アウトを取れることになる。ホールドポイントの10位内には，投球回数が少ないにせよ8の指標を達成しているプレーヤーがおり，セーブ15位以内には5または6の指標値を達成している選手が4人もいる。なお，表中のPTBは被総出塁率を表している。**防御率とセイバーメトリックス指標の相関係数**は次に要約される。

| ERC | DIPS | BABIP | WHIP | K/BB | BB/9 |
|---|---|---|---|---|---|
| 0.9020 | 0.6622 | 0.6560 | 0.8670 | 0.5669 | 0.1660 |

セイバーメトリックス指標の評価について，DIPSとBABIPはかなり正の相関が認められ，ERCとWHIPでは防御率上位の投手に対してはほぼ線形の相関が認められる。BB/9はあまり関係がないことが明らかになった。なお，セーブ上位とホールドポイント上位との相関係数は，データ不足から優位な結果を得ることはできなかった。

## 3. データ野球と作戦評価

### 野球選手の出塁確率を求めるには

200X年夏，日本プロ野球のトップ出塁率は，パシフィックのD選手の40.2%，セントラルのE選手の42.5%である。さて，40.2%にせよ42.5%にせよ，これらの数字はどのように発生したと考えるべきか。セイバーメトリックスでは，推測統計学を利用して，選手の記録は確率変数として扱う。したがって，たとえば42.5%という数字はでたらめに発生したものと見なされる。選手の個々の運動能力は重要なポイントだが，**運動能力に加えて偶然の要素が大きく加味されていると考える。**

表4-6 セイバーメトリックスで使われるデータ指標・投手編

### III. 投手の指標1

⑫DIPS(Defense Independent Pitching System) / 投手の能力を判定-1

$$DIPS = \frac{\{(与四死球 - 故意四球)\} \times 3 + (被本塁打 \times 13) - (奪三振 \times 2)\}}{投球回} + 3.12$$

投手に責任ある与四死球と本塁打、三振から投手の力を評価。四死球と本塁打が少なく、奪三振が多いほど数値は低く、投手能力は高い(ボロス・マクラッケンによる)。

DIPS 2(Defense Independent Pitching System 2.0) / DIPS の修正版

$DIPS\ 2 = \{ゴロ \times 0.05 + 外野フライ \times 0.251 + ライナー \times 0.224 - 内野フライ \times 0.041 - 奪三振 \times 0.12 + 与四球 \times 0.316 + 与死球 \times 0.43) \times 9\} \div 投球回$

本塁打のみならず、打球の性質ごとにウエイトをつけて三振奪取型や技巧型投手の不公平を緩和。DIPS 同様に低い数値ほど優秀。

BABIP(Batting Average Ball in Play) / 投手の能力判定-2

$$BABIP = \frac{(被安打数 - 被本塁打数)}{(打数 - 被本塁打数 - 奪三振数)} \quad または、$$

$$BABIP = \frac{(被安打数 - 被本塁打数)}{(投球回 \times 2.8 + 被安打 - 被本塁打数 - 奪三振数)}$$

本塁打以外の安打を奪われる比率。打者の打球が内外野に飛ぶことの多い、打たせて取る投手の能力を測り、低い方がよい(ボロス・マクラッケンによる)。

WHIP(Walks plus Hits divided by Innings Pitched) / 投手の能力判定-3

$$WHIP = \frac{(被安打数 + 与四球)}{投球回数}$$

1イニング当たりに、どれだけ走者に出塁されてしまったかを表す。低いほどよく、1未満であればかなり優秀(MLBの公式記録)。

### IV. 投手の指標2

⑬1. QS(Quality Started), QS%(Ratio of Quality Started) / 先発投手の資質評価

QS% = (QS ÷ 先発登板回数) × 100

* QS：先発して6回以上を自責点3以内に抑えた回数。

2. ERA(Earned Run Average) / 防御率

$$ERA = \frac{(自責点 \times 9)}{投球回数}$$

* 自責点とは、失点のうちで投手が責任を負うべき点数のことで、つまり、安打、犠飛、犠打、刺殺、故意を含む四球と死球、暴投、ボーク、野手選択、盗塁によって進塁した走者が得た点。
1試合当たりの自責点の平均で、どれだけ走者に点を許してしまったのかの指標。

3. ERC(Component ERA) / リリーフ投手の資質評価

ERC = (被安打 + 与四死球) × 被総出塁数 ÷ (打者 × 投球回) × 9 − 0.56
ERC₂.₂₄ = (被安打 + 与四死球) × 被総出塁数 ÷ (打者 × 投球回) × 9 × 0.75

* ERC が 2.24 以下の場合は ERC₂.₂₄ を使う。

被総出塁数 ≡ 0.89 × {1.225 × (被安打 − 被本塁打) + 4 × 被本塁打 + 0.56 × (与四死球 − 故意四球)}
値が2以下の投手が優秀と判断される。

⑭K/BB(Strikeout to walk ratio) / 三振の取れる投手は誰か

K/BB = (奪三振数 ÷ 与四球)

数値が高いほど、与四球が少なく奪三振数が多い。セイバーメトリックスの投手に対する代表的な指針に合致している。ボストン・レッドソックスにトレードされた岡島投手は日本ハム時代は2.95、MLBの平均は2.0のとき4.95までの成績を残し、ボストンにメジャー比較では相対的に安価に引き抜かれたといわれている。

⑮BB/9(Based on Balls allowed per 9 innings pitched) / 制球のよい投手は誰か

BB/9 = (与四球 × 9) ÷ 投球回

9回投げたら、何個四球を出すか。低い方がよく、セ・パ両リーグでは平均3前後。

⑯P/IP(Pitches thrown per inning) / 省エネ投手は誰か

P/IP = (投球数 ÷ 投球回)

1回当たり何球投げているか、何球で攻撃を終了させているかの指標。少ないほどよい。セ・パ両リーグで優秀投手は、1回当たり14球前後。

表 4-7　個人投手成績（防御率上位）

| 順位 | 防御率 | DIPS | BABIP | WHIP | K/BB | BB/9 | ERC | ERC 224 | PTB |
|---|---|---|---|---|---|---|---|---|---|
| 1 | 1.46 | **2.579** | 0.254 | **0.901** | 3.917 | 1.946 | 1.586 | **1.609** | 108.945 |
| 2 | 2.39 | 2.992 | 0.316 | 1.198 | 2.767 | 3.140 | 2.977 | 2.653 | 112.340 |
| 3 | 2.85 | 3.648 | **0.221** | 0.903 | 3.167 | 2.250 | 1.885 | **1.834** | 81.155 |
| 4 | 2.9 | **2.767** | 0.311 | 1.074 | **4.923** | **1.721** | 2.537 | 2.323 | 86.423 |
| 5 | 2.98 | 3.615 | 0.279 | 1.097 | 2.913 | 2.226 | 2.899 | 2.594 | 124.275 |
| 6 | 3.31 | 3.906 | 0.287 | 1.214 | 2.300 | 3.214 | 3.264 | 2.868 | 119.540 |
| 7 | 3.5 | 3.714 | 0.316 | 1.261 | 2.875 | 2.087 | 3.607 | 3.126 | 106.035 |
| 8 | 3.62 | 3.539 | 0.292 | 1.257 | 2.171 | 4.257 | 3.046 | 2.704 | 97.678 |
| 9 | 4.05 | 4.709 | 0.302 | 1.315 | 2.737 | 2.342 | 4.394 | 3.716 | 126.709 |
| 10 | 4.09 | 4.427 | 0.321 | 1.386 | 2.320 | 2.557 | 4.548 | 3.831 | 152.212 |
| 11 | 4.15 | 4.935 | 0.282 | 1.308 | 1.478 | 3.185 | 4.157 | 3.538 | 106.738 |
| 12 | 4.35 | 5.010 | 0.308 | 1.378 | 2.167 | 1.976 | 4.856 | 4.062 | 150.984 |
| 13 | 5.92 | 3.782 | 0.364 | 1.477 | 2.421 | 2.631 | 5.178 | 4.303 | 115.869 |

個人投手成績（セーブ上位）

| 順位 | セーブ | DIPS | BABIP | WHIP | K/BB | BB/9 | ERC | ERC 224 | PTB |
|---|---|---|---|---|---|---|---|---|---|
| 1 | 19 | 2.938 | 0.370 | 1.500 | 2.714 | 2.864 | 4.166 | 3.544 | 34.305 |
| 2 | 14 | 3.401 | 0.287 | 1.125 | 3.333 | 3.375 | 2.877 | 2.577 | 43.592 |
| 3 | 13 | **1.604** | 0.334 | 1.000 | 5.222 | 2.613 | 1.812 | **1.779** | 32.414 |
| 4 | 12 | **2.020** | **0.182** | **0.650** | 3.333 | 2.700 | 0.437 | **0.748** | 11.712 |
| 5 | 11 | 3.225 | 0.262 | 1.263 | 1.923 | 6.158 | 2.454 | 2.260 | 20.942 |
| 6 | 7 | **2.120** | 0.333 | 1.200 | 4.000 | 1.800 | 2.429 | 2.241 | 11.899 |
| 7 | 4 | 2.810 | 0.319 | 1.207 | 2.286 | 4.345 | 2.800 | 2.520 | 35.613 |
| 7 | 4 | 2.501 | 0.335 | 1.333 | 2.091 | 4.714 | 2.690 | 2.438 | 25.107 |
| 9 | 1 | 2.191 | 0.270 | **0.857** | 5.400 | 1.607 | 1.413 | **1.480** | 26.767 |
| 9 | 1 | 2.437 | 0.276 | 0.927 | 6.000 | **1.317** | 1.715 | 1.706 | 42.818 |
| 9 | 1 | 2.406 | 0.245 | 0.714 | **6.625** | 1.714 | 1.246 | 1.355 | 41.122 |
| 9 | 1 | 3.532 | 0.285 | 1.176 | 1.875 | 4.235 | 2.954 | 2.635 | 21.720 |
| 9 | 1 | 4.665 | 0.366 | 2.000 | 1.000 | 8.182 | 6.133 | 5.020 | 20.630 |
| 9 | 1 | 5.223 | 0.292 | 1.256 | 2.417 | 2.769 | 4.693 | 3.940 | 70.439 |
| 9 | 1 | 4.302 | 0.335 | 1.818 | 0.200 | 4.091 | 5.370 | 4.448 | 18.846 |

個人投手成績（ホールドポイント上位）

| 順位 | ホール | DIPS | BABIP | WHIP | K/BB | BB/9 | ERC | ERC 224 | PTB |
|---|---|---|---|---|---|---|---|---|---|
| 1 | 22 | 2.437 | 0.276 | 0.927 | 6.000 | 1.317 | 1.715 | **1.706** | 42.818 |
| 2 | 18 | 3.409 | 0.279 | 1.211 | 2.364 | 5.211 | 2.731 | 2.468 | 47.602 |
| 3 | 14 | 3.346 | 0.266 | 1.097 | 2.231 | 3.774 | 2.397 | 2.218 | 36.494 |
| 4 | 12 | **2.406** | 0.245 | **0.714** | 6.625 | 1.714 | 1.246 | **1.355** | 41.122 |
| 4 | 13 | 4.584 | 0.363 | 1.571 | 3.000 | 2.571 | 5.534 | 4.571 | 55.585 |
| 6 | 12 | **2.191** | 0.270 | **0.857** | 5.400 | 1.607 | 1.413 | **1.480** | 26.767 |
| 6 | 10 | 2.501 | 0.335 | 1.333 | 2.091 | 4.714 | 2.690 | 2.438 | 25.107 |
| 6 | 8 | **2.370** | 0.300 | 0.925 | 8.400 | **1.125** | 1.971 | **1.898** | 45.880 |
| 6 | 8 | 7.361 | 0.308 | 1.931 | 0.842 | 5.897 | 7.774 | 6.250 | 68.570 |
| 10 | 8 | 5.223 | 0.292 | 1.256 | 2.417 | 2.769 | 4.693 | 3.940 | 70.439 |

選手の真の出塁率は，打席数が少ないために標本出塁率としての 42.5%と一致する保証はない。また，1シーズンのなかで，母数に近づくために何百，何千という打席に立つこともできないから，真の出塁率を各シーズンごとに計算するのは不可能かもしれない。

この問題に対して，セイバーメトリックでは，推測統計の考え方を利用する。選手の 42.5%は確率変数から抽出した推定値，あるいは平均値と考えれば，区間確率や確率誤差を利用すれば真の値に近づくことができる。すなわち，**推定値としての出塁率が，どのくらいの境界でよく当てはまっているかを調べる**ことができる。このような推定問題については，出塁確率に対して信頼区間を求め，推定値を誤差で修正することができる。また，選手の出塁率は信頼区間によって，確からしいものに修正することが可能である。

確率変数としての出塁率の推定は，母数の推定という意味で，ある一定の値を示唆することはできない。しかし，出塁率を推定値と見なすとすれば，どのくらい母数に一致しているか，その境界を求めることはできる。確率に対する境界は，信頼区間と呼ばれる。信頼区間が狭まれば，定点的に断言できるが，区間が広がればそれだけ推定値がぼやける。また，信頼区間は，通常は誤差で示され，［推定値±誤差］と書ける。**正規分布表で 95.44%の確率で与えられる信頼区間の幅は，±2σ** で求められた。これを平均ゼロで分散１の**標準正規分布に変換して，95%の確率で得られる信頼区間を求めれば，±1.96** となる。この関係を誤差の定義式に代入すると，誤差は次のように書ける。

$$誤差 = 1.96 \times \sqrt{\frac{推定値 \times (1-推定値)}{標本数}}$$

選手の推定出塁率は 42.5%，打席数は 250 だったから，誤差は，

$$1.96 \times \sqrt{\frac{0.425 \times (1-0.425)}{250}} \approx 0.061$$

よって，選手の真の出塁率に対する信頼区間は 0.425±0.061，つまり，0.486 から 0.364 となる。

野球のゲームでは，リードしているとき，リードされているとき，点差が開いているとき，点差が接近しているとき，最終回が近いとき，始まったばかりのときなど，監督の采配は複雑に対応することが求められる。しかし，野球選手の成績結果は確率変数と見なされ，でたらめに発生する。成功確率や失敗確率，得点確率や得点見込み率などと，選手の確率変数としての成績を常に比較しなければならない。つまり，監督がサインを出す場合，その選手について考慮されねばならないことは，「**95％の信頼度で，この選手の出塁能力の確率は48.6％と36.4％の間にある**」ということである。

### データ野球，リンゼイ・モデル

リンゼイは，野球データを収集して，「イニングの残りでの得点分布」を整理した。これは，ランナーが塁上にいたとき，その後の試合の展開で得点がいくら入ったかを系統立てて整理した。その加工データを用いると，野球の戦術を立てる上で，多くの示唆を与えてくれる。Geroge. R. Lindsey (1963)のモデルから，データ野球を考えてみよう。

リンゼイは，埋まった塁が1塁のとき（ランナーが1塁にいて），その後の展開でイニングの残りで何点得点できたか。また，埋まった塁が1，3塁のときには，どうだったのか。**すべての塁が埋まった場合について，イニングの残りで最終的に0点で終わったのか，何点得点したのか，0点から得た得点すべてについてまとめた**。前述したように，選手の打率はでたらめに変動する確率変数と考えるから，ゲームが始まって終了するまでの得点成績も確率変数と見なせる。つまり，**ある埋まった塁での最終的な得点結果をまとめた比率は，得点の確率と考えられる**。

イニングの残りでの得点比率を得点確率と見なし，野球データを確率変数として処理する。たとえば，ランナーなしの状況でイニングの残りまでの得点確率は，あるシーズンのデータから表4-8のように整理される。

表4-8の(1)の得点分布表では，ランナーなしでアウトカウントがゼロでバッターが打席に入った状態から記述している。たとえば，各回の表と裏の先頭バッターからの攻撃からの状況で，ゲームが9回の表で決着がついた場合では9+8 = 17回と，この状況は結構多い。そのランナーなしでアウトカ

ウントがゼロの状況から攻撃が始まったとすると，過去のシーズンデータからそのイニングが，

|  |  |
|---|---|
| 0点に終わったのは， | 78.2%, |
| 1点獲得で攻撃が終わったのは， | 11.4%, |
| 2点獲得で攻撃が終わったのは， | 3.8%, |
| 3点以上獲得で攻撃が終わったのは， | 6.6% |

だったことを示している。表4-8では，ランナーが各1，2，3塁および1塁と2塁上にいた場合に，それぞれ0点に終わった，1点獲得で攻撃が終わった，3点以上獲得で攻撃が終わった比率，つまり得点確率を表している。実際のデータ野球では，1，2塁から満塁までの得点確率がデータ処理されている。いくつかの特徴がデータから読み取ることができる。①0点の得点確率は，ランナーなしのアウトカウント1の89.6%，2の93.8%と高い。ランナー1塁の62.6%，76.1%，ランナー2塁の39.7%，63.7%に比べて高い理由は，ダブルプレーによるリスクが高いことを示している。②埋まった塁が本塁に近くなるほど，0点に終わる確率が低下するのは，ヒット，エラーや犠打などで本塁帰還の機会が増加しているからである。

過去の試合データから得点確率を得ることで，得点の期待値を計算することができる。たとえば，ランナーなしでアウトカウントがゼロからの攻撃では，次の関係が成立して，その期待値を計算できる。

**1回の表で攻撃が始まり，そのイニング終了時に期待される得点 =
0点の期待値+1点取る期待値+2点取る期待値+3点以上取る期待値**

便宜的に3点以上の得点を3点に集約すると，各点数と確率の組合せは，次のよう対応するから，

| 0点($x_1$) | 1点($x_2$) | 2点($x_3$) | 3点($x_4$) |
|---|---|---|---|
| 0.782($p_1$) | 0.114($p_2$) | 0.038($p_3$) | 0.066($p_4$) |

**表 4-8** リンゼイ・モデルによる得点分布表・ランナー1塁, 2塁, 3塁の得点期待値
（G. R. Lindsey, 1963 を参考に作成）

(1) イニングの残りでの得点分布表（得点確率と期待値）

| 状況 | | 得点確率（得点の比率） | | | | | 期待値 |
|---|---|---|---|---|---|---|---|
| 埋まった塁 | アウト数 | 0点 | 1点 | 2点 | 3点以上 | …… | 得点 |
| （ランナー）なし | 0 | 0.782 | 0.114 | 0.038 | 0.066 | …… | 0.388 |
|  | 1 | 0.896 | 0.062 | 0.019 | 0.023 | …… | 0.169 |
|  | 2 | 0.938 | 0.027 | 0.029 | 0.006 | …… | 0.103 |
| 1塁 | 0 | 0.626 | 0.140 | 0.093 | 0.141 | …… | 0.749 |
|  | 1 | 0.761 | 0.097 | 0.047 | 0.095 | …… | 0.476 |
|  | 2 | 0.928 | 0.036 | 0.019 | 0.017 | …… | 0.125 |
| 2塁 | 0 | 0.397 | 0.288 | 0.139 | 0.176 | …… | 1.094 |
|  | 1 | 0.637 | 0.183 | 0.065 | 0.115 | …… | 0.658 |
|  | 2 | 0.823 | 0.123 | 0.019 | 0.035 | …… | 0.266 |
| 3塁 | 0 | 0.127 | 0.549 | 0.121 | 0.203 | …… | 1.400 |
|  | 1 | 0.314 | 0.471 | 0.047 | 0.168 | …… | 1.069 |
|  | 2 | 0.772 | 0.166 | 0.029 | 0.033 | …… | 0.323 |
| 1塁, 2塁 | 0 | 0.418 | 0.183 | 0.231 | 0.168 | …… | 1.149 |
|  | 1 | 0.626 | 0.131 | 0.130 | 0.113 | …… | 0.730 |
|  | 2 | 0.834 | 0.008 | 0.047 | 0.111 | …… | 0.435 |
| 2塁, 3塁 | — | — | — | — | — | | — |
| 1塁, 3塁 | — | — | — | — | — | | — |
| 1塁, 2塁, 3塁 | — | — | — | — | — | | — |

(2) 得点見込み表（得点期待値）

| アウト数 | 埋まった塁 | | | | | |
|---|---|---|---|---|---|---|
|  | （ランナー）なし | 1塁 | 2塁 | 3塁 | 1塁・2塁 | …… |
| 0 | 0.388 | 0.749 | 1.094 | 1.400 | 1.149 | …… |
| 1 | 0.169 | 0.476 | 0.658 | 1.069 | 0.730 | …… |
| 2 | 0.103 | 0.125 | 0.266 | 0.323 | 0.435 | …… |

(3) イニングで1点以上取れる（0点で終わらない）得点確率

| アウト数 | 埋まった塁 | | | | | |
|---|---|---|---|---|---|---|
|  | （ランナー）なし | 1塁 | 2塁 | 3塁 | 1塁・2塁 | …… |
| 0 | 0.218 | 0.374 | 0.603 | 0.873 | 0.582 | …… |
| 1 | 0.104 | 0.239 | 0.363 | 0.686 | 0.374 | …… |
| 2 | 0.062 | 0.072 | 0.177 | 0.228 | 0.166 | …… |

$$x_1 \times p_1 + x_2 \times p_2 + x_3 \times p_3 + x_4 \times p_4 =$$
$$(0 \times 0.782) + (1 \times 0.114) + (2 \times 0.038) + (3 \times 0.066) = 0.388$$

したがって，ノーアウトランナーなしから始まったゲームは特段の作戦を考慮しなくとも，平均して 0.388 点入ることが期待できる。これらの期待値計算をまとめたものが表 4-8 の(1)得点分布表で，計算された期待値をまとめたのが(2)得点見込み表である。

### データ野球(1)──盗塁のサインは適当か

第 2 次世界大戦中，アメリカやイギリスを中心に，戦争における科学的で数学的な作戦計画の方法が開発され，戦後の経営にも広く応用されるようになった。この手法はオペレーションズ・リサーチ(OR：Operations Research)と呼ばれる。リンゼイはデータから数学的期待値の大小を計算し，より大きなものを戦術として選択する手法を野球戦術に応用した。得点見込み表を使って，いくつかのサイン(作戦)を評価できる。セイバーメトリックスの指標によれば，盗塁や送りバントはアウトを増やす確率を上昇させるから，回避しなければならない。この理由は，OR の立場から評価することができる。

### サイン評価(1)

［状況］ノーアウト 1 塁で，1 塁ランナーの盗塁成功率は 68％である。この場合，盗塁のサインは適切か。

状況と得点期待値を整理すると，

①ノーアウト 1 塁で成り行きに任すと：0.749
②二盗が成功してノーアウトランナー 2 塁：1.094
③二盗が失敗して 1 アウトランナーなし：0.169

盗塁サインの条件は走者の盗塁成功率 $P$ に依存する。何もサインを出さない成り行き任せでは，0.761 の得点が期待できるから，この得点期待値以上の盗塁成功率を求めなければならない。つまり，

成り行き任せの期待値 ＜ 盗塁成功の期待値＋盗塁失敗の期待値
$$0.749 < P \times 1.094 + (1-P) \times 0.169$$

　得点期待値 0.749 を上回る盗塁成功率は，約 $P > 0.627$ だから，1塁ランナーの盗塁成功率 0.68 であれば，何もサインを出さないときよりも期待値が上回るから，サインは正しいといえよう。ただし，ランナーの盗塁成功率が 62.7％以下であれば，成り行き任せの期待値を下回る可能性が高いので，サインは誤りと評価できる。

### データ野球(2)──送りバントのサインは適当か
### サイン評価(2)
　[状況] 9回1点差で負けておりノーアウト1塁。バントのサインは適切か。
　作戦のポイントとして，少なくとも1点取れば，ゲームは振り出しに戻る。したがって，1から0点に終わる確率を引いた値，つまり**1点以上得られる確率で作戦を立てた方が合理的**である。表4-8はこれらのイニングで1点以上とれる得点確率を求めている。たとえば，ランナーなしノーアウトで0点に終わる確率は 0.782 だから，ランナーなしノーアウトで1点以上得る(0点に終わらない)確率は 1−0.782 として 0.218 となる。あとは同様に，1−0.896＝0.104，1−0.938＝0.062，……，と順番に求めると，表4-8の(3)のイニングで少なくとも1点以上取れる得点確率の表を求めることができる。

　①ノーアウト1塁で1点以上取れる確率：0.374
　②バント成功。1アウトランナー2塁：0.363
　③バント失敗。1アウトランナー1塁：0.239

　日本プロ野球のバント成功率は，記録上位では90％を超えるが，平均では70％前後の値である。平均的なバント成功率70％のプレーヤーのバントの得点期待値と，成り行き任せの期待値を比較すれば，

1点以上取るためにバント作戦をした場合の期待値
$0.7 \times 0.363 + (1-0.7) \times 0.239 = 0.2541 + 0.0717 = 0.3258$

バント成功の期待値＋バント失敗の期待値 ＜ 成り行き任せの期待値
$0.3258 < 0.374$

この結果から，**バント作戦は無効である**ことがわかる。平均的なバント成功率は，MLBで80％，日本プロ野球で70％だから，セイバーメトリックスの主張が正しいことが裏づけられる。

我々は，セイバーメトリックスの指標で，すでにOBPとOPSを学んでいる。OBPは出塁率で，OPSは出塁率に長打率を加えたものである。前掲のプロ野球の上位成績プレーヤーのデータからは，OPSは70〜90％の成績をあげている。このデータで判断する限り，サイン対象の選手が相応のOPSをあげていれば，"打て"のサインを迷うことなく出すべきであろう。また，バントのサインは著しく不適切である。

### データ野球(3)――打てのサインは適当か
### サイン評価(3)

[状況] 9回1点差で負けており，ノーアウト1塁。打てのサインは適切か。

OBPとOPSは分母が異なり，通分して比較することがやっかいなので，**出塁率のOBPで得点の行方をかなり正確に予想することができる**。たとえば，**OBPを前掲データ平均の0.340の選手とする**。アウトは残りの数値だから0.660となる。また，出塁0.340の内訳は，単打が0.192，2塁打が0.040，3塁打が0.004，ホームランが0.014，四死球が0.090であった。アウトと出塁状況からゲームの展開と1点確率を計算すると，次のようになる。ポイントは，何かの作戦が，成り行き任せのイニングで1点以上取れる得点確率0.40よりも大きな利得をあげられるかにかかっている。

|  | 内訳 | 比率 | 出塁の結果 | 1点確率 |
|---|---|---|---|---|
| アウト |  | 0.660 | 1アウト1塁 | 0.270 |
| OBP(0.34) | ・単打 | 0.192 | 0アウト1・2塁 | 0.582 |
|  | ・2塁打 | 0.040 | 0アウト2塁 | 1.000 |
|  | ・3塁打 | 0.004 | 0アウト3塁 | 1.000 |
|  | ・ホームラン | 0.014 | 0アウトランナーなし | 1.000 |
|  | ・四死球 | 0.090 | 0アウト1・2塁 | 0.582 |

　ランナーが1塁にいて，2塁打以上を打てば塁上の走者は帰還して1点は入るから，1点確率は1となる。そのほかの単打と四死球による出塁結果は，塁を埋めてそれぞれのケースの，イニングで1点以上取れる得点確率である。このOBPが0.340の選手の打てによる得点期待値は，次の計算から求められる。

$$(0.660 \times 0.270) + (0.192 \times 0.582) + (0.040 \times 1) + (0.004 \times 1) +$$
$$(0.014 \times 1) + (0.090 \times 0.582) = 0.526324$$

　OBPが0.340で，その内訳が示されたとおりであれば，1点以上得点して同点か追いつくための確率は0.526324となり，成り行きしだいの0.374よりも，またバントの0.3258よりも高くなる。このバッターのデータがスコアラーから伝達されたとき，監督は躊躇せずに"打て"のサインを出すべきであろう。

*リンゼイのモデルは，G. R. Lindsey, "An Investigation of strategies in Baseball," Operations Research, Vol. 11, No. 4, pp. 477-501, 1963

# 第5章 ゲームの理論と戦略

## 1. ゲームの理論とは

**牛丼戦争とスポーツ戦術**

　古くはハンバーガーのシェア争奪競争に始まり，ファストフード業界は価格競争を繰り返している。この価格競争は，牛丼にも及んでいる。2001年，最初に吉野家が牛丼並盛り400円を280円に値下げしたが，即座に松屋290円，らんぷ亭270円，すき家280円（なか卯280円/すき家と同じゼンショーグループ）といった具合に値下げに追随した。価格引き下げによるシェア奪回の牛丼戦争は，2004年のBSE（牛海綿状脳症）による米国産牛肉の禁輸措置まで続いた。
　膠着状態にあった牛丼戦争は2009年に第2幕が開ける。2009年は，リーマンショック以降続く不景気から，デフレが進行して値下げ競争と会社の選別強化が進んだ。たとえば，日本マクドナルドは約3,700店舗を展開していたが，同じアメリカ系のウェンディーズは70店舗と規模が小さく，30年ほどの営業に終止符を打った。これは，すき家・なか卯の親会社でもあるゼンショーがグループ企業の選別強化をはかったからで，すき家の牛丼市場のシェア増加も効率的な経営からすると重要であった。
　牛丼戦争は2009年12月までは，すき家，吉野家，松屋の牛丼大手3社のなかで，すき家の330円が最安値であった。12月始めに松屋が320円に改定すると，すき家は280円と切り返して最安値を奪還する。一方，吉野家は米国産牛肉輸入規制による原材料費高騰から，価格競争にとどまることが困難となる。吉野家は270円，すき家と松屋は250円で最安値競争に生き残り

をかける．他業種を見れば，2010年7月，チキン外食シェアで業界1位を保っていたマクドナルドは，新製品の投入により，第2位のケンタッキー・フライドチキンからシェアを奪う戦略に転換する．

　価格競争によるシェア獲得競争は，ゲームの理論の応用により，その最適戦略とゲームとしての行方を予想することが可能となる．これは，勝負事としての側面を持つスポーツにとっても重要で，シェア獲得競争のゲーム論による分析はサッカーのPK戦などでも応用が可能である．

　たとえば，ゴールを決める比率とゴールを阻止する比率のどちらをより高めるか，その戦法はどうするかなどを数値として求めることができる．さらに，直球が得意なピッチャーと変化球打ちが得意なバッターとの間で，どのように配球するか，どの配球を打ち返すかを"先読み（物事の真相や成り行きを洞察）"して，同じように応用することができる．つまり，読み合いから，打ち返す比率と投げる球種の比率を決め，それを図や式に置き換え解くことができる．ゲーム論の応用は，スポーツ戦略においても有用で，本節ではゲーム論の基礎的概念を理解しながら，スポーツ戦術への応用を分析する．

### 同時ゲームと基礎的ないくつかの概念

［ゲームのキーワード］
ゲーム，同時ゲーム，プレーヤー，ゲームの解，戦略，利得行列

　ゲームとは対決状況を表して，「対立した目的を追求する2人あるいはそれ以上のプレーヤーと呼ばれる参加者が，互いに矛盾した目的を達成するために対決状況にある事態」をいう．ゲームの理論とは，このような対決状態を分析して，有利な手数や戦法，結果としての利得と損害を予想する．なお，ゲームにはたくさんの種類があり，たとえば**同時ゲーム**と**交互ゲーム**がある．**同時ゲーム**では，相手の行動をあらかじめ知らない上で自分の行動を決定する．同時ゲームの例として，「じゃんけん」や「公共工事の競争入札制度」などがある．じゃんけんは，同時にグー，チョキ，パーを出して勝敗を決める．引き分けも1つの結果であるが，同時ゲームは1回限りのゲームと考え

ることができる。競争入札には，参加に条件を付けない不特定多数の参加者による一般競争，選定した特定多数による指名競争の2つがある。どちらの場合も，官の策定した価格水準に対して，もっとも安い価格を提示した企業が契約を結ぶことができる。入札者は，入札箱に可能な契約金額を提出して価格競争をする。

「**チェス**」や「**将棋**」，「**囲碁**」は対戦相手と相互に差し手を展開する。また，鮮魚や花卉の「**セリ**」，絵画や骨董品，インターネットなどの「**公開されたオークション**」などは，次々に買値をつけて最高値の参加者が物や権利を手に入れることができる。つまり，相手の行動や意思表示を受け，その時点で次の自分の行動を決めて，ゲームとして具体化する。また，店舗の新規参入計画に対してどのような手を打つか，自分の先に相手がした行動を受けて自分の行動を決める。こような例は，**交互ゲーム**という。交互ゲームでは，一般に**樹木図（ゲームツリー）**などを使った図解法で解く。

ゲームはさらに，プレーヤーに何らかの思慮とか読みまたは推測といったものが必要かどうかで，**偶然ゲーム**と**戦略ゲーム**に分けることができる。たとえば，よくシャッフルされたトランプ・カードからカードを引いて，もっとも高い値の札を引いたプレーヤーがほかのプレーヤーからいくらかお金を受け取れるようなゲームがある。勝ったプレーヤーにとって，そのときに引いたカードは，たまたま偶然に手に入ったものであり，勝利はまったく予期しないできごとである。このようなゲームを**偶然ゲーム**といい，何かの知識，技術，能力などは必要ではない。

ゲームの参加者である**プレーヤーが選択する戦略が明らかになったとき，その選択された戦略の組合せをゲームの解**という。我々は，スポーツとゲームに関して興味を持っているため，同時ゲームの理解を主としている。同時ゲームの答え，つまり**ゲームの解**を求めるには，利得行列を使って解の組合せを求めることができる。

### 戦略と利得

ゲームには，3点の構成要素ある。同時ゲームは，相手の行動を知らずに自分の行動を決定する。同時ゲームを分析するとき，まずゲームに参加する

個人，企業や国家など，ゲームをする主体とか意思決定をする**プレーヤー**がいる。**プレーヤーたちの目的は相互に矛盾**しているため，同時に達成することはあり得ない。

このプレーヤーが選択する行動は，第2の要素として**戦略**という。一般に，「戦略とは，主要な敵を識別して，それに対応して味方をどのように配置するか定める」ことである。しかし，ゲームの理論では，「**ゲームの戦略とは，ゲームを進めていく上で，特定の目的を達成するために選択しうる行動一般**」をさす。たとえば，グーとチョキとパー，カップルが週末借りるレンタルビデオの1つのタイトル選び，国家間の軍縮や $CO_2$ 削減交渉，ハンバーガー戦争などの価格競争では設定した価格が戦略となる。

目的達成により，プレーヤーの誰かが勝って，ほかの誰かが負けることになる。勝ったプレーヤーは，勝利の対価として**正の利得**を得るが，負けたプレーヤーは**負の利得**となる。これを，第3の要素として**利得**あるいは**ペイオフ**という。同時ゲームにおけるゲームの帰結は，利得行列またはペイオフ・マトリックスという表に要約される。利得行列は，一定の順序規則にしたがって記述される。

たとえば，男女の集団に関する大きなデータがある。プライバシー保護の観点から，この集団の構成メンバーを知らせるためには，年齢と性別のみの公開が妥当かもしれない。年齢と性別を公開するため，表記法を年齢はそのままの数字，女性は1，男性は2で表す。**年齢と性別の順番に表記すると約束**すれば，**21歳で女性の場合は(21, 1)，19歳で男性は(19, 2)**と書ける。このような例は，**順序づけられた組として順序対**という。順序対で記載される表現として代表的なものは行列である。なお，同時ゲームを解くときは代数や図解でも可能であり，選んだ戦略による利得は利得行列で表される。ゲームの利得は，集合の要素を適当に配置したものではなく，性格や特性，数値や数量などを順序づけて記載されている。順番ごとに意味が異なる要素が記載されていることに注意しなければならない。例にあげた集団には，(1234, 8)といった組合せはあり得ない。

**利得行列(ペイオフ・マトリックス)**

利得行列を理解するために，サッカーPK戦を考える。サッカーPK戦におけるプレーヤーは，キッカーAとゴールキーパーBの2人からなり，戦略は右へのアクションXと左へのアクションYの2つが選択可能となる。利得の組合せは，2×2として4通り発生する。このゲームにおけるアクションは，ゴールキーパーは左か右へのいずれか方向に跳ぶ。同じように，キッカーは左右いずれかに蹴る。ゲームの目的は，キッカーは得点確率をあげる，キーパーはゴール阻止率をあげる(キッカーの得点確率を下げる)ことで，相反した目的を持っている。結果はシュートが入ったか入らなかったかのいずれだから，得点確率と阻止率の合計は1となる。この場合の利得の各組は表の太線で囲われたなかに並べられて表される。

|  |  | プレーヤーB(ゴールキーパーは) ||
|---|---|---|---|
| 戦略の選択 |  | X(右に跳ぶ) | Y(左に跳ぶ) |
| プレーヤーA (キッカーは) | X(右に蹴る) | ($A_X$, $B_X$) | ($A_X$, $B_Y$) |
|  | Y(左に蹴る) | ($A_Y$, $B_X$) | ($A_Y$, $B_Y$) |

行列の成分は，プレーヤーそれぞれの戦略の組合せから派生した，(キッカーAのシュート確率，キーパーBのセーブ確率)を順番に表している。それぞれ4つの成分は次の意味を持っている。

($A_X$, $B_X$)：プレーヤーAが戦略Xを，プレーヤーBが戦略Xを選んだときの利得　キッカーは右に蹴り込み，ゴールキーパーは右に跳ぶ

($A_X$, $B_Y$)：プレーヤーAが戦略Xを，プレーヤーBが戦略Yを選んだときの利得　キッカーは右に蹴り込み，ゴールキーパーは左に跳ぶ

($A_Y$, $B_X$)：プレーヤーAが戦略Yを，プレーヤーBが戦略Xを選んだときの利得　キッカーは左に蹴り込み，ゴールキーパー

が右に跳ぶ

($A_Y$, $B_Y$)：プレーヤーAが戦略Yを，プレーヤーBが戦略Yを選んだときの利得　キッカーが左に蹴り込み，ゴールキーパーが左に跳ぶ

### じゃんけんの利得行列

　もう1つの利得行列の例として，2人のじゃんけんの勝敗結果を要素で考える。AとBは，500円相当の入場券を目当てにゲームをしている。勝てば500円のチケット代金が相手から手に入る。負ければ，500円分，相手に買わねばならない。ゲームの勝利から得られる利得は500円となり，あいこで0円となる。

　Aの側から見て，Aがグーを出した場合，Bの戦略にはグー，チョキ，パーがある。結果は，グーとグーでは双方がゼロ，AがグーでBがチョキであればAの勝利で利得は500，Bの利得は-500となる。AがグーでBがパーであれば，逆にAの利得は-500となり，Bの利得は500となる。じゃんけん結果を記述するルールは，第1要素をAの勝敗結果からの利得，第2要素は相手方のBの利得を記述する。Aがグーを出した場合，利得のすべての組合せは次のように書ける。

　　（ 0,　 0），(500, -500)，(-500, 500)

同じように，AのチョキとパーにBのグー，チョキ，パーを対応させると，

　　(-500,　 500)，（ 0,　 0），(500, -500)
　　( 500, -500)，(-500, 500)，（ 0,　 0）

　これらの結果をまとめて，じゃんけんの利得は次のように整理される。これらの表は，利得行列(Payoff Matrix)とか利得表(Payoff table)という。
　じゃんけんに勝つための必勝法は存在しない。なぜなら，相手がグーなら自分はパーを，パーならチョキを，チョキならグーをと，提示された戦略にはどちらか一方が戦略を変えた方がよい結果が得られることを各自が知って

じゃんけん勝負の戦略と利得のすべて

|   | ✊ | ✌ | 🖐 |
|---|---|---|---|
| ✊ | ( 0, 0) | ( 500, −500) | (−500, 500) |
| ✌ | (−500, 500) | ( 0, 0) | ( 500, −500) |
| 🖐 | ( 500, −500) | (−500, 500) | ( 0, 0) |

いる。したがって，相手の出す手に対しては，どこまで行っても，互いの戦略を変更しなければならない。出す手を読まれたら，確実に負けてしまう。

そこで，相手に自分の手の内を読まれないように，すべての手を3分の1の配分ででたらめに出すことが最適な戦略となる。相手の手の内に対して，何かの変更をすることによって，よりよい状態の余地が発生するような状況では，ゲームの解が存在しない。なお，はじめにチョキを出すのが最適戦略といわれるのは，「最初は……」で始まるじゃんけんでは，続けて同じ手は出さない場合が多いということで，チョキとパーからチョキが選ばれるらしい。

### プレーヤー・牛丼店の戦略

ハンバーガーや牛丼をめぐる価格競争は，ゲーム論の考え方を使うことにより，競争の行方や勝ち負けを占うことができる。分析に先立って，同一商品の販売ゲームを考えるため，ハンバーガーや牛丼の質がほぼ同じようなものと仮定する。このような状況では，製品が同質で牛丼消費量も年間通じて一定と考えれば，価格の変更によって自分の所属するチェーン店の牛丼が売れると，相手の売上げに影響が及ぶ。相手の行動も，同じように自分のチェーン店の売上げに影響を及ぼす。この仮定で重要なことは，同じ品質のため，消費者は価格によってのみ入る店を選ぶことになる。

供給者としての企業行動の目的は，利潤極大とか費用最小化に要約できるが，マーケットシェア極大も企業行動の目的の1つである。つまり，製造と販売における競争相手がいれば，互いの行動が，自らの利益，支出，マーケットシェアの最適化問題に影響を及ぼしている。

たとえば，牛丼ファストフードのＳグループとＭグループは，類似した商品を販売して，**「牛丼価格競争ゲーム」**のなかにある。ゲームは，①プレーヤー，②戦略，③利得から構成される。**グループ企業ＳとＭが，ゲームに参加しているプレーヤーである**。競争最前線として，集客競争をしている駅前の代表的な２店を考える。戦略はプレーヤー（店舗）が提示する価格で，牛丼**「価格の据え置き」**もしくは**「値下げ」**を選ぶことができる。利得は，価格の据え置きか競争によって実現する結果として，**「増加もしくは減少した売上げまたは利益」**を考えることができる。

各グループのＳ店とＭ店は同規模の代表的な店舗とし，両店は年商8,000万円の売り上げを得ていると想定する。**ゲームは低価格戦争で**，繰り出される戦略すなわち提示価格から，次のような事態を予想する。

①両店価格据え置きであれば，両店の売上げは8,000万円のままである。
②両店値下げをすると，共倒れとなって，収入は半減（4,000万円）する。
③どちらか１店のみ値下げをした場合。
　③-1　値下げした店はシェアを奪って，１億円（10,000万円）の売上げ。
　③-2　値下げしなかった他店はシェアを奪われ，2,000万円の売上げ。

我々は，Ｓ店とＭ店の価格競争の行方を，ゲーム論から分析できる。

**牛丼戦争と利得**

［キーワード］
囚人のジレンマ(1)
個別に合理的行動をしても，全体でうまくいくとは限らない。
［キーワード］
ナッシュ解
互いに最良の戦略の組合せが見つかれば，すくみあって動けない。

我々の例では，低価格戦争ゲームの帰結は，①，②，③-1および③-2の

4つの状況である。利得は8,000万円，4,000万円，1億円，2,000万円となる。この数値例から，戦略結果を要約した利得表（利得行列ともいう）を作成する。利得行列の作成は，行列の要素を記述する順序対のルールにしたがう。（Sの利得■■■　Mの利得▲▲▲）の順番で表記している。

いくつかの戦略の組合せは表5-1に要約される。はじめに，M店の戦略として，S店の価格の据え置きに対してケース1，S店の価格の値下げに対してケース2がある。まず，**競争相手がその戦略のままであるとして**，自

表5-1　牛丼戦争の戦略と利得表

(1)ケース1　S店は価格の据え置きを決定，M店の戦略と利得

| S＼M | (M店は)据え置き | (M店は)値下げ | |
|---|---|---|---|
| 価格据え置き | ( 8,000) | ( <u>10,000</u>) | → Mは値下げ |

(2)ケース2　S店は価格の値下げを決定，M店の戦略と利得

| S＼M | (M店は)据え置き | (M店は)値下げ | |
|---|---|---|---|
| 価格値下げ | ( 2,000) | ( <u>4,000</u>) | → Mは値下げ |

(3)ケース3　M店は価格の値下げを決定，S店の戦略と利得

| S＼M | (M店は)据え置き |
|---|---|
| 価格据え置き | ( 8,000 ) |
| 価格値下げ | (<u>10,000</u> ) |

↓
Sは値下げ

(4)ケース4　M店は価格の値下げを決定，S店の戦略と利得

| S＼M | (M店は)値下げ |
|---|---|
| 価格据え置き | ( 2,000 ) |
| 価格値下げ | ( <u>4,000</u> ) |

↓
Sは値下げ

(5)価格競争によるS店とM店の利得表

| S＼M | 価格据え置き | 価格値下げ |
|---|---|---|
| 価格据え置き | ( 8,000　8,000) | (2,000　10,000) |
| 価格値下げ | (10,000　2,000) | (<u>4,000　4,000</u>) |

分の戦略(ここではM店)を変更したら何が最適かを考える。ケース1ではSの価格据え置きに対する，Mの2つの対応の利得が示されている。

Sの据え置きと同じようにMも据え置くと，①の場合として8,000万円の利得がある。Sの据え置きに対してMが値下げをすれば，③-1の利得が得られるから10,0000万円を得ることができる。

　　　S店の据え置き……(8,000 ＜ 10,000)→ M店は値下げを選ぶ

この結果，Sの据え置きに対しては，Mは価格を下げる戦略を選んだ方が利得は大きい。

ケース1ではSの価格値下げに対する，Mの2つの対応と利得が示されている。Sと反対にMが据え置くと，相手にシェアを奪われて③-2の場合として，利得は2,000万円となる。一方，Sの値下げに対してMも値下げに応ずれば，共倒れの②のケースとして，利得は2,000万円となる。

　　　S店の値下げ……(2,000 ＜ 4,000)　→　M店は値下げを選ぶ

この結果，Sの値下げに対しては，Mも値下げで応じる戦略を選んだ方が利得は大きい。利得の大きなMの戦略は，相手が据え置き・値下げのどちらの場合でも値下げで応じた方が利得が大きい。つまり，自分たちの合理性のみを追求していけば，共倒れの恐れがあるにもかかわらず，値下げ競争に向かうことが最適行動となってる。

同じように，Mの据え置きと値下げに対するSの戦略と利得が比較できる。これは数値例が縦の比較となるから，表5-1のケース3とケース4を見て，第2要素の大小関係を比較すればよい。

　　　M店の据え置き……(8,000 ＜ 10,000)→　S店は値下げを選ぶ
　　　M店の値下げ　……(2,000 ＜ 4,000)→　S店は値下げを選ぶ

お互いの戦略について，相手の戦略に対する最適な反応となっている組合

せを表せば，両方とも値下げ戦略となる。このような，「あるプレーヤーの戦略がほかのプレーヤーのすべての戦略に対し，ほかのどんな戦略よりも高い利得を与えるとき，その戦略は支配戦略」と呼ばれる。支配戦略は，利得を比較して明らかなように，絶対優位な戦略であるから，プレーヤーは必ず支配戦略を選ぶことになる。

この一見最適な選択，すなわち支配戦略による行動で両者は一致するが，全体から見て売上高は以前よりも減少する。この例の利得行列と最適な戦略からは，お互い疲弊してどちらかが牛丼市場から退出するまで競争は続くことを示唆している。ゲームの理論は，このような，個のレベルでは合理的としても社会全体では不合理である例を明らかにできる。個の行動においては最適な選択であったにもかかわらず，全体もしくは双方の合計で評価する限り最悪の状態になることを囚人のジレンマという。

特定の業種にかかわらず，歴史的にいったん値下げ競争に陥ると，相手からシェアを奪うため歯止めがかからない。したがって，一方が値下げをすると，他方はさらに値下げをして，極端な場合には体力の続く限り，相手がつぶれるまで競争が続く可能性がある。渦巻きもしくは螺旋状の形態をスパイラルといい，物価の下落はデフレーションという。このことから，渦に巻き込まれて，水中深く没していくデフレスパイラルに陥った様相を表す。

なお，不景気に端を発して価格下落が発生し，それにより企業利益が減少し，再び悪循環のようにこのプロセスが進行することをデフレスパイラルという。1990年代，日本ではバブル経済と呼ばれる資産市場インフレが終了して，貨幣収縮と需要低迷による価格下落からデフレスパイラルに陥った。

ナッシュ解

［キーワード］
ナッシュ均衡
　　選んだ戦略が最良で，相手が戦略を変えない限り自分も変えない状況。

協力し合って価格協定を結べば，カルテルとなって法に触れる。一方，共

存しようとして価格据置戦略をとれば，ケース1の結果のように共同の利得が最大となる。また，他を顧みず自らの利得のみを最大化しようとすれば，それは非協力なゲームとしてケース4の状況となる。また，ケース4では，お互いに相手がその戦略を変えない限り，自分の戦略も変えない状況となっている。このような，**お互いに戦略を変えようとする誘因の働かない状況**を**ナッシュ均衡**という。牛丼戦争におけるナッシュ均衡は，M店もS店も価格値下げの戦略を選ぶことになる。ナッシュとは研究者の名前で，ノイマン，モルゲンシュテルンなどの研究者とともに，ゲームの理論を構築した経済学者・数学者である。

「ナッシュ均衡とはお互いの戦略を変えようとする誘因のない状況」と定義した。同じこととして，「**ナッシュ均衡とはお互いに最良となる組合せ**」ともいえる。なお，**最良の組合せの意味するところは，この組合せを少しでも変更すると，最良性は失われてしまう**ことになる。さらに，最良性の見地からは，双方がナッシュ均衡にもとづく戦略を選んでいる場合，自分の戦略を変更すれば利得は悪化することになる。つまり，**ナッシュ均衡ではすくみあい状況で動きのとれない状況**，あるいはほかに戦略の取りようがない状況となっている。

最初にあげたじゃんけんについて，ゲームの解はどのような状況だろうか。相手に勝つためのじゃんけん戦略の組合せは，次のような組合せとして，相手の手により変化して延々に続く。

　　最初に自分はグーとすれば，相手はパー
　　　相手がパーとすれば，自分はチョキ
　　　自分がチョキとすれば，相手はグー
　　　相手がグーとすれば，自分はパー
　　　　　……

確定的に，グーかチョキを出せば必ず勝てるといった戦略はない。つまり，お互いに戦略を変更した場合，相手に変化がなければ自分は相手に勝つが，それを相手も知ってるから，両者の状況が改善される可能性はない。つまり，

じゃんけんにはナッシュ解は存在しない。これは，相手もしくは自分の戦略として，相手に自分の手が読まれないように，グー，チョキ，パーを偏りなく3分の1だけ出すとするように，**確率を用いて相手に手の内を悟られないように選択を決定する**からである。このように，戦略を1つに決めず，いくつかの戦略を確率的に選んで，複合的につくった戦略を「**混合戦略**」という。混合戦略もゲームの1つの戦略で，混合戦略を作成するために選ばれる1つひとつの戦略は「**純粋戦略**」という。（グー），（チョキ），（パー）のそれぞれは独立した純粋戦略で，グー，チョキ，パーをでたらめに3分の1ずつ出す戦略は混合戦略となる。混合戦略はスポーツとゲーム論をつなぐもので，あとで詳細に説明する。

## 2. ミクロ経済学とゲーム

### 不完全競争市場の複占企業価格決定モデル

市場にただ2社しか存在しない場合を複占（duopoly），3社以上の若干数を寡占（oligopoly）という。とくに，一社しかない場合は独占（monopoly）となる。スポーツ用品の独占企業としては，カーリングストーンを製造販売するイギリス・スコットランドのキーズ・オブ・スコットランド社をあげることができる。同社は，カーリング発祥の地域から産出される花崗岩をベースに製造して，独占的にカーリング競技のストーンを供給している。

複占や寡占市場の分析は，不完全競争市場のトピックスとしてミクロ経済学で学ぶ。完全競争市場や独占市場といった両極のケースでは，利潤極大達成について，価格と限界費用，限界収入の関係が一意的に（ただ一通りに）確定している。たとえば，第2章で見てきたとおり，競争市場では価格は限界費用に等しい。独占市場では限界費用と限界収入が等しいところで生産が決まり，その数量と需要水準で価格が決まる。

競争の程度がこの中間である複占および寡占市場では，異なる行動仮説により多くの解が存在する。つまり，価格の決まり方がそれぞれ異なる。たとえば，ほぼ同質な生産物の価格決定方法として，①クールノー解，②共謀の解，③シュタッケルベルク解などがある。差別化されて同質でない生産物市

場には，④マーケットシェアの解や⑤屈折需要曲線の解などがある。

　これらのなかで，クールノーの解はゲーム論的な要素を多く含み，ゲーム論において重要なナッシュ均衡の理解に役立つ。このモデルは，19世紀のフランスの経済学者オーギュスタン・クールノーの名前から，クールノーの解とか，クールノー競争と呼ばれている。本節ではクールノー解について解説する。

### 複占企業の生産活動とクールノー解

［キーワード］
**クールノー解**
　複占企業の利潤極大行動で，他企業の生産水準を所与として自らの生産を調整する。他社の戦略を与件とした最適行動のため，ナッシュ均衡と同意。フォロワー（追随者）・フォロワーの解ともいう。

　スポーツ用品製造で，複占に限った生産物の製造企業を見つけるのは難しい。ゴルフボール製造企業について，ブリヂストンスポーツと住友ゴムの2社は，同じ比率40%前後のシェアを持ち，全体で市場の80%以上のシェアを分け合っていた。企業は差別化のために企業努力を行っているから，完全に同一な商品を製造して販売しているとはいえない。しかし，このような2つの企業の生産行動に，クールノー競争行動が応用できるかもしれない。
　**クールノー競争**では，同一の生産物をつくり，同時に価格を決める複占企業を想定している。先に学習した同時ゲームの応用問題で，解が見つかれば**ナッシュ均衡に等しい**。クールノーの寡占モデルは次のような構成である。
　市場ではまったく同質である財を2つの企業が生産している。この財の価格は，企業1の産出 $q_1$ と企業2の $q_2$ に依存して決まると考え，共通価格 $p$ は産出水準の関数として与えられる。両企業の生産する財は同質だから，足し算による全体の産出合計の関数として(5-1)式で表せる。

$$p = F(q_1 + q_2) \tag{5-1}$$

なお，教科書等で見慣れた形では，$q = (p)$のように，(財 $q$ の)需要関数は価格($p$)の関数として定義される。(5-1)式はこの関係が逆さまに表され，これは需要関数の逆関数として逆需要関数ともいう。各複占企業の総収入 $R$ は売上げだから，(財 $q$ ×価格 $p$)で求められる。(5-1)式と関数形を利用して書けば，第1企業と第2企業の総収入は，(5-2)式と(5-3)式となる。

$$R_1 = q_1 \times p = q_1 \times F(q_1+q_2) = R_1(q_1, q_2) \tag{5-2}$$
$$R_2 = q_2 \times p = q_2 \times F(q_1+q_2) = R_2(q_1, q_2) \tag{5-3}$$

費用 $C$ は自己の産出のみに依存すると考え，$C_1(q_1)$，$C_2(q_2)$と書ける。このため，両企業の利潤 $\pi$ は総収入と費用の差として次のように定義される。

$$\pi_1 = R_1(q_1, q_2) - C_1(q_1) \tag{5-4}$$
$$\pi_2 = R_2(q_1, q_2) - C_2(q_2) \tag{5-5}$$

利潤極大条件は，(5-4)式と(5-5)式で，$q_1$と$q_2$について偏導関数をゼロとおいて，利潤極大の条件を求めることができる。また，**各複占企業が自己の生産量を決めるに当たり，相手の産出を一定所与として利潤極大をはかる**と仮定する。利潤極大の条件は，各企業の利潤関数をその産出量で微分して，頂点の値を満たすところ，すなわち傾きがゼロとなる産出量で達成される。

$$\frac{d\pi_1}{dq_1} = \frac{\partial R_1(q_1, q_2)}{\partial q_1} + \frac{\partial R_1(q_1, q_2)}{\partial q_2} \times \frac{dq_2}{dq_1} - \frac{dC_1(q_1)}{dq_1} = 0 \tag{5-6}$$

$$\frac{d\pi_2}{dq_2} = \frac{\partial R_2(q_1, q_2)}{\partial q_1} \times \frac{dq_1}{dq_2} + \frac{\partial R_2(q_1, q_2)}{\partial q_2} - \frac{dC_2(q_2)}{dq_2} = 0 \tag{5-7}$$

第2章では，スポーツ用品メーカーの利潤極大の状況を，総費用，総収入および総利潤により図示した。利潤は収入と費用の差であり，その差は総利潤として示されている。例では，生産量が0では，固定費用分の－300相当の負の利潤が発生する。最大の利潤は，限界費用と限界収入が一致する点，すなわち利潤線が描く山の頂上の利潤の極大の点となる。その点における接線の傾きはゼロであり，(5-6)式や(5-7)式が計算して求めている量，すなわち右辺をゼロ(傾きがゼロだから)とおいて解いた生産量が利潤極大を達成す

る $q$ と対応している。なお、生産量が過剰な $q_1$ では利潤がゼロとなり、それ以上生産を続けると、負の利潤が累積する。図2-1を参照すること。

### クールノー・ナッシュの均衡点

クールノー競争では、自己の産出水準は相手企業の生産量には何ら影響を与えないと考えて行動する。このことは、代数的には、(5-6)式と(5-7)式の微係数について次の関係が成立する。

$$\frac{dq_2}{dq_1} = 0, \ \{q_1 = \psi_1(q_2)\} \tag{5-8}$$

$$\frac{dq_1}{dq_2} = 0, \ \{q_2 = \psi_2(q_1)\} \tag{5-9}$$

(5-8)式と(5-9)式は、一方の企業が産出量を変化させたとき、これに対応する相手企業の(生産量の変化に対する)反応を推測するもので、推測的変化と呼ばれる。クールノー・モデルでは推測的変化をゼロと仮定して、相手の生産行動を考慮せず、とりあえず自分の産出を決める。また、クールノー競争では、複占企業の産出物は同質財と仮定し、同時ゲームのように価格を決めることを想定する。したがって、もし解があればクールノー競争の均衡とナッシュ均衡とは同じ性質のものになっているはずである。

具体的に両企業の総費用と市場の需要関数(価格を需要量で解いたものとしての逆需要関数)の数値例を定め、両企業の総費用線と市場需要を、次のように特定化する。

$$C_1 = 120 \times q_1 \tag{5-10}$$

$$C_2 = 140 \times q_2 \tag{5-11}$$

$$p = 220 - q_1 - q_2 \tag{5-12}$$

クールノー競争は、推測的変化はゼロと想定しているから、(5-8)式と(5-9)式を同時に満たす必要がある。つまり、最適な解を導出するためには、この条件を代入して次の(5-13)式を解かねばならない。

$$\frac{d\pi_1}{dq_1} = \frac{d\pi_2}{dq_2} = 0 \tag{5-13}$$

総費用と市場需要の数値例を代入して、利潤の方程式は次のように求められる。

$$\pi_1 = (220-q_1-q_2) \times q_1 - 120 \times q_1 = 100\,q_1 - (q_1)^2 - q_2 \cdot q_1 \quad (5\text{-}4')$$

$$\pi_2 = (220-q_1-q_2) \times q_2 - 140 \times q_2 = 80\,q_2 - (q_2)^2 - q_1 \cdot q_2 \quad (5\text{-}5')$$

均衡の利潤決定式が導出されたので、産出量をたとえば固定的な 0, 20, 40 および 60 の水準とおく。(5-4')式と(5-5')式にそれぞれの値を代入して利潤計算をすると、次の利得表を得る。

複占企業のいくつかの産出水準に対する利得表

| 1＼2 | 0 | 20 | 40 | 60 |
|---|---|---|---|---|
| 0  | ( 0    0) | ( 0   1200) | ( 0   1600) | ( 0   1200) |
| 20 | (1600  0) | (1200   800) | ( 800   800) | ( 1200   0) |
| 40 | (2400  0) | (1600   400) | ( 800    0) | ( 0  −1200) |
| 60 | (2400  0) | (1200    0) | ( 0   −800) | (−1200 −2400) |

牛丼戦争におけるナッシュ解を求めた方法で、複占企業の解を求めると、(800　800)、(1600　400)、(2400　0)がナッシュ解となる。これは、産出量を 20 刻みにしたことと、各値を受け入れたままでほかの戦略を選びようがない、すくみあいの状況で成立している。**とりあえず初期の状態で**、たとえば①両者 800 の水準で対等に生産、②一方が 2 倍の生産量 1,600 に増加すれば、他方は半分の 400 の操業へ、③一方が 3 倍の操業 2,400 であれば、他方は生産停止の状況となっている。なお、アンダーラインは 1 の、アッパーラインは 2 の選択可能な 2 つの戦略候補の利得を表している。

逆需要関数には相手方の産出量が含まれているから、相手の生産量がわかった段階で再調整が始まる。つまり、**クールノー競争では推測的変化はゼロだが、(手の内がわかったので)再調整は市場の需要(5-12)式を介して自らの値を修正**する。そして、利潤最大化の必要条件は、最大化問題を解くことと同じだから、各企業の最適解は(5-6)式と(5-7)式を解くことで求められる。さらに、ゼロの推測的変化(5-8)式と(5-9)式を考慮して整理すると、次の体系を得る。

$$\frac{d\pi_1}{dq_1} = 100 - 2 \cdot q_1 - q_2 = 0, \quad \rightarrow q_1 = 50 - 0.5 \cdot q_2 (q_2 = 100 - 2 \cdot q_1)$$

$$\frac{d\pi_2}{dq_2} = 80 - 2 \cdot q_2 - q_1 = 0, \quad \rightarrow q_2 = 40 - 0.5 \cdot q_1$$

これらの導出された式は、**反応関数**とか**最適反応曲線**と呼ばれる。これは、図5-1に示される。各最適反応曲線が示すことは、相手の取る戦略（たとえばここでは産出量）が与えられると、それに反応する自らの戦略が決まる。なぜなら、相手方の値から自らの最大条件を計算していることによる。たとえば、図から企業1の相手が10の産出量を選ぶとき、最適反応曲線からそれに対応する企業2の最適反応戦略は35の産出量であることがわかる。

同様に、最初に企業1が企業2の産出量を80と想定する。反応関数は、各企業の産出水準を競争相手の産出水準の関数として表したものだから、こ

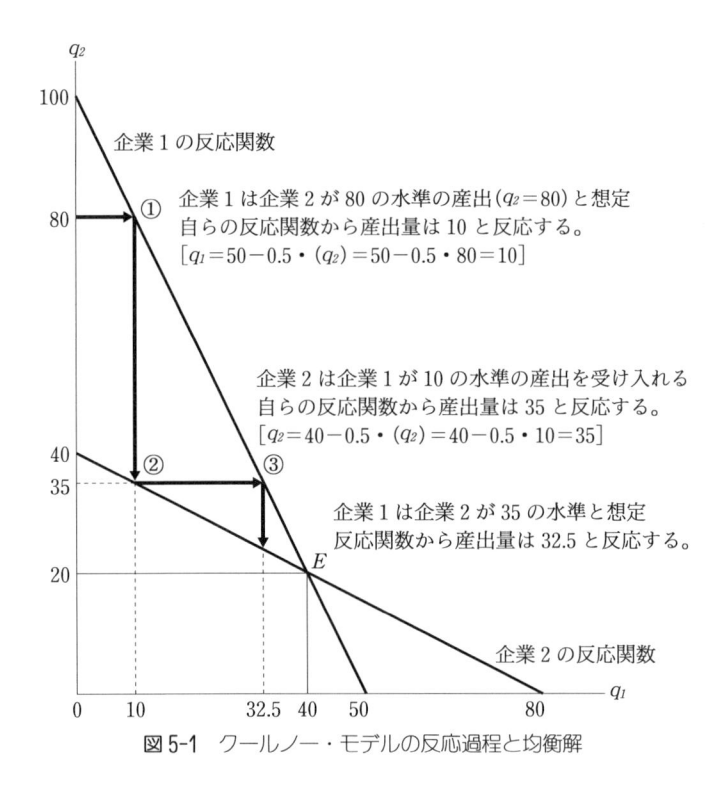

**図5-1 クールノー・モデルの反応過程と均衡解**

れに想定値を代入する。その結果，企業1の利潤極大のための産出水準は10となる。一方，10となった企業1の産出水準に企業2も反応を示す。つまり，企業1の10の産出を所与として反応関数に代入すると，企業2の最適な反応量は30となる。同じように企業1に作用するから，企業1の産出量に対する企業2の最適反応量は35となる。

このような作用と反作用はずっと繰り返されて，やがて均衡点Eで両社の調整過程は終了する。**クールノー競争における両企業の均衡産出量は，相手の需要量を見て修正しながら決定**される。つまり，動学的な調整（時間変化にともなう対応）を経て，最終的には反応関数について連立方程式を解いて求めることができる。この結果，均衡解は次のように求められる。

$q_1 = 40, \quad q_2 = 20$

そして利潤は，次のように計算される。

$\pi_1 = 100\,q_1 - (q_1)^2 - q_2 \cdot q_1 = 4,000 - 1,600 - 800 = 1,600 \quad (5\text{-}4')$

$\pi_2 = 80\,q_2 - (q_2)^2 - q_1 \cdot q_2 = 1,600 - 400 - 800 = 400 \quad (5\text{-}5')$

**価格は相手の需要量で修正されるから，この解の組合せは，両者は相手の価格に追随する者（フォロワー follower）と呼ばれ，クールノー競争のフォロワー・フォロワーの解**という。

ナッシュ均衡は，お互いに最適な反応戦略を選ぶ組合せとなっている。また，最適反応曲線の交点はこの条件を満たしているから，ナッシュ均衡の状態でクールノーの競争ゲームの解である。そのため，**同質財を扱う複占モデルでは，最適反応線の交点の組合せをクールノー・ナッシュ均衡**という。なお，ナッシュ均衡は最適な組合せを表しているもので，数値をさしているものではない。(40, 20) の組合せが最適な産出量である。

シュタッケルベルクの複占ゲーム

［キーワード］
シュタッケルベルク解

ある複占企業は，他企業が自分の生産水準を所与として（追随して）生産することを知って利潤極大化をはかる。他社が自社の戦略を与件とした最適行動のため，リーダー（先導者）・フォロワーの解ともいう。

クールノー・ゲームでは，同質な財を生産するプレーヤーが2人いて，推測的変化をゼロと仮定している。相手への読み合いはまだ始まっておらず，自律的な推測的変化は考慮されない。それゆえ，(5-1)式で与えられる同質な財に関する共通の需要関数の変化から，相互依存関係が影響を受ける。しかし，**推測的変化はゼロでないとすれば，違った分析が可能となる。**シュタッケルベルクは，リーダー（Leader 先導者）とフォロワー（Follower 追随者）の役割をプレーヤーに与えて，複占ゲームの分析をした。

このゲーム的な要素は，①リーダーは自分の産出量変化に対して，フォロワーが追随することは知っている。しかし，②フォロワーはクールノー・ゲームと同様で，推測的な変化はゼロで需要の変化から自らの算出水準を調整する。企業1がリーダーで，企業2をフォロワーとする。相手方の産出量の変化について，推測的変化をまとめると(5-14)式となる。なお，$h(q_1)$は推測的変化を織り込む反応関数といい，各複占企業の産出水準を，競争相手企業の産出水準として表す。

$$\frac{dq_1}{dq_2} = 0 \qquad \frac{dq_2}{dq_1} = \frac{dh(q_1)}{dq_1} \qquad (5\text{-}14)$$

フォロワーは，クールノーの場合と同じになる。一方，フォロワーの反応関数を$h(q_1)$として，**リーダーはフォロワーが自らの産出変化が需要変化を通じて調整することを知っているから**，$dq_2$を$dh(q_1)$に書き換えることができる。クールノー競争の例と同様，具体的な需要関数や費用関数に当てはめて比較をする。企業1の利潤関数は次のように定義された。

$$\pi_1 = 100\, q_1 - (q_1)^2 - q_1 \cdot q_2$$

これに，企業1は企業2の行動パターンは理解しているという仮定から，企業1の利潤関数に企業2の反応関数を代入することができる。これから，

企業1の利潤関数は単に企業1の産出高に依存して決まる。別な言葉でいえば、リーダー企業1は相手の産出量に何ら注意を払わず、自分勝手に決めることができる。

$$q_2 = 40 - 0.5 \cdot q_1$$
$$\pi_1 = 100\, q_1 - (q_1)^2 - q_1 \cdot (40 - 0.5 \cdot q_1) = 60\, q_1 - 0.5 \cdot (q_1)^2$$

リーダー企業1の利潤関数の極大条件を求めると、企業1の最適な生産量 $q_1$ は60となる。企業2はこれを所与として、次式のように生産調整する。

$$q_2 = h(q_1) = 40 - 0.5 \cdot q_1 = 40 - 0.5 \cdot 60 = 10$$

つまり、リーダー・フォロワーの解は(60　10)と求められる。

### リーダー・フォロワーとリーダー・リーダーの解、利潤

リーダー・フォロワーの利潤(企業1がリーダー、企業2がフォロワーの場合)は、次のように計算される。

$$\pi_1 = 100 \cdot q_1 - (q_1)^2 - q_1 \cdot q_2 = 100 \cdot 60 - 3{,}600 - 600 = 1{,}800$$
$$\pi_2 = 80 \cdot q_2 - (q_2)^2 - q_1 \cdot q_2 = 80 \cdot 10 - 100 - 600 = 100$$

反対に、企業1がフォロワー、企業2がリーダーとして、フォロワー・リーダーの場合では手順は反対となる。企業2の利潤関数に企業1の反応関数を代入して、

$$\pi_2 = 80 \cdot q_2 - (q_2)^2 - q_1 \cdot q_2 = 80 \cdot q_2 - (q_2)^2 - (50 - 0.5 \cdot q_2) \cdot q_2$$
$$= 30 \cdot q_2 - (0.5 \cdot q_2)^2$$

利潤2について、同じように1回の条件を求めれば、最適産出量 $q_2$ は30となり、企業1の産出水準は最適反応曲線から35と求めることができる。これにより、**フォロワー・リーダーの解は(35　30)**となる。また、最適な産出量を得たので、利潤式に代入してそれぞれの値を求める。

$$q_1 = h(q_2) = 50 - 0.5 \cdot q_2 = 50 - 0.5 \cdot 30 = 35$$
$$\pi_1 = 100 \cdot q_1 - (q_1)^2 - q_1 \cdot q_2 = 100 \cdot 35 - 35 \cdot 35 - 35 \cdot 30 = 1,225$$
$$\pi_2 = 80 \cdot q_2 - (q_2)^2 - q_1 \cdot q_2 = 80 \cdot 30 - 30 \cdot 30 - 35 \cdot 30 = 450$$

最後に,お互いリーダーとして生産を行った場合,これまでの計算結果から**リーダー・リーダー解の産出量は(60 30)**だから,この産出量の利潤は次のようになる。

$$\pi_1 = 100 \cdot q_1 - (q_1)^2 - q_1 \cdot q_2 = 100 \cdot 60 - 60 \cdot 60 - 60 \cdot 30 = 600$$
$$\pi_2 = 80 \cdot q_2 - (q_2)^2 - q_1 \cdot q_2 = 80 \cdot 30 - 30 \cdot 30 - 60 \cdot 30 = -300$$

産出量はどちらの場合も,リーダーになったときの方が大きい。しかし,リーダー・リーダーの立場を取った場合,どちらの利潤も最低水準となる。牛丼戦争における帰結と同じと考えられる。これは,**リーダー・リーダーによる「シュタッケルベルクの不均衡」**と呼ばれる。フォロワー・フォロワーの解が合同利潤最大となるところから,このことは企業にとって違法行為であるカルテルへの誘因となっている。

## 3. 社会関係と囚人のジレンマ

囚人のジレンマ

複占ゲームのモデルで,シュタッケルベルクのリーダー・リーダーの解について,お互い各自がよかれと思って選んだ選択であったとしても,両社の売上げ合計は,各戦略の組合せのなかで最悪の状況になっている。このような状況は,**囚人のジレンマ**と呼ばれ,**個人が合理的に行動すると,全体としてうまくいきそうであるが,最悪の方向に向かっている**という結果である。

[キーワード]
囚人のジレンマ(2)
　相手の行動に対応して自分の行動を決めるが,それぞれ自分の利益を追求すると,全体として低い利益しか達成できないこと。

合理的な個人の行動を前提とする消費活動や生産活動を考えると，意外な結論といえるかもしれない。我々が，ごく当たり前と見なすような行動も，それが集まることによっては，社会全体としてはむしろ反対の非合理的な方向に向かっていたことが明らかにできる。囚人のジレンマのオリジナルとしては，強盗事件容疑で取り調べられている2人の容疑者にかかわるストーリーである。

シーン
容疑者の2人は別々の部屋で取り調べを受けている。2人はかつて重罪を犯しているが逃れ，今回は軽微な犯罪で拘留されて囚人の扱いを受けている。警察は確証はないが，かつての重罪とのかかわりを疑っている。警察は自白を得ることによって重罪の起訴に追い込もうと考えている。しかし，2人は重い罪を恐れるから，お互い示し合わせて自白しようとはしない。
取り調べの担当者は，囚人A（容疑者A）と囚人B（容疑者B）に対して**別個に，自分だけ自白すると相手より刑を軽くすると持ちかける**。このドラマの終わりには3幕のシナリオが考えられる。

①シナリオ1
2人は共犯だが，お互い相手を信頼して，黙秘もしくは否認といった**協力をして軽微な犯罪のみで起訴されて量刑も1年間と短くなる**。
②シナリオ2
取引は，一方だけ罪状を認めれば情状が酌量されて，**裏切りの報酬は不起訴**となる。持ちかけられた側が，相手を裏切って白状すると0年の量刑ですむ。一方，相方が裏切らずに黙秘を続けると，情状がよくない理由から，**裏切られた側は15年間服役**することとなる。
③シナリオ3
この取引は双方にもたらされるから，**双方が裏切って自白してお互い10年間の服役刑**となる。

この状況で協力して軽微な刑に服すか，裏切って自分だけ不起訴になるか，この大いに悩む状況を囚人のジレンマという。利得は，先の牛丼戦争と似て

いる。利得表は，拘留年数にマイナス（−）をつけて次のように書ける。

**囚人のジレンマ・犯罪容疑者が別々に逮捕され，別個に取り調べを受ける**

| A＼B | （Bは）黙秘 | （Bは）自白 |
|---|---|---|
| （Aは）黙秘 | （−1　　−1） | （−15　　 0） |
| （Aは）自白 | （ 0　　−15） | （−10　−10） |

各人の戦略と利得について，Bは第2要素を，Aは第1要素を比較すると，

Aが黙秘ならBは自白を選ぶ　（−1＜　　0）
Aが自白ならBは自白を選ぶ　（−15＜−10）
Bが黙秘するとAは自白を選ぶ（−1＜　　0）
Bが自白するとAは自白を選ぶ（−15＜−10）

　この結果，各自が最良と考えた戦略はすべて「自白」となる。お互いよかれと考えて選んだ戦略の組合せによれば，2人にとっては最悪の結果を招くことになった。囚人のジレンマの解は，ともに自白することで，同時に支配戦略解でもある。支配戦略は各プレーヤーにとってもっともよい戦略となるはずであるが，牛丼戦争の場合と同じように，全体にとっては最適になるとは限らない。
　なお，双方自白する組合せが，**自分を中心に考えて**という意味で**非協力解**という。この解の性質から明らかなように，プレーヤーが選択するゲームの解は，各プレーヤーの個別の意志決定とかプレーヤーの戦略とは直接に関係はない。ゲームの解は，参加プレーヤーの取る戦略すべての組合せから決まる。最良の戦略または解は，参加プレーヤーの取り得る戦略の組合せから決まり，個別プレーヤーは独自に戦略を決めることはできない。
　囚人のジレンマにおける戦略決定のように，囚人としてのプレーヤーは，相手の行動を読んだ上で対応すべき2つの戦略決定をしている。また，結果はどうであれ，戦略の一致は読み合いの末，囚人にとっては互いの最良の選択といえる。先にも説明したように，同時ゲームにおいて互いの戦略を読み，

最良の戦略を選択した結果得られる戦略の組合せがナッシュ解である。

## 囚人のジレンマ解決法(1)
### やられたらやりかえす

　囚人のジレンマでは，協力して黙秘すべきか裏切るか，あるいは値下げ競争に同調するか据え置くか，という困難な問題に直面している。しかし，囚人のジレンマに勝つため，あるいは**引き分けすれすれでやや勝ち**となりそうな戦法がある。

　牛丼戦争の価格競争は，当事者である企業にとっては疲弊を招くが，消費者にとってはありがたい。しかし，価格競争について協力，非協力ということは，市場メカニズムの機能のためには許されることではない。価格維持について協力することは，価格支配力を持つことで，一般的には価格上昇をもくろむカルテルを結ぶことに相当する。これは，独占禁止法を犯すこととなり，適当な例ではない。そこで，とりあえず囚人のジレンマの例として数値のみを利用し，売上げは協力か非協力によって得られる利得とする。

囚人のジレンマ・牛丼戦争

| S＼M | 協　力 | 非協力 |
|---|---|---|
| 協　力 | ( 8　8) | ( 2　10) |
| 非協力 | (10　2) | ( 4　 4) |

　まず，このゲームについて，**でたらめに戦略を選ぶ**とすれば，利得はいくらになるだろうか。事態は利得行列から明らかなように相互に4通りあり，各事象の発生確率は4分の1(0.25または25％)である。期待値は，各利得に0.25かけた値の和となるから，次の計算から6と求めることができる。

$$(8 \times 0.25) + (2 \times 0.25) + (10 \times 0.25) + (4 \times 0.25) = 6$$

　したがって，たとえば11回でたらめにゲームを行えば，6×11＝66と利得合計の期待値は66となる。

## しっぺ返し作戦・やられたらやり返す

ここで、引き分けよりやや上で相手に勝つ方法は「しっぺ返しの戦法」という。しっぺ返しの戦法は、最初は協力から始めて、それ以降は相手の繰り出す戦略に対して、単に相手の「物まね(オウム返しをする)」を行う。

囚人のジレンマには、確固たる必勝戦略はない。戦略は4通りであるが、当事者がどれを選ぶかわからない。たとえば、2人のプレーヤーは(協力, 協力)、(協力, 非協力)、(非協力, 協力)、(非協力, 非協力)と行った利得の組合せに直面するかもしれない。これを、ある一方から見て、出たとこの利得を計算する。しっぺ返し作戦は単純なもので、

①最初は(協力)から始める。
②相手が(協力)であれば、次回は(協力)でゆく。
③相手が[非協力]であれば、次回は[非協力]でゆく。
④これをゲームの回数だけ繰り返す。

この結果は、表5-2にまとめられている。例では、最初に(協力, 協力)と始まり、残り10回2分の1ずつ協力と非協力が出現して、それに対応する

**表5-2　しっぺ返し戦略の利得例**

| 回数 | S | M | Sの利得 | Mの利得 |
|---|---|---|---|---|
| 1 | 協　力 | (協　力) | 8 | 8 |
| 2 | (協　力) | [非協力] | 2 | 10 |
| 3 | [非協力] | [非協力] | 4 | 4 |
| 4 | [非協力] | (協　力) | 10 | 2 |
| 5 | (協　力) | (協　力) | 8 | 8 |
| 6 | (協　力) | [非協力] | 2 | 10 |
| 7 | [非協力] | (協　力) | 10 | 2 |
| 8 | (協　力) | [非協力] | 2 | 10 |
| 9 | [非協力] | (協　力) | 10 | 2 |
| 10 | (協　力) | [非協力] | 2 | 10 |
| 11 | [非協力] | 協　力 | 10 | 2 |
| 合計 |  |  | 68 | 68 |

ようにしっぺ返し作戦を実行する。（相手と同じ戦略で応酬するため，オウム返しの戦略ともいわれる）この結果は合計利得が 68 になる。先のでたらめ戦略によれば利得は 66 だから，しっぺ返し作戦はやや上回っている。

「しっぺ返し作戦」の勝利が意味するところは，**協力するものには協力を，相手が非協力で裏切れば，即座に非協力に裏切り返す**というものである。「やられたらやり返す」とも理解されるが，非協力や裏切りは得策ではないということが重要である。

**国際環境問題である二酸化炭素削減に見られる囚人のジレンマ**

囚人のジレンマに陥っているとき，各当事者が最適と考える行動を取れば，全体として悪化する。排ガス規制や軍備拡張規制も囚人のジレンマの例で，ゲームの結果は，地球規模での環境破壊と軍事比率突出などの事態を招く。

二酸化炭素（$CO_2$）は産業活動のバロメーターだが，地球規模で増大してくると，地球はあたかも厚着をするかのごとく温暖化が進むといわれている。温暖化は異常気象の原因となり，大きな自然災害や氷塊の減少による海水面の上昇をもたらすという主張がある。これまで，OECD 加盟の先進工業国，BRICS 5，VISTA，TIPs，NEXT 11，……，および開発途上の国々などの成長著しいグループは*，排出規制を巡って鋭く対立してきた経緯がある。グループ間にも争いはあるが，このグループを A と B の 2 つに分けると，囚人のジレンマに陥っている。囚人のジレンマを解決する方法として交渉がある。

たとえば，

---

*国家グループ
 (1)先進工業国群
　OECD：Organization for Economic Co-operation and Development
　　先進 30 数か国加盟
 (2)成長著しいいくつかのグループ
　BRICS 5：ブラジル Brazil，ロシア Russia，インド India，中国 China，南アフリカ South africa
　NEXT 11：イラン，インドネシア，エジプト，韓国，トルコ，ナイジェリア，パキスタン，バングラデシュ，フィリピン，ベトナム，メキシコ
　VISTA：ベトナム Vietnam，インドネシア Indonesia，南アフリカ South africa，トルコ Turkey，アルゼンチン Argentina
　TIPs：タイ Thailand，インドネシア Indonesia，フィリピン Philippine

①両グループが協力して，二酸化炭素削減に取り組めば，異常気象による生産の遅延解消，災害対策費などの減少などから，3〇〇〇ドル分のGDP増加分が見込まれる。

②一方のグループは$CO_2$削減に取り組み，世界的な環境改善政策に協力するが，ほかは協力しない。協力したグループは環境対策費用を計上し，生産活動にも歯止めがかかるため国際競争力を失う。このため，10〇〇〇ドル分の損失を被る。一方のグループは費用計上もなく，生産活動も以前のまま，国際的なシェアは増加し，経済成長から5〇〇〇ドル分のGDP増加が見込まれる。

③両グループは削減に協力しない。したがって，生活・自然環境の悪化は進み，生産性の低下により4〇〇〇ドル分の損失を共通に被る。この状況を利得行列で表せば，次のように書ける。

囚人のジレンマ/$CO_2$削減の国際協調・不協調利得表

| A \ B | 協　力 | 非協力 |
|---|---|---|
| 協　力 | (3　　3) | (−10　　5) |
| 非協力 | (5　−10) | (−4　−4) |

　囚人のジレンマに陥っているため，両者が最適なナッシュ解は(−4　−4)として，非協力解を選ぶ。また，第1の解決方法によれば，どこかで掛け違って非協力な戦略を選んでしまえば，しっぺ返しの連続となる。つまり，やったらやり返すの連続となり，環境破壊は進み悪化の方向へ進んでいることは否めない。

**囚人のジレンマ解決法(2)**
**ルールの設定と交渉・罰金**
　$CO_2$削減での例題を続けよう。AグループとBグループは，とりあえず協調するため交渉のテーブルにつく必要がある。$CO_2$を減少させることは共通の利益に間違いはないから，両グループで削減するように決める。しかし，ここで**協力しなかったときの制裁や罰則を決めておく必要がある。非協力的な環境対策をとれば，実際に利得が減少するようなメカニズムを組み込**

んでおかねば，交渉の意味はない。実際の利得の減少がなければ，"だまし"の誘因があり，結局は囚人のジレンマに再び陥る。これを防ぐため，交渉違反の政策をした場合8000ドルの**罰金を相手方に支払うことが取り決められる**。交渉の罰則規定の取り決めから，利得表は次のように変更される。

交渉と罰金による利得の変化

| A＼B | 協　力 | 非協力 |
|---|---|---|
| 協　力 | ( 3　 3) | (-2　-3) |
| 非協力 | (-3　-2) | (-4　-4) |

交渉による国際ルールの変更後の状況は，
①両グループが協力すると，以前のように3000ドルの利得を得られる。
②協力した国-2000ドル，非協力-3000ドルの利得。
③両グループが非協力であれば，お互いの支払い8000ドル分は相殺されて，-4000ドルの利得は変わらない。

この利得表から，両グループはナッシュ解として，(3　3)の協力解を選ぶ。交渉によって罰金が科せられ，国際協調に実効性がともなえば協力解が得られ，囚人のジレンマを回避することができる。

囚人のジレンマに陥っている国際紛争の調停などは，罰則と交渉が利得を向上させる効果がある。つまり，**協定や約束を破った場合，効果的な罰則を科すことができない場合，制裁が機能しない場合，囚人のジレンマは解決されない。環境問題は囚人のジレンマとなっており，交渉と罰則がその解決に有効**である。$CO_2$減少の確実な実行を確認するための監視団の派遣は不可欠で，効果のある査察が必要となる。また，削減の努力に対する報酬として，売買可能な排出権の付与が行われている。排出権付与は報奨金であり，$CO_2$削減の効果がある。

現実社会においては，罰金を科すこと，監視が有効に違反を見つけ出すことは容易ではない。日常生活のどこにでも囚人のジレンマは存在し，身近であればそれだけ監視や罰金を科すことは困難になる。

# 第6章 ゲームと勝負に勝つために

## 1. ミニマックスでゲームを解く

**男女の争いと2つのナッシュ均衡**

週末のデート計画を考えているカップルがいる。男性はガールフレンドとプロ野球のゲーム観戦で過ごしたい，女性は，ボーイフレンドと繁華街でウインドウ・ショッピングをしたいと考えている。一緒に（協調して）出かけることができればよいけれど，男性は一緒に野球観戦を，女性は一緒にウィンドウショッピングすることを望んでいる。しかし，過ごし方により利得は異なる。このような**男性と女性の間の意志決定問題を男女の争い**（Battle of Sexes）という。男女の争いの例として，このデート計画の行方について，利得行列を次のように想定する。

男女の争いゲーム・週末のデートをどうするか。左が男性の利得で右が女性の利得

| 男の選択＼女の選択 | Y（プロ野球観戦） | X（W・ショッピング） |
|---|---|---|
| Y（プロ野球観戦） | (10, 5) (YY) | (0, 0) (YX) |
| X（W・ショッピング） | (0, 0) (XY) | (5, 10) (XX) |

例では，左が男性の，右が女性の利得を示している。したがって，男性Mがプロ野球観戦Yを選んだとき，女性が不本意ながらも野球観戦に同道すれば女性は利得5を，男性はデートも成立し好きな野球も見られるから10の利得を得る。しかし，女性が提案を断ってW・ショッピングを選べば，デートは成立しないから両者の利得はゼロとなる。また，可能性の1つとして，男性がW・ショッピングXを選び，女性が単独で野球観戦に行けば，

戦略の組合せは $XY$ の状況で利得は同じようにゼロとなる。女性が W・ショッピングを選び，男性も W・ショッピングに同道すると，最初の例と反対に，女性の望む方向でデートが成立して，女性の利得は 10 で，男性の利得は 5 となる。これらの結果をまとめると，

女性にとり，
　男性が野球観戦を取れば，女性も野球観戦，
　男性がショッピングであれば，女性もショッピング
男性にとり，
　女性が野球観戦を取れば，男性も野球観戦，
　女性がショッピングであれば，男性もショッピング

　ナッシュの均衡解は，相手の出方を読み合って，自分に最適になるような行動を前提としている。また，ナッシュの均衡解が達成されているとき，双方が均衡から外れると利益は減少する。一般的に，**相手方のプレーヤが何らかの戦略を選ぶとき，自分にとってもっとも利得が大きくなるような戦略を選ぶ**はずである。この選択肢は，相手の戦略に対する**最適反応**と呼ばれる。このことから，ナッシュの均衡解は，相互が繰り出す戦略に対して最適反応となっている。

　男女の争いのケースは，男性と女性でデートについての思いがあり，デートの行き先交渉をする前の状況について記述している。2 人はまだ交渉のテーブルについてはいない。利得行列の例は，相手の戦略に対して，どのような反応をしたらよいのかを単にまとめたにすぎない。男性が野球観戦をするときの女性の最適反応は野球観戦で，また，女性が W・ショッピングをするとき，男性の最適反応は W・ショッピングとなった。つまり，**野球観戦と野球観戦，W・ショッピングと W・ショッピングという 2 つの戦略の組合せがナッシュ均衡解**となっている。この例のように，ナッシュ均衡解は唯 1 つに決まるというものではない。両者のデートの行き着く先は，2 人で相談するか，後に述べる混合戦略で見つけることができる。

## ゼロサムゲーム

[キーワード]
ノンゼロサムゲーム
　ゼロサムゲームとは，ゲームの参加者が受け取る利得は一定で，合計がゼロになるゲームである。ゼロサムゲームでは，マキシミニ戦略はナッシュ均衡と一致する。

　ゲームのなかには，誰かの利得が，誰かの損失に等しくなっているものがある。つまり，プレーヤーAの利得とプレーヤーBの利得を合計するとゼロになる。このようなゲームは，ゼロサムゲームと呼ばれる。サムとは合計のsumで，零和(zero sum)ともいう。このような利得をめぐるゲームは，**あるものの利益がほかの損失となり全体の利得合計がゼロ**で，各参加者は自己の利益を最大にしようとする。または，**自分と相手の利得の和が一定，もしくは自分が勝った分だけ相手が負ける**と考えても同じことである。コインの表裏，じゃんけんなど，勝ち負けや当たり外れが二者択一的に決まるものは，ゼロサムゲームとなっている。
　プレーヤーが2人の2人和ゼロのゲーム利得について，次のような数値例を考える。例では，プレーヤーAの利得とプレーヤーBの利得合計は，どの戦略の組合せにおいてもゼロとなり，ゼロサムゲームとなっている。

|  |  | プレーヤーB | |
|---|---|---|---|
|  | 戦略の選択 | X | Y |
| プレーヤーA | X | ( 1, −1) | ( 5, −5) |
|  | Y | (−5,  5) | (−1,  1) |

## 負けを小さくすることを最重要視する戦略・マキシミニ戦略

[キーワード]
マキシミニ戦略
　マキシミニ戦略はゼロサムゲームの戦略で，最悪の事態(ミニマム)をな

んとか最善(マキシマイズ)にしようとする戦略。プレーヤーが互いにマキシミニ戦略を取れば，ナッシュ均衡を得る。

ゼロサムゲームでは，「負けを小さくすることを最重要視する戦略・マキシミニ戦略」が有効となる。この考えでは，自分の取る戦略に対して，相手は最悪の選択を取ってくると考え，それを最善の策とする戦略を考える。つまり，最悪の事態をつねに予測して，それを最善とするように，リスクを最小化することを考える。したがって，ミニマムな事態(最悪な利得)をマキシマム(最大化する)という目的から，選択される戦略はマキシミニ戦略とか反対にミニマックス戦略と呼ばれる。

①マキシミニ戦略の考え方では，各プレーヤーは，相手は自分にとってミニ値(minimum value)，つまり最悪の利得・(または最小の利得)を与える戦略を選択すると見なす。
②そのとき，最悪の利得，つまり最小の利得であるミニ値のなかで一番大きなものが得られる戦略を選び，それがマキシミニ戦略となっている。

マキシミニ戦略とマキシミニ値の求め方。プレーヤーAが戦略$X$を選択したとき，自分の利得が最悪となるのは，Bが$X$を選択した場合の1である($Y$なら5)。$Y$を選択した場合は，相手が$X$を選択した場合で，利得は$-5$となる($Y$なら$-1$)。$X$と$Y$それぞれのミニ値は1と$-5$となり，それらの最悪の事態でもっとも高い利得は1だから，プレーヤーAのマキシミニ戦略は$X$で，マキシミニ値は1となる。

| A\B | $X$ | $Y$ | |
|---|---|---|---|
| $X$ | (1, −1) | (5, −5) | 1 ← マキシミニ値 |
| $Y$ | (−5, 5) | (−1, 1) | −5 |

プレーヤーA

プレーヤーBも同じように考える。Aが$X$を選択すると，最悪の利得はAの$X$の選択による利得$-1$，$Y$の選択では$-5$となる。したがって，プレーヤーBのマキシミニ戦略は$X$で，マキシミニ値は$-1$となる。

```
              プレーヤーB
         ┌─A─┬────────┬────────┐
         │  B │   X    │   Y    │
         ├────┼────────┼────────┤
         │  X │ ( 1,-1)│ ( 5,-5)│
         │  Y │ (-5, 5)│ (-1, 1)│
         └────┴────────┴────────┘
マキシミニ値   →     -1       -5
```

　以上の結果から，マキシミニ戦略で解いた両プレーヤーの取る戦略は一致してXとなる。ゼロサムゲームでは，負けを小さくすることを重視する。しかし，相手は自分の損失を最大化するように手を打ってくる。そこで，自分の取った戦略で被る最悪の事態を考える。そのなかで，ロスの小さなものを選択する。つまりマキシミニ戦略を選ぶことによって，ゼロサムゲームの解を得ることができる。

### ゼロサムゲームとナッシュ均衡

　前の例について，一般的な通常の解法として各プレーヤーの利得を最大にするように解いてみる。つまり，相手の出方に対して，自己の最大利得は何であるかを考える。

　Aは，BがXを選べば，自分がXを選んだときの利得1とYを選んだときの利得-5を比較してXを選ぶ。BがYを選べば，利得はXの選択で5，Yでは-1だからXを選ぶ。Bは，AがXを選べば，Xの-1とYの-5を比較してXを選ぶ。AがYを選ぶとXの5とYの-1からXを選ぶ。つまり，戦略(X, X)が選ばれて，それはナッシュ均衡となっている。

```
         ゼロサムゲーム・プレーヤーAとプレーヤーB
         ┌─A─┬────────┬────────┐
         │  B │   X    │   Y    │
         ├────┼────────┼────────┤
         │  X │ ( 1,-1)│ ( 5,-5)│
         │  Y │ (-5, 5)│ (-1, 1)│
         └────┴────────┴────────┘
```

　一般的にゼロサムゲームにおけるマキシミニ解はナッシュ均衡と一致する。ナッシュ均衡の意味から考えれば，マキシミニ均衡を保っている限り，双方の戦略を変更してもさらに良い利得は得られない。なお，ここでの例はゼロ

サムゲームにおける解法であり，非ゼロサムゲームにおいて，マキシミニ戦略が常に均衡を与えるものではない。**マキシミニ解はゼロサムゲームの解であり，非ゼロサムの一般的なゲーム解はナッシュ均衡**であることに留意しなければならない。

### マキシミニとミニマックスはゲームの表と裏

ゼロサムゲームは足し算するとゼロになるから，一方を記述したら，片方は符号が異なるだけで絶対値は同じになる。したがって，ゲームの利得は，プレーヤーAかBのいずれか一方で表すことができ，次のように書ける。

プレーヤー1人の利得で表した2人和ゼロサムゲーム

| A\B | X | Y |
|---|---|---|
| X | 1 | 5 |
| Y | -5 | -1 |

または $\begin{bmatrix} XX & XY \\ YX & YY \end{bmatrix} = \begin{bmatrix} a_{11} & a_{12} \\ a_{21} & a_{22} \end{bmatrix}$

例は，プレーヤーAの利得を表していて，Aの利得が大きくなれば，それだけBの利得は小さくなる。つまり，**Aの利得表からプレーヤーBのマキシミニを求めるためには，反対の行動として，最大の値（max値）を最小とすればよい**。この値をミニマックス値という。戦略 $X$, $Y$ に対する利得 $a_{ij}$（$i$ と $j$ は1から2）について次のように求められる。

プレーヤーAの**マキシミニ戦略**（選んだ最小値を最大に）

| A\B | X | Y |
|---|---|---|
| X | <u>1</u> | 5 |
| Y | <u>-5</u> | -1 |

<u>1</u> …… $\max_{i}(\min_{j} a_{ij}) = 1$
-5

プレーヤーBの**ミニマックス戦略**（選んだ最大値を最小に）

| A\B | X | Y |
|---|---|---|
| X | <u>1</u> | <u>5</u> |
| Y | -5 | -1 |

<u>1</u>   5
$\min_{j}(\max_{i} a_{ij}) = 1$

お互いの利得行列からの戦略決定から明らかなように，Aにとってのマ

キシミニ戦略は，Bにとってのミニマックス戦略となる。なお，2人和ゼロサムゲームを解くに当たり，プレーヤーAのマキシミニ戦略は，プレーヤーBのミニマックス戦略に対して最悪の利得を与えることについては，記述方法がどうであれ変化はない。

　Aのマキシミニは選んだ値を最大化する問題で，Bのミニマックスは最小化問題となっている。すなわち，最大値と最小値が一致するところが解となり，それは図6-1で示されている。解の最大値と最小値の候補を連続的に書いてゆけば，上の図の**解の候補は乗馬の鞍のような曲面**となっている。下の図は，最大値の最小と最小値の最大の面を輪切りにしたものであるが，点Eでマキシミニとミニマックス値が等しくなっている。この**E点を，マキシミニ戦略ゲームの鞍点解**という。たとえていえば，ビー玉をE点に置けば静止するが，ひとたびこの点から離れると，鞍の傾斜によって滑り落ちてしまう。したがって，ただE点だけがゲームの解になっている。

## 2. バッターとピッチャーの対決

### 野球をゲームの理論で考える

　ゲームの理論を応用してミニマックス解などを探すことは，スポーツの戦術に利用することができる。たとえば，二死満塁フルカウントで，バッターとピッチャーは，どのような球を待ち，どのように投げるべきか。ピッチャーは決め球としての速球とタイミングを外すためのカーブを戦略として持っている。バッターは，速球にもカーブにもうまく対応して打つことができる。しかし，どれを投げるか，どの球を待って打つかはでたらめであり確率的に現れる。

　一般に，ピッチャーの配球とバッターの読みが一致すると，得点確率が上昇する。速球には速球，カーブにはカーブを予測して，読みが当たり打球が飛べばヒットが出る確率が上がり点数が入りやすい。このことから，**バッターの利得は打つ確率，ピッチャーの利得は打たれない確率**といえる。大事なことは，ヒットになるかどうかより，得意な球を打ち返せるかどうかである。

160　第6章　ゲームと勝負に勝つために

　戦略として，表6-1にあるように，速球の配球に対して速球の読みによる打撃，カーブの読みの打撃，カーブの配球に対して速球，カーブを読んでいた打撃の4通りが考えられる。ピッチャーの利得は打たれない確率，バツ

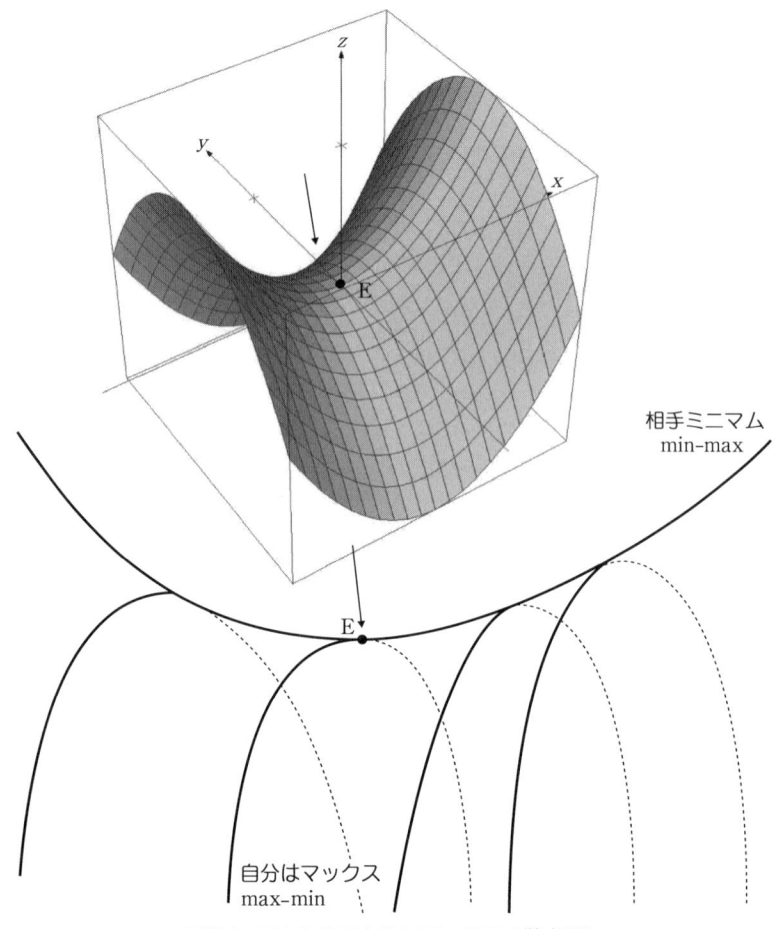

相手ミニマム
min-max

自分はマックス
max-min

**図6-1　マキシミニとミニマックスの鞍点解\***

　「最大を最小にするminimax」＝「最小を最大にするmaxmini」の関係は「乗馬の鞍」とか「馬の背」にたとえられる。上から見ればもっとも低い点（最小点）と下から見ればもっとも高い点（最大値）が等しくなるのは，E点の1か所のみでそこを鞍点（あんてんsaddle point）という。

＊グラフィックスは，(C)2009 Keisuke Wada, FunctionView Ver.5.76 を使用して作成

### 表6-1 打者と投手のゲーム（ミニマックス解）——投手は直球かカーブか

野球のゲームで投手と打者が向かい合っている。相手の投手は大きな変化のカーブが武器である。打席に立っている打者は直球が得意な選手で，次の配球を予想するが，直球を予想して読みが当たれば90％の確率で打ち返すことができる。しかし，直球を予想してカーブが配球されると，20％しか打ち返せない。また，カーブを予想して直球がくれば40％，予想が当たりカーブがくれば70％の確率で打ち返すことができる。

投手にとっては配球に何らかの考慮や法則性を考えているかもしれないが，打者にとってはでたらめで，何がくるのかわからない。投手の利得は打たれない確率，打者は打ち返す確率が利得となる。

投手の配球を読み，予想の球を打ち返して得点のチャンスを
打者の利得は打ち返す確率・投手の投げる配球を読めば高い

成功：投手・直球を投球　　打者・直球の読み　　打てる確率は高い（0.2　**0.9**）
　　　：投手・カーブを投球　打者・カーブの読み　打てる確率は高い（0.3　**0.7**）
失敗：投手・カーブを投球　打者・直球の読み　　打てる確率は低い（0.8　**0.2**）
　　　：投手・直球を投球　　打者・カーブの読み　打てる確率は低い（0.6　**0.4**）

直球が得意な打者の利得（打ち返せる確率）……読みが当たり，予想と配球が一致すると利得は大きい

| 打者＼投手 | 直球を投げる | カーブを投げる |
|---|---|---|
| 直球の予想 | 90 | 20 |
| カーブの予想 | 40 | 70 |

打者の読みに対して，予想を外す配球で打ち取るチャンスを
投手の利得は打たれない確率・打者の読みを外せば確率高い

成功：打者・直球の読み　　投手・カーブの投球　抑える確率は高い（**0.8**　0.2）
　　　：打者・カーブの読み　投手・直球の投球　　抑える確率は高い（**0.6**　0.4）
失敗：打者・直球の読み　　投手・直球の投球　　抑える確率は低い（**0.1**　0.9）
　　　：打者・カーブの読み　投手・カーブの投球　抑える確率は低い（**0.3**　0.7）

カーブに威力のある投手の利得（打たせない確率）——予想と配球が外れると利得は大きい

| 打者＼投手 | 直球を投げる | カーブを投げる |
|---|---|---|
| 直球の予想 | 10 | 80 |
| カーブの予想 | 60 | 30 |

ターの利得は打つ確率とする。たとえば，利得表を次のように想定する。例において，バッターが直球を予測してピッチャーがその通り投げたら，ヒットの確率は90％，したがって打てない確率は10％として，(0.9, 0.1) となる。また，直球を予想してカーブが配球されれば，ヒット確率は20％に低下して，打てない確率は80％となり，利得は (0.2, 0.8) となる。

| バッター＼ピッチャー | 直　球 | カーブ |
|---|---|---|
| 直　球 | (0.9, 0.1) | (0.2, 0.8) |
| カーブ | (0.4, 0.6) | (0.7, 0.3) |

マキシミニとミニマックスが一致せず，純粋戦略解が見つからない

［キーワード］
ノンゼロサムゲーム
　ノンゼロサムゲームとは，ゲームの参加者が受け取る利得は一定であるが，ゼロにはならないゲーム。ノンゼロサムゲームでは，マキシミニ戦略とナッシュ均衡は必ずしも一致しない。

　ピッチャーAとバッターBの**直球とカーブの配球と打ち返しの攻防**を考える。そのときの作戦や戦略からの利益は，表6-1にあるとおり，次のように示される。ミニマックス原理でこの問題を解けば，バッターから見て解くマックスミニ(max-min)戦略とその反対であるミニマックス(mini-max)戦略は次のようになるが，これらは一致しない。

バッターの利得

|  | 直　球 | カーブ |  |
|---|---|---|---|
| 直　球 | 0.9 | 0.2 | 0.2 |
| カーブ | 0.4 | 0.7 | 0.4 ……$\max_{i}(\min_{j} a_{ij}) = 0.4$ |
|  | 0.9 | 0.7 ……$\min_{j}(\max_{i} a_{ij}) = 0.7$ |  |

　この利得の場合，マックスミニとミニマックスは一致せず，純粋戦略による解は存在しない。堂々めぐりの勝負となる。たとえば，同種の球種対決であればバッターは戦略を変えてることによって，異なる球種対決であればピッチャーは戦略を変えてることによって利得の向上が見込まれる。つまり，このゲームには純粋戦略による解はない。

混合戦略とマキシミニの併用

[キーワード]

混合戦略,スポーツの戦略

　ノンゼロサムゲームではマキシミニ解が見つからない場合が多く,ナッシュ均衡を達成するための混合戦略を使う。混合戦略では,単一の戦略(純粋戦略)に決めず,確率的に複合戦略を選ぶ。

　スポーツがエキサイティングなほど純粋戦略は存在せず,混合戦略による戦略の組合せを求める場合が多い。純粋戦略で片がつけば,ゲームはつまらない。

　マキシミニを使っても最適解が見つからない場合が多いから,**混合戦略とマキシミニを併用して,さまざまな戦略を組合せることでゲームのナッシュ解を見つける**ことができる。戦術を変えることによって利得の変化があるから,ナッシュ均衡解は存在しない。スポーツゲーム一般では,**混合戦略を使うことで利得を最大にすることが可能**となる。

　まず,ピッチャーの混合戦略を考える。直球を確率 $p$ で選び,カーブを $(1-p)$ の確率で選ぶとする。これにより,直球とカーブを投げるときのバッターの期待値を計算することができる。ピッチャーはバッターの期待値を先読みして,確率を計算する。

(ピッチャーが先読みする)バッターの利得

|  | 直球 | カーブ |
|---|---|---|
| 直球 | 0.9 | 0.2 |
| カーブ | 0.4 | 0.7 |

ピッチャーが直球を投げる場合のバッターの期待値

$$0.9 \times p + 0.2 \times (1-p) = 0.2 + 0.7 p \tag{6-1}$$

ピッチャーがカーブを投げる場合のバッターの期待値

$$0.4 \times p + 0.7 \times (1-p) = 0.7 - 0.3 p \tag{6-2}$$

ピッチャーの投げる球種の期待値について,(6-1)式と(6-2)式を解けば

$p$ は 0.5 となり，これが求める最適戦略の値となる。なぜなら，この確率を(6-1)式と(6-2)式に代入すると，期待値は双方 0.55 となる。つまり，期待値は同じで，直球であろうとカーブであろうと，戦略は無差別である。

もし，直球 0.4，カーブ 0.6 であれば，

直 球 予想：$0.2 + 0.7p = 0.2 + 0.28 = 0.48$
カーブ予想：$0.7 - 0.3p = 0.2 - 0.12 = 0.08$

両者を比較すると，より大きな期待値を得るから直球を投げるべきである。つまり，バッターは直球狙いで期待値が高まる。ところが，これはゲームの解としては適切なものではない。ピッチャーも同様に，バッターの打ち返しを先読みするから，先読みの過程で球種は変更される。したがって，直球 0.4 は最適な解にはならない。

バッターの立場で同じように混合戦略を求めてみれば，バッターの利得は

（バッターが先読みする）**ピッチャーの利得**

|  | 直 球 | カーブ |
|---|---|---|
| 直 球 | 0.1 | 0.8 |
| カーブ | 0.6 | 0.3 |

バッターが直球を打ち返す場合のピッチャーの期待値

$$0.1 \times p + 0.6 \times (1-p) = 0.6 - 0.5p \qquad (6\text{-}3)$$

バッターがカーブを打ち返す場合のピッチャーの期待値

$$0.8 \times p + 0.3 \times (1-p) = 0.3 + 0.5p \qquad (6\text{-}4)$$

(6-3)式と(6-4)式を解けば，バッターの解では最適戦略としての確率は 0.3 となる。

### 混合戦略の解を図から求める

これは図 6-2 のように，図解も可能である。混合戦略について横軸はバッターの直球勝負の確率 $p$，縦軸にバッターの得点期待利得を表す。（A）と

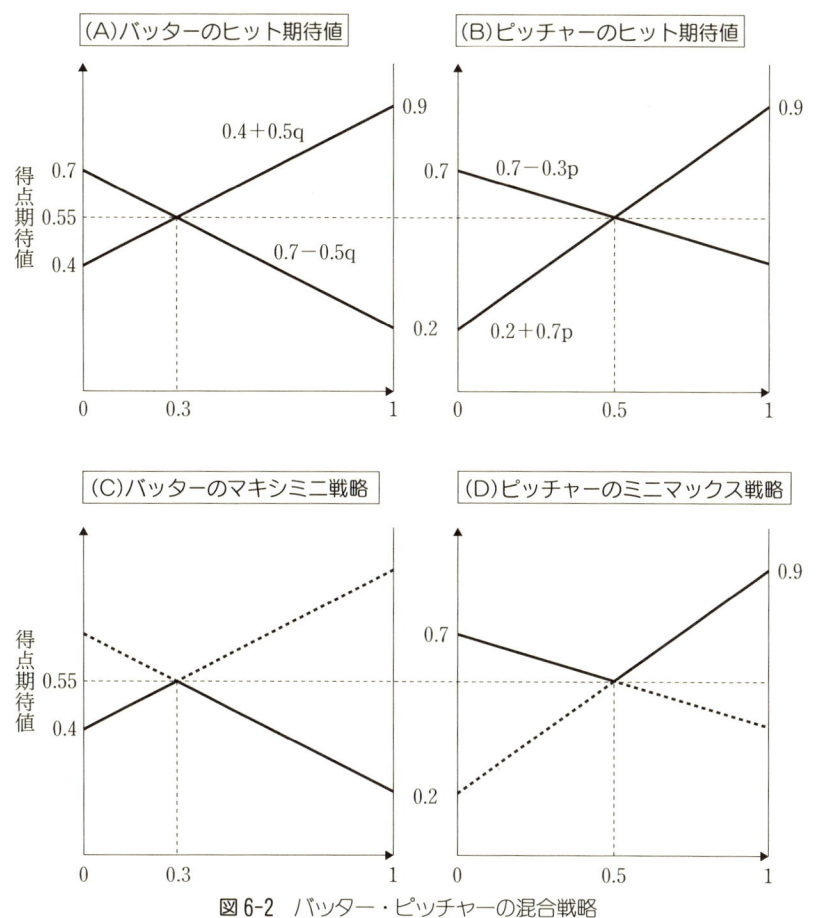

## 2. バッターとピッチャーの対決　165

**(A) バッターのヒット期待値**

$0.4 + 0.5q$
$0.7 - 0.5q$

**(B) ピッチャーのヒット期待値**

$0.7 - 0.3p$
$0.2 + 0.7p$

**(C) バッターのマキシミニ戦略**

**(D) ピッチャーのミニマックス戦略**

**図 6-2** バッター・ピッチャーの混合戦略

　バッターの直球とカーブを打ち返す期待値を等しくさせる確率は 0.3 で，そのときの得点期待値は 0.55 となる。ピッチャーの同じ確率は 0.5 と求まり，それは失点として 0.55 となり，両者の期待値は 0.55 で均衡化してナッシュ均衡にあることがわかる。

　バッターは最小化をはかってくる得点を最大化しようとし，ピッチャーは被る最大失点の最小化をはかる。かくして，バッターは山型のマキシミニを，ピッチャーは谷型のミニマックス戦略を選ぶ。

　(B)で，直球とカーブがバッターに打ち返されるピッチャーの期待利得は，(6-1)式と(6-2)式の交わるところで 0.55 となり，直球配球の確率は 0.5 である。バッターの直球とカーブを打ち返す期待利得は，(6-3)式と(6-4)式の

交わるところで，まったく同値の 0.55 となり，直球配球の確率は 0.3 となる。また，バッターは最小化をはかってくる得点を最大化しようとし，ピッチャーは被る最大失点の最小化をはかる。かくして，バッターは山型のマキシミニ(C)を，ピッチャーは谷型のミニマックス戦略(D)を選ぶ。

このゲームには，最初にはマキシミニの解はなかったが，確率を入れて混合戦略を作成すると，ナッシュ解を求めることができる。つまり，**ピッチャーは，五分五分の配球勝負をして，バッターは直球勝負が 30％，カーブ勝負が 70％のところでナッシュ均衡**となっている。最適戦略からは，シーズンを通してピッチャーは得意のカーブに偏らず配球し，バッターはピッチャーの得意なカーブで勝負することを示唆している。

## 3. サッカー PK 合戦の戦略

### サッカーとゲームの理論

サッカーの PK 合戦では，キッカーのシュートの成功とキーパーのセーブの成功が，勝利を決定するゼロサムゲームとなっている。数値例は表 6-2 に示され，利得の例では，野球の場合と同様にお互いに最良となるような戦略の組合せは見つからない。例では，キーパーが右に飛べば，キッカーは（0.3 ），（0.7 ）の利得を比較して左方向に蹴る。キッカーが左なら（ 0.1），（ 0.8）の利得を比較して左へ飛ぶ。同じ方向であれば，キッカーは蹴る方向を反対にして戦略を変えた方が，高い利得を得ることができる。同じように，お互いに違う方向であれば，キーパーは同じ方向に飛ぶように戦略を変えた方がよい。つまり，どれかの戦略が示されれば，ほかの戦略を選ぶことで，他方のプレーヤーの利得は改善される。このように，ナッシュ解の性質から，**サッカーの PK 戦では，ナッシュ解を見つけることはできない**。

解が見つからない場合は，一種の賭に出て，「一か八か」の作戦をとる。たとえば，じゃんけんも最適な解を見つけることができない。自分がグーなら相手はパー，自分がパーを出せばすかさず相手はチョキを出す。パーにはチョキで対応する。チョキにはグーとなり，必勝の手の内は存在せず，す

### 3. サッカー PK 合戦の戦略    167

**表 6-2**　サッカー PK 戦の同時ゲーム・キッカーは右に蹴るべきか左に蹴るべきか

　サッカーの試合で PK 戦の場合，キッカーはキーパーの守備の及ばない，左右上下の端に蹴り込みたい。シュートのボールは大変な早さで飛んでくるから，飛んでくる軌跡を見て判断しては間に合わない。キーパーはキッカーの蹴る方向を予測して，蹴った瞬間にどちらかに飛んで，ゴールを阻止したい。

　ただし，キッカーがキーパーの読みを外して反対側に蹴り込んでも，必ずしも得点できるわけではない。また，キーパーがキッカーの読みを当てて同じ方向に飛んでも，必ずセーブできるとは限らない。そこで，キッカーの得点できる確率，キーパーのセーブできる確率を利得と考える。利得は確率であるから，シュートの成功率とキーパーのセーブ率（シュート失敗率）の合計は 1 となる。

**キーパーの飛ぶ反対方向に蹴れば得点のチャンスが**
　　キッカーの利得はゴールする確率・**蹴る飛ぶ方向が反対なら高い**
　　成功：キッカー右　キーパー左の得点の確率は高い──（ **0.9**　0.1）
　　　：キッカー左　キーパー右の得点の確率は高い──（ **0.7**　0.3）
　　失敗：キッカー右　キーパー右の得点の確率は低い──（ 0.3　0.7）
　　　：キッカー左　キーパー左の得点の確率は低い──（ 0.2　0.8）

**キッカーの蹴る方向に飛んでセーブを**
　　キーパーの利得はゴールされない確率・**蹴る飛ぶ方向が同じなら高い**
　　成功：キッカー右　キーパー右の得点の確率は低い──（0.3　**0.7**）
　　　：キッカー左　キーパー左の得点の確率は低い──（0.2　**0.8**）
　　失敗：キッカー右　キーパー左の得点の確率は高い──（0.9　0.1）
　　　：キッカー左　キーパー右の得点の確率は高い──（0.7　0.3）

**右方向に蹴るのが得意なキッカーとの PK 戦の利得表**

| キッカー＼キーパー | 右方向 | 左方向 |
|---|---|---|
| 右方向 | キッカー右に蹴り　キーパー右へ飛ぶ　キーパー読み勝ち | キッカー右に蹴り　キーパー左へ飛ぶ　ゴール確率は高い |
| 左方向 | キッカー左に蹴り　キーパー右へ飛ぶ　ゴール確率は不得意な左足しだい | キッカー左に蹴り　キーパー左へ飛ぶ　キーパー読み勝ち |

| キッカー＼キーパー | 右方向 | 左方向 |
|---|---|---|
| 右方向 | (0.3　0.7) | (0.9　0.1) |
| 左方向 | (0.7　0.3) | (0.2　0.8) |

くみあいの状況である。一か八かの勝負では，偶然を考慮して（でたらめに），確率的に手を出すかもしれない。たとえば，じゃんけんでは，続けて同じ手を出すことは少ないとされているので，最初はグーと始まると，次はチョキ（$P$）またはパー（$1-P$）が出る確率をそれぞれ50%として，手を出すかもしれない。

### キーパーはどちらに跳ぶべきか

キーパーはキッカーの立場で考えて，キーパーが跳ぶときのキッカーの期待値を"読んで"，自分の跳ぶ方向を考える。具体的には，キッカーの考えている期待値をまず予測する。**キーパーが右に跳ぶ確率を $p$，左を $(1-p)$ とおけば**，

キーパーの混合戦略（キーパーはキッカーの期待値を読む）

| 蹴る\跳ぶ | 右 $p$% | 左 $(1-p)$% |
|---|---|---|
| 右 | (0.3　0.7) | (0.9　0.1) |
| 左 | (0.7　0.3) | (0.2　0.8) |

右に蹴ったキッカーの期待値
$0.3 \times p + 0.9 \times (1-p) = 0.9 - 0.6p$
左に蹴ったキッカーの期待値
$0.7 \times p + 0.2 \times (1-p) = 0.2 + 0.5p$

キーパーは，右に $p$%，左に $(1-p)$% 跳ぶ。キッカーはそれに対応して右か左に蹴り込んだときのゴールの可能性を考える。キーパーは，このキッカーの考えている可能性（期待値）を"読んで"いる。

たとえば，キーパーが跳ぶ確率 $p$ を50%の五分五分とキッカーが期待すると，キッカーの期待値の式に確率を代入して，左と右に蹴ったときの期待値が求められる。

　　右に蹴る　　$0.9 - (0.6 \times 0.5) = 0.60$
　　左に蹴る　　$0.2 + (0.5 \times 0.5) = 0.45$

キーパーが左右に跳ぶ確率が50%とキッカーが予想した場合，キッカーは右に蹴った方がよい。50%確率の期待値比較では，キッカーは右に蹴った方が大きい。しかし，この確率で跳べばキーパーが不利になることをキー

パー自身も知っているから，右側に跳ぶことはない。そして，どちらかがよくなる可能性がある，すなわちキッカーが有利だから，この戦略は解にはならない。重要なことは，PK戦のゲーム解は，キーパーとキッカーがお互いの手の内を読み合って，行き着く同じ先を求めることである。

　右に蹴られたら，キッカーの期待値の方が高くなることをキーパーも読んでいるから，キーパーも右に跳ぶことは容易に想像できる。したがって，**左右どの方向に跳んでも，期待値が同じ水準であるところが，ゲームの解**となる。つまり，期待値が同じであれば，キッカーもキーパーもほかの戦略に変更することはないからである。

**（キッカーの期待値をもとにした）キーパーのゲーム解**
**右へ蹴ったときの期待値 = 左へ蹴ったときの期待値**
を満たす蹴る方向確率

　この解は，左右に蹴った期待値が一致する確率を求めればよい。つまり，

$$0.9 - 0.6 \times p = 0.2 + 0.5 \times p \qquad (6\text{-}5)$$

　左右どちらでも同じ得点確率になる蹴る方向は，$0.7 = 1.1p$ から，右へ跳ぶ確率 $p$ は $0.7/1.1$ として約 63.6% となる。つまり，キッカーの期待値をキーパーは読んでいるから，右に 63.6% 左に 36.4%（100-63.6）の確率で跳ぶ。かくして，この確率で跳べば，キッカーの得る期待値はキーパーにとって同値となり，被る損害は同じになる。そして，得点期待値は，次のように求めることができる。

$$0.9 - 0.6 \times 0.6363 = 0.9 - 0.18180 ≒ 0.5182$$
$$0.2 + 0.5 \times 0.6363 = 0.2 + 0.31815 ≒ 0.5182$$

　この結果，1-0.5182 = 0.4818 として，**キーパーのゴール阻止確率は 48.18%** となることがわかる。

### キッカーはどっちに蹴るか

キッカーの混合戦略も同じように考える。キッカーはキーパーの立場で考えて，キーパーが跳ぶときのキーパーの考えている期待値を"読む"。**キッカーが右に蹴る確率を $q$，左を $(1-q)$ とおけば，キーパーの期待値は，**

**キッカーの混合戦略（キッカーはキーパーの期待値を読む）**

| 蹴る＼跳ぶ | 右 | 左 |
|---|---|---|
| 右 $q$% | (0.3 (0.7)) | (0.9 (0.1)) |
| 左 $(1-q)$% | (0.7 (0.3)) | (0.2 (0.8)) |

右に跳んだキーパーの期待値　　　左に跳んだキーパーの期待値
$0.7 \times q + 0.3 \times (1-q) = 0.3 + 0.4q$　　$0.1 \times q + 0.8 \times (1-q) = 0.8 - 0.7q$

キッカーは，右に $q$%，左に $(1-q)$% で蹴る。キーパーもそれに対応して右か左に跳んだときのゴールセーブの可能性を考える。キッカーもこのキーパーの考えている期待値を予想している。ゲームの解は同じ手順で求まる。

（キーパーの期待値をもとにした）キッカーのゲーム解

**右へ跳んだときの期待値 ＝ 左へ跳んだときの期待値を満たす蹴る方向確率**

解は左右に跳んだ場合の各々の期待値が一致する確率を求めればよい。

$$0.3 + 0.4 \cdot q = 0.8 - 0.7 \cdot q \tag{6-6}$$

式を整理して，$1.1q = 0.5$ から，$q = 45.45$% を得る。この確率から得られる**キッカーのゴールの期待値は 48.18%** として，次のように計算される。

$$0.3 + 0.4 \times 0.4545 = 0.3 + 0.18180 = 0.4818$$
$$0.8 - 0.7 \times 0.4545 = 0.8 - 0.31815 \fallingdotseq 0.4818$$

PK戦の混合戦略から明らかになったことを整理すれば，次のようにまとめられる。

キーパーは，左に 63.6%，右に 36.3%跳ぶ
　　キッカーは，左に 54.5%，右に 45.5%蹴る
　　**キーパーのゴール阻止確率は 48.18%**
　　**キッカーのゴールの期待値は 51.82%**

　キーパーの混合戦略は，キッカーの期待値を読み，それをもとにゲーム解を考えた。そこでは，キッカーの右へ蹴ったときの期待値と左へ蹴ったときの期待値を等しくするように，左右へ跳ぶ確率を計算した。

### 得意な手の内を使わない理由は
　キッカーの混合戦略も対照的に，キーパーの期待値をもとに，ゲーム解を考えた。キーパーの右へ跳んだときの期待値と左へ跳んだときの期待値を満たす蹴る方向確率を解いた。キーパーやキッカーの跳ぶ・蹴る左右の方向の確率が求まり，各々の得点阻止確率と得点確率を求めたところ，両者は一致してナッシュ均衡が成立している。この解の比率から外れたアクションをとれば，どちらかは良化してほかは悪化することになる。

　なお，本来得意であるはずの右キックに比べ，解では左方向に蹴ることが最良な解となっていることに気をつけなければならない。このことは，**キーパーはキッカーが右に得意であることを先読みしてくるため，つまり右を警戒していることは明らかなため，左へ蹴る方が期待値が高まる**ことにほかならない。また，右か左かどちらか一方が単一な解ではない。**キッカーの行動を先読みするキーパーに対して，シーズン中は左右の比率が最終的に左 63.6%と右 36.3%と蹴れば，キッカーの期待利得は最大となり，キーパーより利得が悪化することはない**。

### 最適応答グラフで解を見つける
　解が示すところによれば，このコンビのキーパーとキッカーが一騎打ちになる場合，シーズン中通してキーパーが左に 63.6%跳び，右に 36.3%の比率で跳べば，ゴールの阻止がもっとも高くなる可能性が高い。つまり，キーパーにとって，最大損失としてのゴールを最小化できる。また，キッカーは，

左方向に 54.5%右方向に 45.5%の比率で蹴り込めば，獲得ゴールの最大化を可能にできる。すなわち，最小利得としてのゴールを最大化することが可能になるはずである。

図 6-3 は PK 戦のゲーム解について図で解く方法で，代数を用いる方法と同じである。たとえば，上はキーパーのとるべき混合戦略を示しており，キーパーの抱くキッカーが右へ蹴ったときの期待値 $0.9-0.6 \cdot p$ と左へ蹴ったときの期待値 $0.2+0.5 \cdot p$ について，グラフで表している。交点では，(6-5)式の期待値が一致している。この図は，**最適応答グラフ**とも呼ばれる。

図の期待利得からわかることは，キッカーが右へ蹴る確率が $q > 45.45\%$ と大きければ，キーパーが右へ跳ぶ確率も大きく，キッカーの利得は悪化する。反対に，左へ蹴る確率が $q < 45.45\%$ と低くなれば，キッカーの利得は悪化する。**キーパーはキッカーにとって，最悪な得点期待値（利得）をもたらす戦略をとってくると考え，そのなかで最大の得点期待値を得られるような戦略を考える。**つまり，図の実線の山型の線がミニマムの集まりとなる。そして，最悪のなかでも最良のものを選ぶ戦略，つまりミニマックスな戦略の解は，山の頂上の交点で，右へ 45.45%蹴り，ゴールの期待値は 0.4818 となる。

キーパーも同じように，しかし反対に考える。キッカーの戦略は自分に最悪の利得をもたらす。しかし，**相手のゴールの最大期待値を最小化**しなければならない。この戦略は左右に蹴った期待値を表す直線が交わる点で与えられる。代数で解いた場合と同じように，解は右へ 63.6%跳び，利得としての得点阻止確率は 48.18%（1 − 0.5182）となる。

## 4. スポーツと恋愛のゲームの理論

### アメリカンフットボールとテニス

アメリカンフットボールは，100 ヤード（91.4 m）のフィールドでの陣取り合戦である。オフェンスとディフェンスに分かれ，オフェンスは 4 回の攻撃中に最低 10 ヤード陣地を敵陣に広げることで，攻撃権を維持できる。オフェンスは，自陣の始まりであるエンドゾーンからボールを支配して，100

4. スポーツと恋愛のゲームの理論　173

**キーパーの混合戦略**

ゴールの期待値

0.9
右へ蹴ったときの期待値
$0.9 - 0.6 \cdot p$
0.7
minmax
0.5182
0.3
左へ蹴った
ときの期待値
$0.2 + 0.5 \cdot p$
0.2

最大損失の最小化戦略

0　　　　　　　0.636　　　1
右方向への確率

**キッカーの混合戦略**

ゴールの期待値

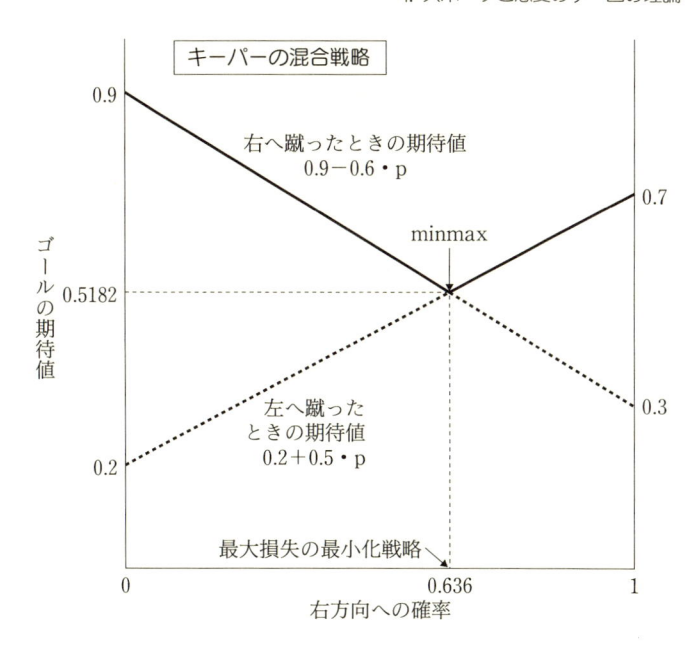

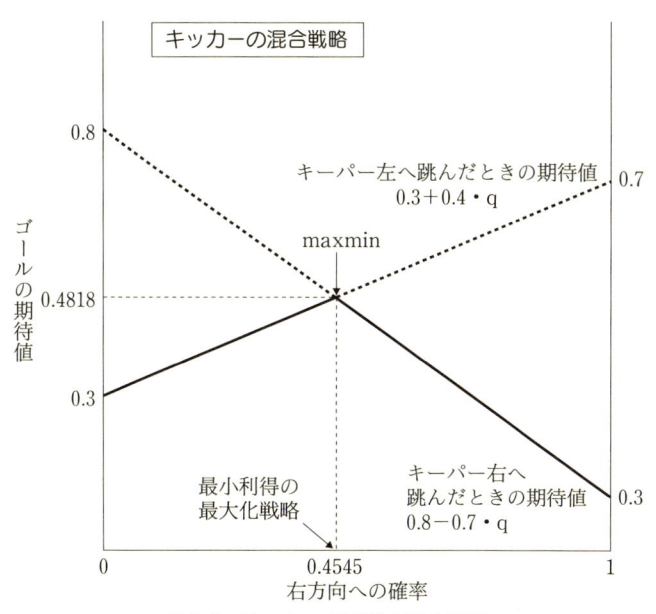

0.8
キーパー左へ跳んだときの期待値
$0.3 + 0.4 \cdot q$
0.7
maxmin
0.4818
0.3
キーパー右へ
跳んだときの期待値
$0.8 - 0.7 \cdot q$
0.3

最小利得の
最大化戦略

0　　　　　0.4545　　　　1
右方向への確率

図 6-3　サッカー PK 戦の混合戦略

ヤード突破して相手のエンドゾーンにボールを持ち込めば得点6を得る。ボールのキープは，自ら持って走り陣地を広げる「ランプレー戦略」と，前方にいるオフェンスに投げ渡す「パスプレー戦略」がある。ディフェンスは身を挺してランを阻止し，パスの落下点でオフェンスにボールが渡らないよう邪魔をするか横取りをもくろむ。オフェンスが4回の攻撃で10ヤード進めなければ，攻守交代する。

実際のゲームでは，4回の攻撃権保有の間に戦略を合成したり，ゲームルールに基づく駆け引きなどがあり，使われる戦略は単純ではない。パスにしても，ショート，ミディアム，ロングと，大まかに分けても3種類ある。さらに，攻撃権を失っても失地回復するためのパント，残り少ない時間で点数を稼ぐフィールドゴールなどのキックがある。また，キックせずに攻撃権維持を目的にパスかランに賭けるギャンブルがある。

アメリカンフットボールでは，オフェンスのパスやランによる獲得ヤードはディフェンスの負の利得となるから，オフェンスとディフェンスによるゼロサムゲームとなっている。したがって，単一の戦略（純粋戦略）が見つからなくても，**アメリカンフットボールでは，混合戦略によってナッシュ解を見つけることができる**。オフェンスの獲得する利得をヤード数で書けば（またはディフェンスが失うヤード数として），たとえばある攻撃期間（ダウン）に次のような利得表が書ける。

**オフェンスの利得**

|  |  | ディフェンス | |
|---|---|---|---|
|  |  | ランディフェンス | パスディフェンス |
| オフェンス | ラン | 4ヤード | 12ヤード |
|  | パス | 20ヤード | 8ヤード |

前の例と同じ解き方で，オフェンスは確率$P$でラン攻撃，確率$(1-P)$でパス攻撃をすれば，ディフェンスは確率$Q$でランディフェンス攻撃，確率$(1-Q)$でパスディフェンスをする混合戦略を考える。オフェンスにとって，ラン攻撃をする期待利得は$4 \cdot P + (1-p) \cdot 12 = 12 - 8 \cdot P$，パス攻撃の期待利得は$20 \cdot P + (1-p) \cdot 8 = 12 \cdot P + 8$。したがって，

$$12-8\cdot P > 12\cdot P+8 \quad P < 0.4 \ \cdots\ ランオフェンス$$
$$12-8\cdot P = 12\cdot P+8 \quad P = 0.4 \ \cdots\ ラン・パスどちらも可(混合)$$
$$12-8\cdot P < 12\cdot P+8 \quad P > 0.4 \ \cdots\ パスオフェンス$$

一方,ランディフェンスの期待利得は$-4\cdot Q-(1-Q)\cdot 20 = -20+16\cdot Q$,パスディフェンスの期待利得は$-12\cdot Q-(1-Q)\cdot 8 = -4\cdot Q-8$だから,

$$-20+16\cdot Q > -4\cdot Q-8 \quad Q > 0.6 \ \cdots\ ランディフェンス$$
$$-20+16\cdot Q > -4\cdot Q-8 \quad Q = 0.6 \ \cdots\ ラン・パスどちらでも可$$
$$-20+16\cdot Q < -4\cdot Q-8 \quad Q < 0.6 \ \cdots\ パスディフェンス$$

求められた関係を最適応答で図解すると,図6-4となる。オフェンスのラン攻撃40%,ディフェンスのランディフェンス60%選択が,純粋戦略の選択では達成し得なかったナッシュ均衡となっている。

テニスのプレーヤーは,フォアがバック,ストレートかクロスなどのさまざまな組合せからショットを決める。アメリカンフットボールと同様,作戦は単純ではない。たとえば,ファーストサーブで,フラットでフォアを狙い,トップスピンでバックを狙う戦略があり,サーブの成功率が次のような場合であった。

サーブの成功率

|  |  | レシーバー | |
|---|---|---|---|
|  |  | フォア | バック |
| サーバー | フラット | 60% | 70% |
|  | トップスピン | 90% | 30% |

フラットでフォアやセンターを狙う確率を$P$,トップスピンでバックを狙う確率を$Q$とする。同じ方法で解けば,$P = 4/7$,$Q = 6/7$が混合戦略の解となる。

### 支配戦略，ナッシュ均衡，ミニマックス戦略

ゲームの事象について一方的な支配戦略が存在するというわけではない。相手に支配戦略があって，自分に支配戦略がない場合，どのようにしたらよいか。相手は絶対的な優位を持っていて，こちらの選択できる戦略では利得の大きさで相手を打ち負かすことができない。さらに，双方に支配戦略がな

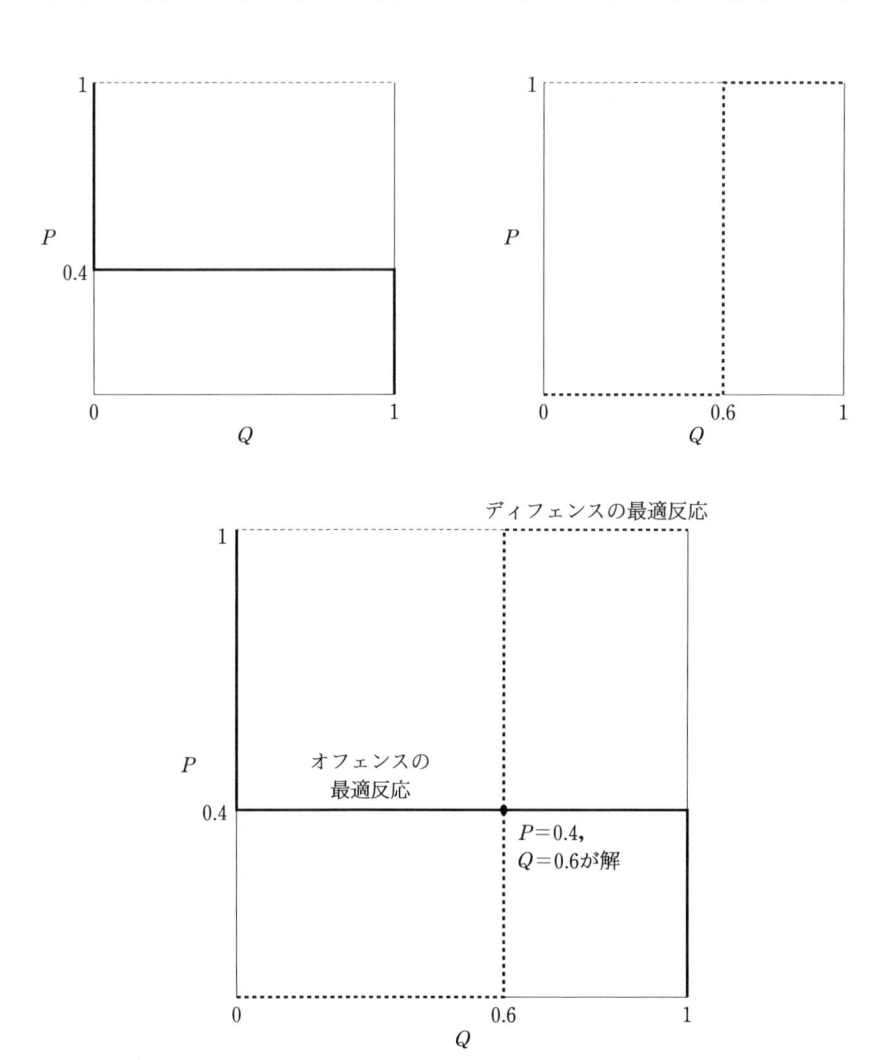

**図 6-4** アメリカンフットボールの最適反応と混合戦略解

ければ，ゲームの解は存在しない。このような場合は，相手の支配戦略に対抗しうる最良のものを用意するか，堂々めぐりを続けることになる。

これまでの例は非協力ゲームにおける最適な戦略であったが，各ゲームはすべてが相互に関連している。たとえば，ゲームに支配戦略を見つけられなくても，お互い最良となるような戦略の組合せは必要である。**支配戦略の解は，ほかのどのプレーヤーにも優越して利得が得られるが，ナッシュ均衡ではお互いが最良となる戦略の組合せを見つけようとしている。**

これに対して，協力ゲームに関する指針としてパレート最適がある。パレート最適は，さらに利得を増やそうとするならば相手の利得を減らさねばならない状況になっている。

ゼロサムゲームは誰かの利得が誰かの損失に等しくなっており，利得と損失を合計するとゼロとなるか，利得の合計が一定となる。**ゼロサムゲームにおける "先読み" の戦略ポリシーは，「(勝つよりもむしろ)負けを小さくすることを重要視する戦略」にある。**そこでは，自分が被るかもしれない最悪の事態を予想して，事態をできる限り最善化してリスクを避けようと考える。つまり，最悪な利得であるミニマムな(最低な)事態を，マキシマム(最大化)させようと考える。最悪なことの最小化をできる限り大きく進めたいと考えて行動する。最小を最大化する，ミニマムをマキシマイズするという作業から，マキシミニ戦略と呼ばれる。これまでの要約として，

**支配戦略**
- ほかのどんな戦略に対しても，大きな利得を確保できる戦略。
- 相手の戦略に対しても，常に優位を保つことができる。
- 支配戦略を持つプレーヤーはその戦略を必ず選択する。
- プレーヤーに支配戦略があれば，その組合せがゲームの解。

**ナッシュ均衡**
- 相手の出方を読み，自分に最適になるような選択をした組合せ。
- 双方がナッシュ均衡解を選んでいるとき，自分が均衡から外れると自分の利益にはならない。
- ナッシュ均衡ではお互いに最適な選択をしているため，ほかの選択を取ることはできない。

### ミニマックス戦略
- 最悪な利得であるミニマムな(最低な)事態を，マキシマム(最大化)させようと考える。
- 最悪なことをできる限り小さくするように戦略を考える。
- 最小を最大化する，ミニマムをマキシマイズする，マキシミニ戦略。

### 恋愛とゲームの理論(1)——野球かショッピングか
ゲームの例で以前取り上げた男女の争いも，戦略としてどうかは保証できないが，混合戦略を考えることができる。

男女の争い

デートの行き先として，女性はウインドウショッピング(W・ショッピング)をしたいが，男性は野球のゲームを見に行きたい。一緒に行かなければデートは成立せず利得は得られない。どちらかが不承不承ついて行けば，たとえば10と5のように，利得は半減する。行き着く先は，混合戦略を使って，両者の最適反応から解を求めることができる。

野球観戦かW・ショッピングか

| 男性の選択 \ 女性の選択 | $Y$(野球観戦) | $X$(W・ショッピング) |
|---|---|---|
| $Y$(野球観戦) | (10, 5)$_{(YY)}$ | ( 0, 0)$_{(YX)}$ |
| $X$(W・ショッピング) | ( 0, 0)$_{(XY)}$ | ( 5, 10)$_{(XX)}$ |

混合戦略を用いることにより，ナッシュ均衡解を求めることができる。混合戦略として，女性は $P$ の確率で野球観戦を，$(1-P)$ の確率でW・ショッピングを選ぶ。男性の期待利得はサッカーや野球のときと同じように表せるから，

① 男性の野球観戦の期待値
  $10 \times P + 0 \times (1-P) = 10P$
② 男性のW・ショッピングの期待値
  $0 \times P + 5 \times (1-P) = 5 - 5P$
(女性は $P$ で野球観戦，$1-P$ でW・ショッピングを選んで行動する)

男性にとって野球観戦を選ぶことが望ましいのは，①＞②の条件であり，

　　$10P > 5-5P$, $P > 1/3$

女性が野球観戦へ行く確率 $P$ が 1/3 に等しければ（$P = 1/3$），男性は野球観戦へ行っても 10/3，W・ショッピングへ行っても 10/3 となって，期待利得は同じだから，どっちへ行ってもよい。男性にとって野球観戦へ行くことが最適な条件は女性が野球観戦へ行く確率 $P$ が 3 分の 1 より上の場合（$P > 1/3$）である。また，3 分の 1 以下であれば，W・ショッピングを選ぶのが最適となる。

| 女性の野球観戦へ行く確率 | 男性の行動 | 男性の野球観戦へ行く確率 |
|---|---|---|
| $P > 1/3$ | 野球観戦へ行く | $Q = 1$ |
| $P = 1/3$ | 野球観戦 or W・ショッピングどちらでも | $0 < Q < 1$ |
| $P < 1/3$ | W・ショッピングへ行く | $Q = 0$ |

女性のデート期待利得は，男性の野球観戦へ行く確率 $Q$ と W・ショッピング（$1-Q$）から，同じように計算すればよい。

①′ 女性の野球観戦の期待利得
　　$5 \times Q + 0 \times (1-Q) = 5Q$
②′ 女性の W・ショッピングの期待利得
　　$0 \times Q + 10 \times (1-Q) = 10-10Q$
（男性は $Q$ で野球観戦，$1-Q$ で W・ショッピングを選んで行動する）

女性にとって野球観戦を選ぶことが望ましいのは，①′＞②′を解いて，

　　$5Q > 10-10Q$, $Q > 2/3$

男性が野球観戦へ行く確率 $Q$ が 2/3 に等しければ（$Q = 2/3$），女性は野球観戦へ行っても 10/3，W・ショッピングへ行っても 10/3 となり，どっちへ行ってもよい。

女性にとって野球観戦へ行くことが最適な条件は，男性が野球観戦へ行く

確率 Q が 3 分の 2 より上の場合（$Q > 2/3$）となる．3 分の 2 未満であれば，W・ショッピングへ行く．

| 男性の野球観戦へ行く確率 | 女性の行動 | 女性の野球観戦へ行く確率 |
|---|---|---|
| $Q > 2/3$ | 野球観戦へ行く | $P = 1$ |
| $Q = 2/3$ | 野球観戦 or W・ショッピングどちらでも | $0 < P < 1$ |
| $Q < 2/3$ | W・ショッピングへ行く | $P = 0$ |

以上の結果を最適応答で図示すれば，図 6-5 となる．図から明らかになることは，①混合戦略によるナッシュ均衡は交点で与えられ，男性と女性の野球観戦へ行く確率は (2/3, 1/3) となる．また，②純粋戦略としてのナッシュ解は，一緒に野球観戦に行く (1, 1) と一緒に W・ショッピングへ行く (0, 0) の 2 つとなる．

### 恋愛とゲームの理論(2)——講義かデートか
男女の争いの変形——デートから得られる利得が異なる場合

講義をさぼってデートに行くか，一緒に講義を聞くか

| 男性の選択 \ 女性の選択 | Y（講義をさぼる） | X（講義に出る） |
|---|---|---|
| Y（講義をさぼる） | (10, 10)(YY) | ( 0,  0)(YX) |
| X（講義に出る） | ( 0,  0)(XY) | ( 5,  5)(XX) |

例として適当かどうか，講義をさぼってデートに行く場合，2 人の得られる利得はそれぞれ 10 となる．机を並べて講義を聞いて勉強するとなれば，利得は 5 となる．この場合は，ゲームの解が見つかり，ナッシュ均衡解は 2 つとなる．利得の大きい方を選ぶとすれば，……．

ゼロサムゲームの解法のポイントは，問題を解くための基本的なコンセプトとして，負けを小さくすることを重視する．各プレーヤーは，相手は自分の損失を最大化するように手を打ってくると考えている．そこで，自分の取った戦略で被る最悪の事態を考える．そのなかで，ロスの小さなものを選択する．つまりマキシミニ戦略を選ぶことによって，ゼロサムゲームの解を得ることができる，というものである．

4. スポーツと恋愛のゲームの理論　181

　また，ゼロサムゲームは典型的な非協力ゲームで，マキシミニ解を求めればそれがナッシュ均衡解になっている。ところが実社会では，利得がちょうどゼロサムになるように帳尻が合う保障がない。そこで，ノンゼロサムゲー

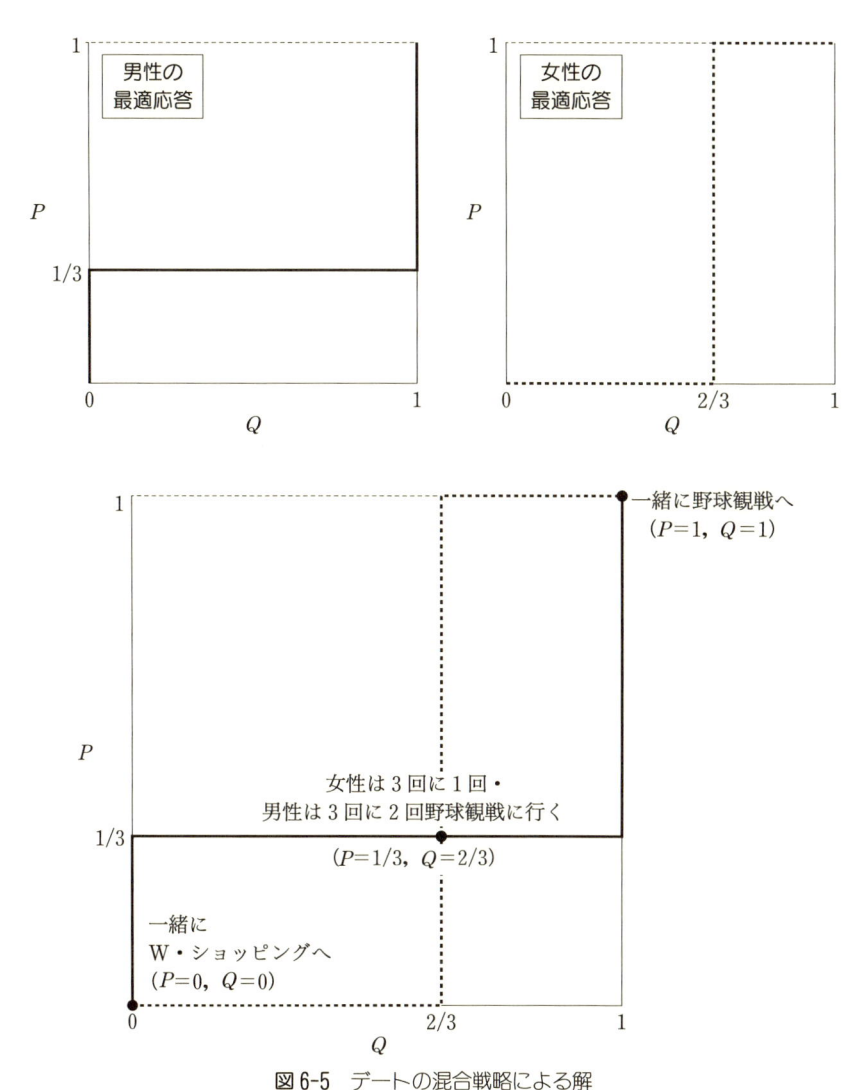

**図6-5　デートの混合戦略による解**

女性は3回に1回，男性は3回に2回野球観戦を選ぶと，双方の期待利得は10/3で一致し，共に納得できる。

ムを理解する必要がある。

　我々の社会生活でゲーム論的要素が含まれている事象は多い。スポーツ戦略などはその代表的なものといえる。たとえば，テニスで自分がフォアハンドが強いプレーヤーであったとすれば，相手はどのような読みを(ヤマをはる，山師のごとく予想する)反応をするか。相手はフォアを警戒するので，バックに打ち返す可能性が高い。ボクシング競技では，右フックの強打者には，右を警戒させて左ストレートで倒す戦術が有効かもしれない。ある団体競技種目で特定の有力なスタープレーヤーがいる場合，その選手を警戒させて，ほかのプレーヤーが得点をあげたり優れた演技をするかもしれない。

# 第7章 ファイナンス入門

## 1. ファイナンスとキャッシュフロー

**ファイナンス**

　金融とはお金がかかわる取引を表している。物々交換は，金銭のやりとりがないので金融取引とはいわない。**ファイナンスとは「資金調達」を意味する**金融の用語である。ファイナンスが機能するためには，金融市場の存在が前提となる。金融市場はお金の貸し借りをする市場で，短期のマネーマーケット，長期の資本市場がある。そこで，現在余剰資金を持っている企業や個人は，それを使う機会がくるまで金融市場で運用できる。また，資金不足の企業や個人は，将来の収入を返済にあてるべく金融市場で，調達コストである利息を支払うことにより資金調達が可能となる。資金を調達する主体により，個人を対象としたパーソナルファイナンス，法人企業のコーポレートファイナンス，公共部門のパブリックファイナンスがある。

　個人を対象とするパーソナルファイナンスは，人の一生に関連している。誕生，成長，自立・成熟，老後，相続といったライフサイクルの各時点と期間でファイナンスの問題を解かねばならない。個人は働くことから収入を得て，人生計画から現金，株式や債券などの有価証券，土地などの不動産から財産を形成して，同時に消費を計画して財産を振り分けていかなければならない。さらに，資産形成では，損をするかも知れないといったリスクの管理が必要である。また，資産の一部について，次世代へのスムーズな引き渡しが必要になるかもしれない。我々が，実際の生活で直面しているファイナンスには，教育・住宅資金の設計，社会・医療や労働保険制度とのかかわり，

ローンとカードの利用，起業や会社経営の資金計画，退職後の年金・企業年金・退職金および公的年金制度や介護保険制度とのかかわりと，多岐にわたっている。我々は，人生を生きていく上で，絶えずこれらの問題と直面して，最適なプランを作成していかねばならない。

　コーポレートファイナンスは，株式会社の財務担当者による投資の決定，資金調達の決定，および投資と資金調達の相互作用の調整を意味する。この目的のためには，多くの事柄を処理しなければならない。投資決定の側面からは，資産の評価，投資過程（プロセス）とリスクの管理が重要である。会社と有価証券という側面からは，資金調達に発行する証券のタイミングと管理，自社株の配当政策，社債と株式を複合した資金調達の方法，短期と長期にわたる資金調達の方法および金融派生商品のオプション取引やリアルオプションの利用などがある。さらに，投資と資金調達は独立して問題を解くことはできないので，株主の利益と会社の財務条件を考慮した財務計画の設定が必要となる。また，企業合併や買収の計画などの周到な準備も必要になるかもしれない。

　パブリックファイナンスとは，国・地方自治体と個人や法人のかかわり合いに関することで，課税と納税の問題として財政学と呼ばれる。予算規模に対する歳入不足から公債発行による資金調達に長く依存してきたため，高い公債依存度と巨額で未償還の公債残高が予算編成の大きな制約となっている。これは，公債管理政策といった財政学に深く関連している。

　我々の興味は，スポーツファイナンスである。スポーツファイナンスとは，ビジネスとしてのスポーツと金融論，金融工学，経営学，会計学および財政学を相互に関連させて，資金調達と投資評価の分析を行う。重要なことは，ビジネスとしてのスポーツが儲かるかどうか，投資対象として考えるのであれば，どれだけの投資額で引き合うかなどを算定しなければならないことである。

### キャッシュフロー

　ファイナンスのキーワードとなる用語に，キャッシュフローという概念がある。**キャッシュフローとは資金の流れ**を意味する言葉で，たとえば投資の

結果生じる**現金収入をキャッシュ・インフロー**という。また，投資そのものや投資の維持のために生じる**現金支出をキャッシュ・アウトフロー**という。**投資利益は両者の差であり，ネットキャッシュフロー**という。キャッシュフローは，現金の出入りを表す言葉であるが，投資の価値を計るとき，キャッシュフローの概念を用いたほうのメリットが大きく，投資対象をキャッシュフローに置き換えて評価する。たとえば，工場設備の投資においてプロジェクトの候補が2つある。既存のプロジェクト1とそれを廃棄して新規に立ち上げるプロジェクト2があり，財務諸表の損益計算を評価をしたら，損益計算書は次のような結果になった。

|  | プロジェクト1 | プロジェクト2 |
|---|---|---|
| 収　入 | 5000 | 6000 |
| 費　用 | 2000 | 2000 |
| 減価償却 | 50 | 1500 |
| 利　益 | 2950 | 2500 |

プロジェクト2が仮に採用されると，プロジェクト1を廃棄するため，投資促進のために認められた特別償却の計上が大きく見積もられる。この結果利益が縮小され，**会計学の見地からはプロジェクト1が採用**される。これを，キャッシュフローの立場で書き直してみれば，キャッシュフロー計算書は次のように書ける。

|  | プロジェクト1 | プロジェクト2 |
|---|---|---|
| キャッシュ・インフロー（収入） | +5000 | +6000 |
| キャッシュ・アウトフロー（投資） | −2000 | −2000 |
| ネットのキャッシュフロー | +3000 | +4000 |

書き直された計算書は，キャッシュフロー計算書と呼ばれ，会計上は費用であっても，実際の現金支払いをともなわない勘定を足し戻す。減価償却費は老朽化などを費用化して会計処理をするが，実際の現金支出が発生しているわけではない。また，投資した有価証券の評価損も費用計上されるが，市場価値が下落したのみで，現金支払いは発生していない。損益計算書に表れ

る会計上の数字と実際の現金の出入りは一致しないから，それを補完する目的でキャッシュフロー計算書は利用される。**プロジェクトのキャッシュフローを比較するならば，プロジェクト2が採用されてしかるべしという結論**となる。この評価の違いは，減価償却をどのようにとらえるかで，過去に投資した費用に大きなこだわりがあるとするならば，プロジェクト1を選ぶ。減価償却費は過去に投資した費用として，もはや回収不能な埋没費用と見なせば，キャッシュフロー計算書からはプロジェクト2を選ぶだろう。

### 利子と利回り，単利と複利の運用──利子の再投資

余剰資金をめぐる投資では，貸し（債権）と借り（債務）のやりとりが中心で，貸付金額を元本（がんぽん），投資またはキャッシュ・アウトフローという。資金貸付に対するお金の報酬を利子という。利子は元本に対する割合で計算され，これを利子率や単に利率という。また，利子，利息，利子率，利率等の貸し借りの報酬や支払いをまとめて金利という。金利は，元本や元金に対する利子や利息の比率で表され，満期に元利合計またはキャッシュ・インフローに含まれ返済される。

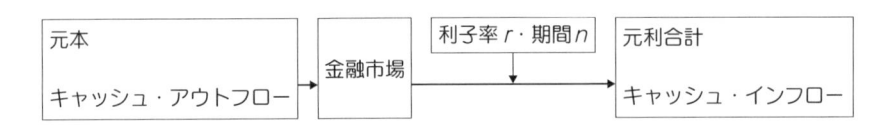

```
┌─────────────┐         ┌─────┐ 利子率 r・期間 n ┌─────────────┐
│    元本     │────────▶│金融  │        ↓        │  元利合計   │
│キャッシュ・   │         │市場  │─────────────────▶│キャッシュ・   │
│アウトフロー   │         └─────┘                 │インフロー    │
└─────────────┘                                   └─────────────┘
```

**キャッシュ・アウトフローとキャッシュ・インフローをつなぐもの，または現在と未来のキャッシュフローをつなぐものは利子率**である。利子率または金利の計算には，**元本に対して利息が次期の期間内に繰り込まれない単利**（Simple interest）と，**利息が元本に繰り込まれ再投資される複利**（Compound interest）がある。単利は，元金に対してのみ貸借期間に応じて利息が計算され，利息の再運用は考慮されない。したがって，運用期間の各期で利払いを受け取ることができる。単利の元利合計は，利子率を $r$，投資期間を $n$ として次のように書ける。

$$\text{元利合計} = \text{元本} + (\text{元本} \times \text{金利}) \times \text{期間} = \text{元本} \times (1+r) \times \text{期間}$$

$n$ 年後の単利キャッシュ・インフロー ＝ キャッシュ・アウトフロー×(1＋金利)×$n$

単利の資産運用では，受取利息の再運用が考慮されないから，受取利息はどの時点でも一定である。したがって，満期期間と利息総額を除き，時間変化は重要ではない。一方，時間変化が重要になるのは複利である。

複利は，期間の途中で発生した利息を次の期間に元本に繰り入れ再投資される。お金の**運用開始時点の価値は現在価値**といい，それを PV(Present Value)とする。満期時点の**将来に受け取る価値は将来価値**といい，複利で計算されたそれを FV(Future Value)，金利を $r$ とする。利息が次年度に元本に繰り込まれていくから，期間を延長し，元本が毎期同率の金利で複利運用されると，$n$ 期間後の元利合計は次のように書ける。なお，PV はキャッシュ・アウトフローで FV はキャッシュ・インフローと同じである。

$FV_1 =$ (1年後の元利合計) ＝ 元本×(1＋金利) ＝ $PV \times (1+r)$
$FV_2 =$ (2年後の元利合計) ＝ [元利合計(1年後)]×(1＋金利)
$\quad\quad = PV \times (1+r)^2$
$FV_3 =$ (3年後の元利合計) ＝ [元本×(1＋金利)$^2$]×(1＋金利)
$\quad\quad = PV \times (1+r)^3$
$\quad\quad\quad\quad\cdots\cdots\cdots$
$FV_n =$ [元本×(1＋金利)$^{n-1}$]×(1＋金利) ＝ $PV \times (1+r)^n$
キャッシュ・アウトフロー×(1＋金利)$^n$ ＝
$\quad\quad n$ 年後の複利キャッシュ・インフロー

単利と複利は短期間では大差がない。長期間になれば，単利が時間のかけ算なのに対して，**複利は時間の累乗だから幾何級数的に増加する**。このため，単利と複利の利子総額の差は広がる。たとえば年7％で10年運用すると，単利の利息分は7％×10 ＝ 70％(元利合計は1.7倍)となる。一方，複利で運用すると，$(1+0.07)^{10} \fallingdotseq 2$ として，元利合計は約2倍(利息は100％)となる。運用期間が長くなれば，それだけ複利運用は有利となる。日本では，債

券投資の収益率には単利計算が用いられるが,そのほかのほとんどは複利で計算される。

そのほかの金利の表し方に,「日歩」と「年利」がある。**日歩は1日刻みの短期間の金利計算として消費者金融(サラ金)に使われている**。これは,元金100円について1日何銭何厘何毛と計算される。日歩1銭とは,100円の元本に対して1日に発生する利息が1銭(100%の元本に対して1日の利息0.01%)である。日歩2銭5厘で20日間借用すると,かけ算により50銭分(0.5%)が返済利息となり,元本を10万円とすれば利息は$100{,}000 \times 0.00025 \times 20 = 500$として元利合計は10万500円となる。しかし,たとえ1日0.00025%として**見かけ上は低利としても,1年では$0.00025 \times 365$として,0.09125と10%近い高い貸付金利となる**。1日間の利子表示であるから一見低率であるが,長期に及ぶと高利率になることに注意しなければならない。なお,月利表示は,取引の期間単位が慣例として1か月ごとに区切られ,「質屋」で用いられている。年利は1年を基準として金利を計算する方法で,元金100円を1年間貸して年利を5円とする契約であれば金利は5%になる。現在では,日本の主要金利はすべて年利率で表されている。

### 短期金利と複利年利率

預貯金は年利率と複利で統一表示されているから,1年未満の短期金利商品には,実際に受け取る金額に注意が必要である。たとえば,半年が満期の預貯金(6か月定期)の場合,提示されている利率は複利の年利率である。したがって,表示されている金利は,それを2回連続で1年間運用した年率の金利となっている。6か月運用後に獲得できる金利ではないことに注意しなければならない。

1回だけ(6か月間)の運用は,1年後から6か月前にさかのぼって利率を計算する。6か月後に受け取る金利を$a$とし,年利で提示された6月利率を$r$とすれば,年利率・複利表示のルールから,$(1+a)(1+a) = (1+a)^2 = 1+r$の関係がある。6か月定期預金であれば,1年運用では2乗だから,元に戻すためには平方根を求めて1を引いた値が6か月間の金利となる。同様に,たとえば4か月満期で受け取る場合の元利合計は,$4 \times 3 = 12$(か月)と

3回複利運用した結果の表示だから，$(1+r)$の立方根から1を引いて求める。この関係は次式で書ける。

$$(1+a)(1+a) = 1+r, \ (1+a)^2 = 1+r, \ 1+a = (1+r)^{\frac{1}{2}}$$
$$= \sqrt[2]{1+r}, \ a = \sqrt{1+r} - 1,$$
$$(1+x)^n = 1+r, \ 1+x = (1+r)^{\frac{1}{n}}, \ x = \sqrt[n]{1+r} - 1. \quad (y^x \leftrightarrow \sqrt[x]{y})$$

数値は，関数電卓などから求められる。半年複利の年利率を0.04％とすると，$(1+0.0004)^{1/2}$として約1.0001998を得て，6か月の金利は約0.02％である。一般に，短期の複利満期債券について，1年間にむかえる満期月数を$n$とすると，当該金利$r$は年金利の元利合計の$n$乗根を求めて1を引けば求めることができる。これらは，期間が1年間を超える割引国債などに対しても同様で，満期からの残存年数に対する年利回りの複利計算に利用される。

### インカムゲイン，キャピタルゲイン，利回り

利子率と類似した用語に**利回り**(yield)がある。これは利子・配当などの債券・株式の買い入れ価格に対する割合で，債券利回りと株式利回りがある。債券とは国・地方公共団体・企業などが投資家から資金を借り入れ，引き換えに発行する「借用証書」である。債券保有により，決められた期間に一定の利払いを受け，償還日（借金を返す期日）に確実に額面が償還（債務を返済すること）され，確定した収入と安全回収が可能となる。なお，**利率は額面に対する利子割合**を示し，**利回りは投資した資本に対する1年当たりの収益率**を表している。

債券利回りには，**応募者利回り，流通利回りと発行者利回り**の3種類があり，債券利息と発行差金か売買差金の投資元本に対する割合をいう。既発債券を，償還期間まで保有するとき，年間利息と償還差損益の1年分換算額の利回りは**最終利回り**と呼ばれる。また，新規発行債券を発行価格で購入して償還まで保有し続けるものは，応募者利回りと呼ばれ債券購入の重要な指標とされる。債券を購入してから売却するまでの所有期間における利回りは，**所有期間利回り**と呼ばれ，**表面利率**（クーポンレート，額面に対する利子割

合)と債券の売却損益から計算される。

　株式の利回りは債券利回りと異なり，所有期間に得た利潤の配分である配当の予想（あるいは期待）割合をさす。配当は決算期を除き，投資時点では確定できないから，予想配当値は変動している。また，**金融資産の収益は，利子収入と値上がり益や値下がり損で見ることができる。利子収入はインカムゲイン**と呼ばれ，それを生むものとしては，銀行預金・郵便貯金・金銭信託などが代表商品である。**価格変動による収益は，キャピタルゲインであり**，貴金属などが代表である。債券や株式は両方の性格をあわせ持つ金融商品である。

　債券の利回りについて，もう少し深い理解が必要である。利率や利子率は，額面に対する利子の割合である。利回りは，価格変動によるキャピタルゲイン・ロスの計算に用いられ，債券利回りと株式利回りがある。利子支払い保証のついた利付債の場合，利回りは**最終利回り**をさすことが多い。最終償還期限まで債券保有をした場合の利札（クーポン）と１年当たりの償還差益の合計の，投資元本に対する割合と定義される。換言すれば，利息としてのインカムゲインと購入価格と償還（あるいは売却）価格との差額であるキャピタルゲインと購入価格の割合である。なお，券面に利札がなく，額面からあらかじめ利息相当分を差し引いた価格で販売される債券は，「**割引債**」または「**ゼロ・クーポン債**」と呼ばれる。

　債券の収益は利率ではなく利回りで表示される。これは，発行金額が償還（額面）金額と異なって発行される場合が多く，利息のほかに発行金額と償還金額の差である償還差益を考慮するためである。**最終利回り**は，債券を購入した時から最終償還期日まで債券保有をしたときに得られる利子（インカムゲイン：クーポン収入）と，償還差益（キャピタルゲイン：売買損益）の合計を購入価格としての投資元本に対して，年利率いくらになるかを計算している。新規発行債の場合は**応募者利回り**と呼ばれ，新規発行債券を購入して，それを償還日まで保有する際の利回りである。**所有期間利回り**は，債券保有の所有期間について利子収入と売買損益の対投資元本収益率を計算する。償還日が１年以内の割引債の最終利回りは，債券を償還日まで保有するという前提から，償還日に得る償還差益の購入価格比率として定義される。

$$最終利回り = \frac{年利率 \times 額面 + \dfrac{償還価格 - 購入価格}{残存期間}}{購入価格} \times 100$$

$$= \left( \frac{年利子 + \dfrac{償還差益(損)}{期間(年数)}}{投資元本 \times 100} \right)$$

$$応募者利回り = \frac{年利率 \times 額面 + \dfrac{償還価格 - 発行価格}{残存期間}}{発行価格} \times 100$$

$$所有期間利回り = \frac{年利率 \times 額面 + \dfrac{売却価格 - 購入価格}{所有期間}}{購入価格} \times 100$$

たとえば，年利率4％，満期償還時までの残存期間10年の額面100円の利付債券を(1)95円，(2)90円で購入した場合の最終利回りは，それぞれ次のように求められる。

(1) [{(0.04×100)+(100−95)÷10}÷95]×100 ≒ 4.737％
(2) [{(0.04×100)+(100−90)÷10}÷90]×100 ≒ 5.556％

市場で実際に購入した金額により，利回りは0.8％以上の違いが出る。額面に対して安く買えば，利回りは上昇する。

**現在価値と将来価値**

たとえば，元本100万円について，次のような利払いを約束した債券がある。AとBではBが有利と思われるが，これらの債券はどれが有利であろうか。

A債券・5年間毎年5万円支払われる。
B債券・5年目に一括して27万円支払われる。
C債券・5年目に一括して25万円支払われる。

5年目に一括して25万円支払われるC債券は，A債券と同じ収益であろうか。5年間の収益合計は単純計算では25万円となるから，C債券の5年後の受け取りと一致して，無差別と考えられそうでもあるが，答えは否である。5年後の25万円と，来年の5万円，再来年の5万円から，5年後の5万円まで，同じ5万円として同列では足し算ができないし，それゆえにその絶対値合計は意味がない。つまり，**1年経って5万円となるもの，5年という時間を経て5万円，25万円になるものを同一の時間軸の上で比較はできない。**

　投資判断ルールの1つとして，投資期間回収ルールという全期間のキャッシュフロー合計を比較する簡便な方法がある。投資期間とは，初期投資とキャッシュ・インフローが同額になるまでの期間をいう。**投資の回収期間をあらかじめ設定しておいて，その期限より早いか遅いかを投資決定の判断材料とする**ものである。計算が簡単で，直感的に訴えやすいということで割と多くの企業でも採用されている。しかし，発生時点の違うキャッシュフローを直接比較したり，回収期間に含まれないキャッシュフローを計算しないなど，大きな欠点がある。

　向こう5年間で受け取る利子総額は現時点で25万円と同一であるが，現時点では同額の価値を持たない。なぜなら，5年間で1年が経過するごとに5万円を得るが，一方では5年間経過した後で一括25万円となる。たとえば，5年間の平均的な資産運用利率を5%とする。手元資金に100万円あり。これを別な定期預金で2年運用すると，1年後，2年後のキャッシュフローは，次のように示される。

　　　　(1a) $100(PV) \longrightarrow$ 1年後 $105.00(FV)$ $\{100 \times (1+0.05)\}$
　　　　(1b) $105(PV) \longrightarrow$ 2年後 $110.25(FV)$
　　　　　　　　　　$\{105 \times (1+0.05), 100 \times (1+0.05)^2\}$

　100万円は1年経って，105万円となる。さらに105万円は1年経って110.25万円，もしくは100万円は2年経って110.25万円となった。これを反対から見れば，

(2a) {105.00÷(1+0.05)}　100(PV) ←―1年後 105.00(FV)
(2b) {110.25÷(1+0.05)²}　105(PV) ←―2年後 110.25(FV)

(1)の関係に見られるように，現在価値から将来価値，キャッシュ・アウトフローからキャッシュ・インフローへの関係は，利子率で複利計算方法でつながれている。反対に，将来価値から現在価値を求めること，キャッシュ・アウトフローからキャッシュ・インフローの計算には，元利合計を求める複利係数$(1+利子率)^n$を割引ファクターとして，将来価値を割り算することで求められる。なお，複利係数に利用される利子率が割引ファクターに利用されるとき，割引率という。

(1)将来価値 = $(1+利子率)^n$ × 現在価値

(2)現在価値 = $\dfrac{将来価値}{割引ファクター}$，割引ファクター ≡ $\dfrac{1}{(1+割引率)^n}$

(割引ファクターの割引率は利子率と同じ，呼び方が変わる)

資産運用をするときは，目先の大きさにまどわされることなく，将来価値を現在価値に計算し直して比較することが重要である。なお，将来価値は現在価値に換算すると，目減りするが，たとえば，利子率を3%満期は5年，10年にした場合，割引ファクター(2)を計算することにより，目減りの具合は次のように書ける。

| スタート | 1年後 | 2年後 | 3年後 | 4年後 | 5年後 | …… | 10年後 |
|---|---|---|---|---|---|---|---|
| 1 | 0.97087 | 0.94260 | 0.91514 | 0.88849 | 0.86261 | …… | 0.74409 |

割引率を3%にすると，5年後は約14%，10年後は25%の目減りが生じている。割引ファクターは，複利の現在価値率ともいう。

## 2. 投資の管理

### 財産の管理・ポートフォリオ選択

　個人にせよスポーツ団体にせよ，資産管理は重要である。資産管理はポートフォリオ（紙挟み，転じて財布の意味）選択とも呼ばれ，もっとも有利な分散投資の選択を意味している。個人に当てはめて考えてみれば，労働の対価として収入を得る。所得は現在の消費と将来の消費である貯蓄に配分される。この貯蓄の中身，または構成要素の比率をどのように決めるかが資産選択である。

　貯蓄や消費，所得は，ある**期間において生成されるものとして，フロー**という。これに対して，生成された財産が今いくらあるか，ある**時点で定義される量をストック**という。たとえば，10月1日における財布の中身1万円はストックである。また，それは9月1日から30日間のアルバイトで得た金額2万5,000円の一部である。それは期間で定義されるフローから生成されている。ダムの現時点の貯水量をストック，1日当たりの放水量や河川からの流入量をフローと考えても同じこと。

　フローを蓄えたストックは財産とか富という。財産構成の例として，

$$\text{財産} = \underbrace{\text{現金} + \text{債券} + \text{株式} + \text{外国為替}}_{\text{金融資産}} + \text{土地} + \text{絵画} + \text{会員権} + \cdots\cdots$$

　下線部の金融資産の配分比率を決めるのがポートフォリオ理論である。我々の興味は金融資産にあるが，財産保有の観点からは現金の保有には利点と欠点がある。**現金は支払い手段として必要不可欠なものであるが，保有するための換金コストと利子という機会費用の管理が必要**となる。貨幣は使ってこそ意味があるが，財産として保有量が増えると，それに応じて利子を失う。

　債券は売却された借用証書であり，借用期間（購入する側では投資期間）に利払いを受けて，満期には元本が一括返済される。公共団体の発行する国債，地方債，一般事業会社の発行する社債があり，この順番で安全性が高いが，

逆に利率は低いという相反の関係がある。**債券保有では，利子と最適な処分時点を見据えた利回りの管理が必要**となる。保有が長期に及ぶため，売却処分による投資回収のタイミングが難しい。

株式は出資額に見合った会社の持ち分であり，会社の利益は配当の形で，株式持ち分に応じて支払われる。ただし，額面単位の配当（たとえば額面500円の1割配当として50円の受け取り）に比べて購入金額が高いから，売買益によるキャピタルゲイン（資本からの利得）の管理が重要である。つまり，確率変数のように変動する株式価格について，①安く買って高く売る，②高く売って安く買い戻す困難な問題を解決しなければならない。

### 最適な現金の保有・何回で換金するか

現金（貨幣）には支払い手段や価値の補増などの機能がある。キャッシュレスによる支払い手段の機能として，クレジットカードやkitaca, TOICA, ICOCA, SUGOCA, nimocaのSuicaプリペイド・カードなど代替的な手段の利用が増加している。したがって，財布のなかや家計が保有する現金は減少している。そこで，現金を保有することについて，その費用の観点から分析するものに**貨幣保有の在庫理論**の考え方がある。在庫とは生産過程で保有する原材料，仕掛品，完成製品のストックなどをさし，能率と費用の観点から最適な水準に維持する計画を在庫管理という。在庫理論は貨幣を工場の原材料とみなし，それが家計や個人で保有され，その保有費用を最小にするような引き出し金額を求める。**貨幣を保有するための費用は，①換金費用と②預金から現金に振り替えることで失う利子**である。

ある一定期間に，始まりの時点で $T$ 円のキャッシュカード利用による総合口座があり，期間中に消費にあてることを予定している。一度に $T$ すべてを換金して消費などに振り向ける場合や，何回かに分けてたとえば1回に $C$ 円に換える場合が想定される。**問題は，換金コストを最小にする1回当たりの引き出し額 $C$ はいくらであるか**，最適な手元の持ち分を求める。

たとえば，1か月を単位期間とし，月初めの1日が給与振込み日と考え，月末まで $T = 30$ 万円の資産（給与振込みの総合口座残高）を現金化して消費にあてる例を考える。期間内で同じ支出パターンと仮定し，預金口座残高

から引き出す。毎日1万円引き出され、期首には30万円であったが、期末の給与支給日前日に残高はゼロとなる。このケースは、図7-1の連続して口座残高から換金して、現金を保有する(または貨幣を需要する)場合である。

貨幣は利子を生まないが、総合口座残高にいくらか残っていれば利子を得ることができる。しかし、期間の最初に全額換金してしまえば、利子を得ることはできない。消費活動に必要なだけ換金すれば、最大の利子を得ることができる。キャッシュカードで引き出して、**貨幣保有が大きくなれば、総合口座に残しておいたら得られたであろう利子所得を失う。これを貨幣保有の機会費用**という。貨幣を保有するときに発生する機会費用は、期間中に平均してどれだけ換金したかに依存する。つまり、初日は29万円の残高で徐々に減って0となるから、平均の貨幣残高を元本と考えて利息の計算をする。図7-1で示されるように、連続的に引き出されるとすると、期間 $n$(30日)を底辺、高さを $T$(30万円)とした三角形が、ひとまず総貨幣残高と考えられる。したがって、平均の定義にしたがえば、三角形の面積を項目数 $n$ で

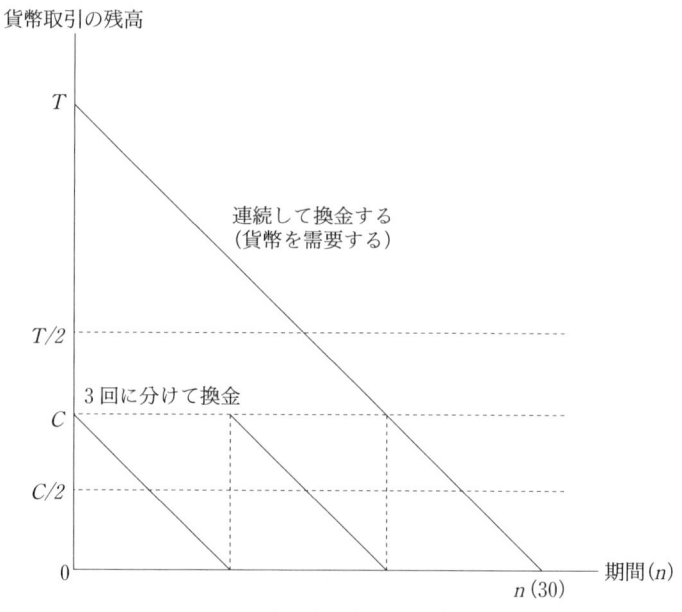

**図7-1　預金口座残高の換金パターン**

除したものが平均貨幣残高となる。これを計算すれば，図の切片 $T/2$ が得られ，30，29，……，0 の平均残高は 30/2 として 15 となる。

$$平均貨幣残高 = \frac{n \cdot T}{2} \cdot \frac{1}{n} = \frac{T}{2}(= 三角形面積の日割り)$$

総合口座から毎日1万円引き出せば，平均残高は15万円となり，利子率 $r$ を5%とすると，15万円×0.05 = 7,500円の利子を失う。換金残高，つまり貨幣残高の大きさが貨幣保有の機会費用となり，利子所得損失の大きさとなる。さらに，利子のような機会費用のほかに，換金の費用がかかる。換金手数料，実行するための時間と労力，金融機関や現金自動支払機（ATM・CD）などの換金場所への交通費が必要である。

1回当たりの換金手数料を $b$ 円として，簡単化のためにATM・CDの税抜き使用料を100円とすれば，30日間の毎日連続した引き出しコストは，30×100円 = 3,000円となる。換金回数を増やすほど，貨幣保有の費用は増加する。必要なだけ換金する行動は費用最小化とは相容れないから，何回かに分けて換金すれば，換金回数の減少から換金費用を減らすことができる。一度に引き出す金額が大きくなれば，資産残高の急激な減少から多く利子を失う。換金回数と資産残高には，コストの相反関係がある。この問題は，最適化問題に置き換えることで，換金費用を最小化する貨幣の保有量（貨幣需要）を見つけることができる。

### 貨幣保有の平方根ルール

最小費用の貨幣保有を在庫理論を使って解明したのが，ボーモル・トービンの平方根ルールである。記号は，$K$ は貨幣保有のためのコスト，$T$ は預金残高，$C$ は求めるべき貨幣換金額（貨幣需要），$b$ は預金から貨幣への換金コスト，$r$ は預金利子率である。

貨幣を保有するための総費用を最小にする1回当たりの換金量は，最少化の一階の条件を解いて得ることができる。つまり，$C$ が $K$ を極小にするところでは傾きが0である。したがって，(7-1)式を $C$ で微分して0を満たす $C$ について解いたものが，費用最小化を満たす最適な換金額（貨幣の需

要)となる。

$$K = \frac{T}{C} \cdot b + r \cdot \frac{C}{2},$$

$$\frac{\partial K}{\partial C} = -\frac{T \cdot b}{C^2} + \frac{r}{2} = 0, \quad C^2 = \frac{2T \cdot b}{r}. \tag{7-1}$$

(7-1)式を微分して式を整理すると,最適解としての貨幣保有量 $C^*$ と平均残高は(7-2)式として求めることができる。

$$C^* = \sqrt{\frac{2T \cdot b}{r}} \tag{7-2}$$

たとえば,預金残高 $T$ を8万円,手数料 $b$ を100円,総合口座の預金金利として $r=1\%(0.01)$ とする。1回当たりの貨幣需要量とそれにともなう費用は,(7-2)式に代入して求められるから,次の値となる。

$$C^* = \sqrt{\frac{2 \cdot 80,000 \cdot 100}{0.01}} = \sqrt{160,000 \cdot 10,000} = \sqrt{(40,000)^2} = 40,000$$

$$K^* = \frac{80,000}{40,000} \cdot 100 + (0.01) \cdot \frac{40,000}{2} = 200 + 200 = 400$$

最適な換金量は4万円となり,そのときの貨幣保有費用は400円であることがわかる。つまり,**利子と手数料が決まれば,預金残高の最適なおろし方が,ただ一通り決まる**。これと対比するために,一度に換金する場合と換金回数を多くした場合を計算すると,

$$C_1 = 80,000 \; ; \; K_1 = \frac{80,000}{80,000} \cdot 100 + (0.01) \cdot \frac{80,000}{2} = 100 + 400 = 500$$

$$C_2 = 10,000 \; ; \; K_2 = \frac{80,000}{10,000} \cdot 100 + (0.01) \cdot \frac{10,000}{2} = 800 + 50 = 850$$

$C_1$ からは,一度に貨幣を需要すれば機会費用としての利子収入で失う額が大きいこと。$C_2$ からは,換金回数を8回に増せば機会費用としての損失利子は減少するが,換金費用は大きく増加することがわかる。つまり2回が最適である。

平方根ルールの(7-2)式から,**取引量 $T$ と換金手数料 $b$ が増大するにつ**

れて貨幣需要 $C$ も平方根に比例して増大する。また，利子率は，平方根に逆比例して換金額に影響を及ぼす。貨幣を財産として管理する場合，換金手数料と預金金利に注意しなければならない。

### 債券と価格の関係

債券とは，国や地方公共団体，企業が資金の調達を目的に発行する有価証券である。定期的に，たとえば1年ごとにクーポン（利息）が支払われる**利付債**，額面から割り引かれて販売されて満期までクーポンのない**割引債**（ゼロクーポン債）が代表的な債券である。また，おもに予算の補塡のために，国（たとえば財務省）が発行する**国債**や地方公共団体（都道府県・市町村）の**地方債**を**公共債**といい，民間企業が発行するものは**社債**という。社債には，一般の社債のほかに，やがて株式に変換される**転換社債**や新株引き受けの権利付きの**ワラント債**もある。また，通貨円資金の調達のために発行される**円建て債**，外貨目的を外貨建て債という。また，個人の財産形成に売買される金融商品の**ファンド**は，その一部が債券で運用されている。

資金調達コストの利回りが変化した場合，債券価格にはいかなる変化があるか。たとえばクーポンは同じで年3円で同じ，利回りを年2％と5％では，どちらが高いといえるか。

(1) 満期1年，額面100円，クーポンレート年1回3％，利回り2％
(2) 満期1年，額面100円，クーポンレート年1回3％，利回り5％

債券価格の理論値は，購入で得られる価値の流列としてのキャッシュ・インフローの合計金額に等しい。異なる利回りを割り引きファクターで債券価格 $P_1$ と $P_2$ を比較すると，それぞれ次の値となる。

(1) $P_1 = PV_1 = \dfrac{3}{1.02} + \dfrac{3}{(1.02)^2} + \dfrac{3}{(1.02)^3} + \dfrac{3}{(1.02)^4} + \dfrac{103}{(1.02)^5}$
$= 104.7135$

(2) $P_2 = PV_2 = \dfrac{3}{1.05} + \dfrac{3}{(1.05)^2} + \dfrac{3}{(1.05)^3} + \dfrac{3}{(1.05)^4} + \dfrac{103}{(1.05)^5}$

$= 92.9081$

利回りの高い(2)の方が価格が安く，利回りの低い(1)の方が価格が高く，利回りは金利でもあるから，**金利が低ければ債券価格は高い。金利が高ければ債券価格は安く，金利と債券価格は反対の関係にある。**このメカニズムは，①金利が下落すると収益率も低下するから，同じ収益率を維持するためには，さらに投下資金が必要となって債券価格は上昇する。②金利が上昇すると収益率が向上して，同じ収益率を維持するためには，少ない投下資金ですむから，債券価格は下落することによる。金利が下落傾向にあるときには債券価格は割高で，金利が上昇傾向にあるときには割安であることに留意しなければならない。

### 現在価値と割引価値による運用比較

Aの1年目から5年目までの5万円の現在価値をそれぞれ $A_1$〜$A_5$ とする。BとCの最終期の値27万円と25万円に対する現在価値をそれぞれ $B_5$ と $C_5$ する。利子率そして割引率を5％とすれば，(1)と(2)の将来価値と現在価値の関係から，次のように求められる。この計算から，**割引ファクターを利用することで，将来値をすべて現在値に評価し直して，どの債券の現在価値が高いかの優劣を判断することができる。**

$A_1 \times (1+0.05)^1 = 50{,}000 \longrightarrow A_1 = 50{,}000 \div (1+0.05)^1 \fallingdotseq 47{,}619$

$A_2 \times (1+0.05)^2 = 50{,}000 \longrightarrow A_2 = 50{,}000 \div (1+0.05)^2 \fallingdotseq 45{,}351$

$A_3 \times (1+0.05)^3 = 50{,}000 \longrightarrow A_3 = 50{,}000 \div (1+0.05)^3 \fallingdotseq 43{,}192$

$A_4 \times (1+0.05)^4 = 50{,}000 \longrightarrow A_4 = 50{,}000 \div (1+0.05)^4 \fallingdotseq 41{,}135$

$A_5 \times (1+0.05)^5 = 50{,}000 \longrightarrow A_5 = 50{,}000 \div (1+0.05)^5 \fallingdotseq 39{,}176$

$A_1 + A_2 + A_3 + A_4 + A_5 \fallingdotseq 216{,}473$

$B_5 \times (1+0.05)^5 = 270{,}000 \longrightarrow B_5 = 50{,}000 \div (1+0.05)^5 \fallingdotseq 211{,}552$

$C_5 \times (1+0.05)^5 = 250{,}000 \longrightarrow C_5 = 50{,}000 \div (1+0.05)^5 \fallingdotseq 195{,}882$

5年間の受け取り額が同じAとCの債券を現在価値で比べると，各期ごとに5万円受け取るA債券の現在価値は216,473円なのに対して，一括250,000円受け取りのC債券の現在価値は195,882円で，両債券は同一の価値ではないことがわかる。

　AとBを比較すれば，5年後の27万円受け取りのB債券の現在割引価値は211,552円となり，A債券はもっとも有利な投資であることがわかる。5年の割引ファクターは，$(1+0.05)^5 = 1.27628$となるから，**毎期5万円の利子を受け取るA債券と釣り合う5年後一括利払い債券は，逆算すると$216,473 \times 1.2768 ≒ 276,280$を満たさなければならない**。すなわち時間軸をスタート時点の現在に統一すると，5年後の一括受け取り約276,280円が，将来にわたり毎期末5万円受け取る25万円と釣り合う。

　5年後にまとめて27万円受け取った方が有利に思えるが，なぜ毎期ごとの5万円の受け取りが有利になるか，その理由は再投資にある。たとえば，5年間金利は据え置き，運用期間も5年間にそろえて1年ごとの満期で受け取った5万円のキャッシュ・インフローの再投資を考える。最初に受け取ったキャッシュフローは5万円で，これはあと4年間運用できる。2年目に受け取る5万円はあと3年，3年目はあと2年，4年目はあと1年間運用することができる。

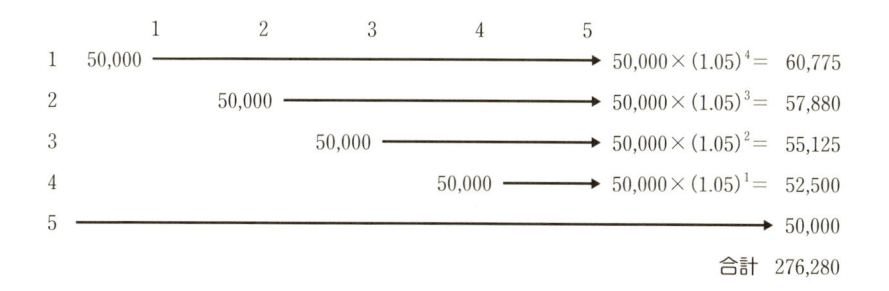

|   | 1 | 2 | 3 | 4 | 5 | | |
|---|---|---|---|---|---|---|---|
| 1 | 50,000 | | | | → | $50,000 \times (1.05)^4 =$ | 60,775 |
| 2 | | 50,000 | | | → | $50,000 \times (1.05)^3 =$ | 57,880 |
| 3 | | | 50,000 | | → | $50,000 \times (1.05)^2 =$ | 55,125 |
| 4 | | | | 50,000 | → | $50,000 \times (1.05)^1 =$ | 52,500 |
| 5 | | | | | 50,000 | | 50,000 |

合計　276,280

　A債券を保有する投資家が再投資をすることから，
　　5年後には$(1+0.05)^4 \times 50,000$円 $= 60,775$円，
　　4年後には$(1+0.05)^3 \times 50,000$円 $= 57,881$円，
　　3年後には$(1+0.05)^2 \times 50,000$円 $= 55,125$円，

2年後には(1＋0.05)×50,000円＝52,500円，
5年の満期日に50,000円得る。

期間5年に対する残存期間の再投資額を合計すると，約27万6,280円となり，5年再投資運用額と5年間一括支払の価値が一致していることがわかる。

[キーワード]
現在（割引）価値，将来価値，利子率，割引率，キャッシュフロー
将来価値と現在価値には，利子率によって次の関係が成立する。

$$PV = \frac{FV}{(1+\text{利子率})^n} = \frac{CF_n}{(1+\text{割引率})^n}$$

PVはCFnの現在価値，FVはPVの将来価値でCFnのn年後のキャッシュフロー，利子率と割引率は，代表的な金利である。

### 債券運用と内部収益率

複利による価値の評価について，第2番目に投資の収益率を表す内部収益率(Internal Rate of Return : IRR)がある。内部収益率は，**将来発生する見込みのキャッシュフローの複利現在価値を求める割引率で，初期投資資本と将来に発生するキャッシュフローの現在価値総額を一致させる割引率**である。内部収益率(IRR)を $d$ とすれば，キャッシュフローを $C$，および債券投資の購入価格を $P$ として，次の複利をベースとした関係を満たすものである。なお，満期の $C_n$ には最終期の利子に償還元本 $F$ が加えられている。

$$P = \frac{C_1}{1+d} + \frac{C_2}{(1+d)^2} + \cdots\cdots + \frac{C_{n-1}}{(1+d)^{n-1}} + \frac{C_n}{(1+d)^n} = \sum_{i=1}^{n} \frac{C_i}{(1+d)^i}$$

複利では，各期の利子は再投資に組み込まれるから，利子収入は投資収益率に考慮されなければならない。このため，最終利回りは割引率であると同時に，償還時点までさかのぼった再投資収益率となっている。

たとえば，利率8%満期3年，購入価格100万円の債券があり，そのキャッシュフローを計算する。1年後の収入は，100×8%として8万円。2年後は，2年目の利息と前期の利息を再投資した孫利息を合わせて100×8%＋8×8% = 8.64万円となる。満期では，3年目の利息と1・2年目の孫利息は，100×8%＋16.64×8% = 9.3312万円となる。3年間の複利による再投資の利子収入合計と償還価格金額を合算すれば，8＋8.64＋9.3312＋100 = 125.9712万円を得る。

利子(クーポンレート・利札の確定利率を8%として)を8万円，償還価格を100万円とする。このとき，債券の現在価値は，割引率と最終利回り(YTM：Yield To Maturity)の間には，内部収益率(IRR：$d$)により次の関係を満たしている。

$$8+8\cdot(1+d)+8\cdot(1+d)^2+100 = (1+d)^3\cdot 100,$$

$$100 = \frac{8}{1+d}+\frac{8}{(1+d)^2}+\frac{(8+100)}{(1+d)^3} = \sum_{i=1}^{3}\frac{124}{(1+d)^i},$$

$$投資元本 = \frac{C_1}{1+d}+\frac{C_2}{(1+d)^2}+\cdots\cdots+\frac{C_n}{(1+d)^n}$$

$$= \sum_{i=1}^{n}\frac{i期のキャッシュフロー}{(1+内部収益率)^i}.$$

内部収益率の定義式は単純であるが，複利運用による累乗計算が含まれるから，一般的な解析解はない。上式を満たす割引率 $d$ は 0.08(8%)として，最終利回りに等しい。なお，$d$ は，投資に対する将来のキャッシュフローの現在価値と投資額が釣り合う割引率であり，当該投資物件の内部収益率を与えている。

単利とIRRによる複利の金融取引評価を比較するために，期間を4年間，初期投資100，各年度のクーポンを6，7，8，9とする。キャッシュ・アウトフローは，−100で，キャッシュ・インフローは6，7，8と償還時の合計として109となる。投資評価は，単利を(1)，複利を(2)として，次のように比較される。

(1) $\dfrac{(6+7+8+109-100)\div 4}{100} = 7.5\%$

(2) $100 = \dfrac{6}{1+d} + \dfrac{7}{(1+d)^2} + \dfrac{8}{(1+d)^3} + \dfrac{109}{(1+d)^4}$, $d \approx 7.4108$

両者の比較について，単利では計算が簡単で平均収益率を把握できるが，キャッシュフローの再運用を考慮していない欠点がある。複利は，投資期間の収益をすべて評価しているが，再運用金利を全期間で一定と見なしているという欠点がある。

### 変動金利を予測するには

金利一定の欠点を補うには，解析する式がやや複雑になる。長期金利は予想短期金利の幾何平均値で近似可能であることが知られている。つまり隣り合った短期金利を相互にかけ合わせ，かけ合わせた（累乗の）数に応じて，累乗根を求める。この累乗根は，平均の概念の1つで，幾何平均とか相乗平均という。短期金利のデータからは，総和を標本数で割る算術平均，累乗根を求める幾何平均などで，いくつかの平均値を求めることができる。一般的に，**長期債券の均衡利回りを短期予想利子率の平均で書ける**。そこで，**前年度の割引率が次年度の割引に繰り越すような，幾何平均の形で書き直す**。このような手順から，予想短期金利が毎期に異なる場合でも，長期均衡金利 $R$，債券の額面価格を $Z$，および実際に市場で取引されている価格 $P$ の関係は次のように表せる。

$$P = \dfrac{R_1 \cdot Z + Z}{1+r_1} + \dfrac{Z}{1+r_1},\ R_1 = \dfrac{P}{Z}\cdot(1+r_1)-1,$$

$$P = \dfrac{R_2 \cdot Z}{1+r_1} + \dfrac{R_2 \cdot Z}{(1+r_1)(1+r_2)} + \dfrac{Z}{(1+r_1)(1+r_2)},$$

$$R_2 = \dfrac{\dfrac{P}{Z}(1+r_1)(1+r_2)-1}{(1+r_2)+1}.$$

第1期で市場価格と額面価格が一致（$P = Z$）すると，長短金利が一致する。そこで，$R_n$ を長期債券の確定利率，$r_i$ を第 $i$ 年の予想短期金利とすれば，

長期債価格 $P$ と長期均衡金利 $R$ は次のように書ける。

$$P = \frac{R_n \cdot Z}{1+r_1} + R_n \cdot \frac{Z}{(1+r_1)(1+r_2)} + \cdots + \frac{R_n \cdot Z}{(1+r_1)\cdots(1+r_n)} + \frac{Z}{(1+r_1)\cdots(1+r_n)} \quad (7\text{-}3)$$

$$R_n = \frac{\dfrac{P}{Z}(1+r_1)(1+r_2)(1+r_3)\cdots(1+r_n) - 1}{(1+r_2)\cdots(1+r_n)+(1+r_3)\cdots(1+r_n)+(1+r_4)\cdots(1+r_n)+\cdots+(1+r_n)+1} \quad (7\text{-}4)$$

(7-4)式の $R_n$ は，割引債の最終利回りと同じで，長期均衡利率と見なすことができる。これをグラフに表し，縦軸を最終利回りとしての $R_n$，横軸に残存年数をとったものは，金利の「期間構造」(The term structure of interest rates)という。

　金利の期間構造は，残存期間の異なる金利の組合せを示しており，長期債券の投資収益率と，同一期間内で短期債券投資を連続して繰り延べた期待収益率の儲けが同じ（裁定の成立という）という条件を前提としている。または，長期と短期の債券投資の裁定の成立は，短期投資の積み重ねから得られる収益と長期投資から得られる収益が一致して，長期と短期の差別がないことを意味する。そして，長期投資と同じになる短期投資の組合せを見つけることができる。

　変化する予想短期金利にしたがって，長期債券均衡利回り（ゼロクーポンレートともいう）を時間ごとに表現したものを利回り曲線（イールド・カーブ：Yield Curve）という。また，イールド・カーブは利回り曲線の総称であり，異なる短期予想金利や割引率を変えることにより，多様な関係を得ることができる。さらに，短期金利に対する予想の変化が長期金利にどのように影響を与え，相互連関をしているかを分析することができる。つまり，**変化する短期予想金利をもとにして，長期均衡金利を解くことができる。**

　利回り曲線は，縦軸に最終利回りを，横軸に残存期間をとる。利回り曲線から，予想に基づく期間ごとの異なる金利水準を得ることができる。この期間に応じて変化する金利変動は，期待理論仮説として「金利の期間構造」を形成している。長期金利が短期金利より高い関係にあるものを順イールド・カーブ，反対に短期金利が長期金利より高い関係にあるものを逆イールド・カーブという。

表7-1において，Aは短期金利が上昇を続け，やがて高い水準に落ち着く，Bは現在の水準のまま不変の状態が続くと予想する。Cでは，しばらく下落傾向が続き低い水準で安定すると予想する。数値例Aでは，金利水準は現在相対的に低い水準にあり，今後上昇して6%の水準で安定すると「強気の予想」がされている。このとき，長期均衡利回りもゆっくり上昇して，10期で4.82%近辺に落ち着く。Bでは，当分6%の水準が続くと「中立的な予想」である。この場合，短期債券，長期債券ともに利回りは6%の水準に並ぶ。Cでは，現在の金利水準が10%という最高水準にあり，今後は低下するという「弱気の予想」が支配的である。今後の長期均衡利回りは，短期金利の下落予想とともに7.24%あたりまで低下する。

金利の期間構造は，縦軸に債券の最終利回り，横軸に時間軸をおいて図7-2に示されている。**イールド・カーブでは，残存期間が長くなるにつれて金利・利回りが高くなる場合の順イールドの場合には，最終利回りは上昇傾向**にある。そこでは，今後の金利上昇予想の強まり，長期投資による高い利益予想を想定できる。反対に，**右下がりのCのケースの「逆イールド」では，短期金利に比べて，長期金利が低い水準にある**。この場合，将来の金利の低下が予想され，残存期間の長い債券ほど利回りが低下する。財務担当者は，債券運用において予想をうまく組み込む必要がある。

### 株式投資の物差し指標
#### 配当率と配当利回り

株式のような危険資産は，投資時点の株式の配当などが確定していないことや価格変動リスクにさらされているために，投資価値の判断が難しい。特定の株式について，もっとも単純な投資尺度は配当率で，1株当たりの年間配当額の額面金額に対する割合である。配当金は予想ベースが用いられる。配当利回りは，1株当たりの配当を株価で割ったものであり，株式投資から得られたインカムゲインを示す指標である。

$$配当利回り ＝ 1株当たり配当 \div 株価$$

表 7-1　短期金利の予想と長期利回り（ゼロクーポン・レート）

| n | A 短期金利 | A 長期金利 | B 短期金利 | B 長期金利 | C 短期金利 | C 長期金利 |
|---|---|---|---|---|---|---|
| 1 | 0.02 | 0.0200 | 0.060 | 0.060 | 0.10 | 0.1000 |
| 2 | 0.03 | 0.0250 | 0.060 | 0.060 | 0.09 | 0.0952 |
| 3 | 0.04 | 0.0298 | 0.060 | 0.060 | 0.08 | 0.0905 |
| 4 | 0.05 | 0.0345 | …… | …… | 0.07 | 0.0860 |
| 5 | 0.06 | 0.0391 | | | 0.06 | 0.0815 |
| 6 | 0.06 | 0.0422 | | | 0.06 | 0.0784 |
| 7 | 0.06 | 0.0443 | | | 0.06 | 0.0762 |
| 8 | 0.06 | 0.0459 | | | 0.06 | 0.0746 |
| 9 | 0.06 | 0.0472 | | | 0.06 | 0.0734 |
| 10 | 0.06 | 0.0482 | | | 0.06 | 0.0724 |
|  | …… | …… | | | …… | …… |
| ∞ | 0.06 | 0.0548 | | | 0.06 | 0.0655 |

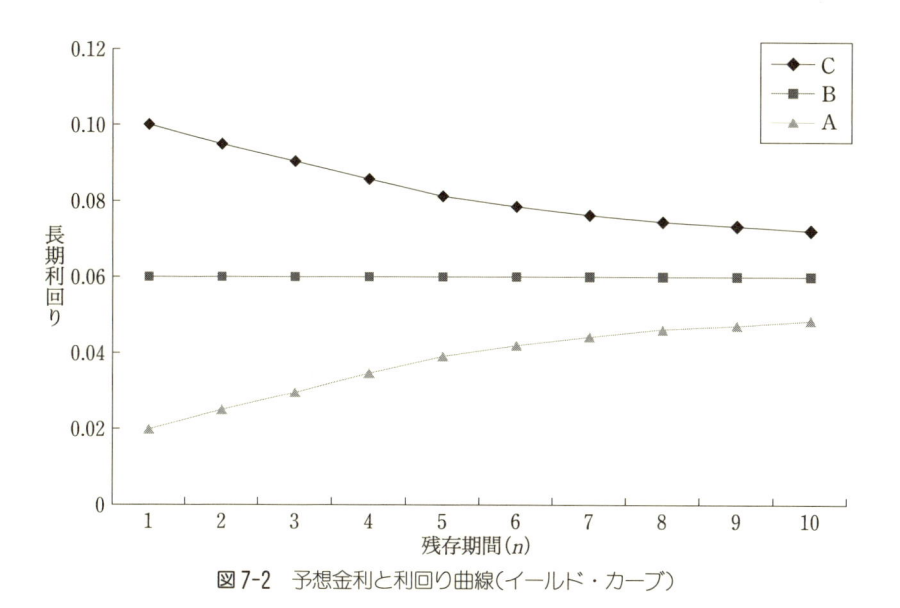

図 7-2　予想金利と利回り曲線（イールド・カーブ）

　日本では，配当額を決める場合は，配当率で決める考え方が多く，配当利回りの活用は限定的である．むしろ，企業利益から計算される次の株価収益率（PER）が，投資尺度として一般的に用いられる．

### 株価収益率——PER

株式保有の動機は，高配当の受取期待や株式価格高騰予想によるキャピタルゲインの獲得にある。そのため，株式購入あるいは投資決定は，利益や株式価格の変動前の期待値に依存する。このような不確定さを含む投資の価値基準として，「株価収益率PER(Price Earning Ratio)」がある。PERは，**株式価格を税引き後利益で除して，株価と利益の比率を計算する**。

株価収益率(PER) ＝ 株式価格÷当期純利益(税引き後利益)

1株の利益が10円で現在の株価が250円とすれば，PERは25となる。すなわち，利益一定ならば，株式購入価格と利益総額は25年間保有で一致する。つまり，**PERは株式投資の回収年数，または1株当たりの利益に対して買われる株式の倍数**を表している。来期に予想される期待利益が増益の20円と予想される場合，PERを25で一定，購入株式価格は20×25＝500となり，500円の水準までは購入可能であると投資判断できる。同じ業種のPERを比較すると，将来収益の予測に相対的な基準として利用できる。ただし，不確実な収益予想で構成され，一時的で大きな不動産売買収益なども含まれるから，客観性には十分の注意が必要である。成長期の企業に対するPERは一般的に高い。PERは，株価を収益の期待値という動態面で判断する。

また，株価を1株当たりのキャッシュフローで割った値は，「株価キャッシュフロー比率(PCFR：Price Cash Flow Ratio)」という。これは，年々のキャッシュフローにより，投下した資本が何年で回収できるかを表す。分母となるキャッシュフローには，内部留保として残る減価償却費が含まれる。このため，PCFRは企業成長に必要な事業の展開，あるいは設備投資の指標として見ることができる。

### 株価純資産倍率——PBR

株価を1株当たりの純資産で除した数は，「株価純資産倍率(PBR：Price Book Value Ratio)」または株価資産率という。

$$株価純資産倍率(PBR) = \frac{株価}{純資産(税引き後利益)} = \frac{株価}{自己資本額}$$

　純資産は株式会社解散時に残される解散価値で，借入金を除く会社の資本金・法定準備金・剰余金の合計として，自己資金額に等しい。つまり，解散時に持ち株数に応じて株主に帰す資産である。**PBRは，株価を資産内容や財務体質などの静態面で見た判断材料**で，たとえば純資産が500億円，総発行株式数5,000万株の場合，1株当たりの純資産は1,000円である。このとき，株式価格が1,500円であれば，PBRは1.5となる。なお，PBRが1であれば，株価とそれに見合う純資産が等しい。1以下の場合，株価は会社の純資産価値を下回っていることになるから，この株式は"買い"というサインが出ていると見なされる。
　PBRの変形にトービンのQ（トービンは研究者の名前で，そのQ指標）がある。Qは負債と株式の時価をその会社の資産をそっくり買い換えるときの取得額で割った指標である。

$$トービンのQ = \frac{負債の時価＋株式の時価}{資産の再取得額}$$

　分母は企業の保有する資産についての市場価値を表すから，**Qが1より大きいとすれば，企業はその保有している資産価値以上の市場評価を得ている**ことになる。つまり，市場からの資金調達を期待されている。**Qが1より小さければ，資産の再取得額の方が大きいから，資産のばら売りが有利**となり，企業買収の対象と見なされる。

### 株主資本利益率——ROE

　PBRをPERで除したものは，純資産に対する1株当たりの利益の割合として，「株主資本利益率(ROE：Return on Equity)」という。

$$\frac{\text{PBR}}{\text{PER}} = \frac{\frac{\text{株式価格}}{1\text{株当たりの純資産}}}{\frac{\text{株式価格}}{1\text{株当たりの期待利益}}} = \frac{1\text{株当たりの期待利益}}{1\text{株当たりの純資産}} = \text{ROE}$$

$$\text{PBR} = \text{ROE} \times \text{PER}$$

ROEは資本の効率性を示しており，株式投資に際して収益の期待値であるPERとPBR（株価純資産倍率）から企業経営効率の判断指標を与える。たとえば，PBRが低い企業は株価資産比率が低いから，純資産に対する株価の評価が低く，ROEかPERの一方，または両方が低いことになる。つまり，資本が効率よく使用されていないか，将来収益の低下が期待されるか，もしくは両方が予想される。この場合，投資資金は有効に利用されず，会社経営に問題があると判断される。株式投資と経営効率の判断指標としてROEも利用される。

**収益力分析——資本利益率とROA**

企業倒産の危険から，株式投資の収益性とともに，投資先企業の経営能力は常に点検する必要がある。経営状況をキャッシュフローから分析するため，収益力と現金の出入りをチェックする必要がある。**代表的な収益力指標として，資本1単位当たりの収益率を示す株主資本利益率（ROE）があり，最終利益÷株主資本で定義**される。ROEは，配当政策の反映された最終利益を株式数で除したものである。収益力と財務内容を，ROEよりさらに明らかにするため，使用総資本経常利益率がある。これは，株主資本に借入金などを加えた当期の営業成績である経常利益との比率である。

$$\text{使用総資本経常利益率} = \frac{\text{経常利益（売上高}-\text{営業費用}+\text{営業外損益）}}{\text{使用総資本}}$$

使用総資本経常利益率は，収益性の財務指標として「総資産利益率（ROA：Return on Asset）」と同じで，次のように変形できる。

$$総資産利益率 = \frac{利益}{総資産} = \frac{利益}{売上高} \times \frac{売上高}{総資本}$$
$$= 売上高利益率 \times 総資本回転率$$

ROAは，**総資産の利益獲得に対する効率性**を与えている。式から，資本の効率性をあげるためには，費用削減などによる売上高利益率の改善，売上げ増加による資産回転率の上昇が必要であることがわかる。企業の収益性は，このROA指標と，あとの株主資本利益率ROEが用いられることが多い。また，実際の会計上では，使用総資本は総資産と置き換えられる。

### キャッシュフロー分析——流動比率

株主資本比率に比べ，使用総資本経常利益率は，企業の収益率を明確にする。しかし，これらのデータが公表される財務諸表からは，表面的には悪化の兆候が読めないにもかかわらず，経営が行き詰まる企業は後を絶たない。このため，収益力分析で予見できない企業の財務健全性を読む概念として，企業の短期的な支払能力を示す財務流動性がある。これは，キャッシュフロー分析と呼ばれ，危険な投資先を見分ける有力な指標として，流動比率（Current ratio）が企業の支払能力を表す。流動比率は，換金性の高い現金・預金・有価証券（流動資産）と，1年以内に返済義務のある負債（流動負債）の比率で，次のように定義される。

$$流動比率 = \frac{現金・預金 + 有価証券等}{1年以内に返済義務のある負債}$$

**流動比率が100%を下回れば，即座に返済資金を確保できない。すなわち，資金繰りが悪化して，倒産回避のために資金を借りつなぐ営業（自転車操業）の危険な状況に陥っている。**流動比率が100%を大きく超えていれば問題はなく，通常200%以上が財務健全性の指標と見なされている。また，換金化の遅い棚卸し資産などを除いた支払充当資産を分子に置き換えて，より厳密な支払能力指標を得ることができる。これは，当座比率（Quick ratio）と呼ばれ，100%以上が望ましいとされている。

## 株式価格変動の予想

　株式価格や為替レートは，一般に確率変動をして，でたらめに動いていると見なされている。したがって，正確な価格変動予想は困難で不可能である。そのために，投資家はこれまでにあげてきた PER とか PBR あるいは ROE のような各種の指標を単独で，あるいは合成して投資の指標に使う。使い方は，投資家の判断によるから一意的な解き方はない。さらに，経験的な変動経路の形状から，将来価格を予想するテクニカル分析がある。

　でたらめな変動の結果，散らばり具合が正規分布をしているとすれば，過去の変動情報から分散と平均を計算して，将来の変動幅を信頼区間から求めることができる。第 3 章で学習したように，データから標準偏差や平均を求めれば，68％や 95％の確率で出現する変動幅は計算が可能である。実際の株取引においても $1\sigma$ や $2\sigma$ の目安 (68.3％か 95.4％) から，安く買って高く売る，高く売って安く買い戻す戦略の参考としている。

　図 7-3 には，日経平均株価の月次データをグラフで図示している。毎日の変動はでたらめで確率変動しているが，その長期の変動には，いくつかのトレンド (傾向) がある。日々のでたらめな変動は，緩やかな長期トレンドにそって動いている。図にはいくつかの変動があり，期近の上下動経路①，やや下降傾向がある中期変動②，全体変動③に期間を分けて，そのトレンドの先の信頼区間を予測する。$1\sigma$ の変動，約 70％の確率でデータを比較したのが図の下の数値例である。

　期近の上下変動のトレンドを持つデータ①からは，約 70％の確率で，10,534〜8,624 円の幅で変動する。下降トレンドがあるデータ②からは，14,438〜8,652 円の幅で変動し全区間の動き③からは 15,589 円から 9,353 円で変動することが示唆されている。なお，データ数が少ないと，信頼区間の数値の信頼性が崩れることに注意しなければならい。また，データから求められた分散や標準偏差は，変動情報として有用で，ヒストリカルボラティリティとも呼ばれる。

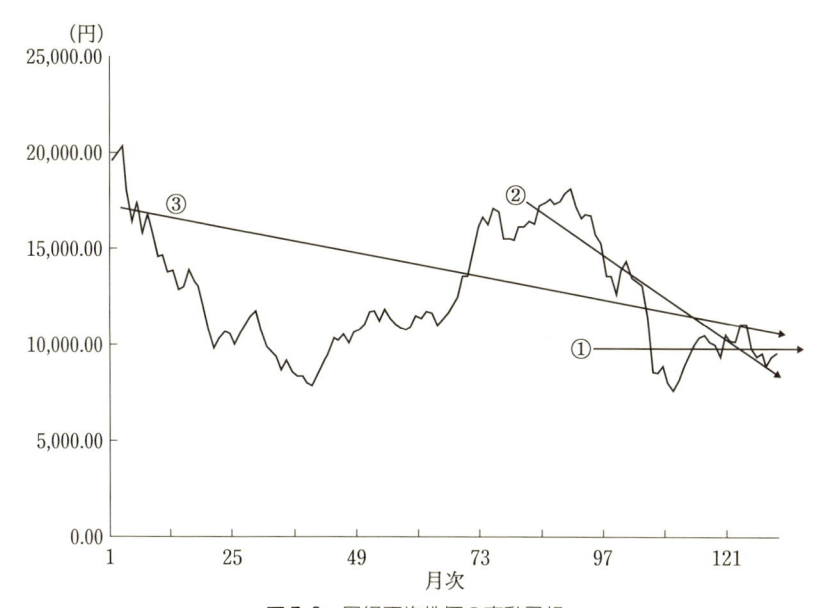

**図7-3　日経平均株価の変動予想**
3トレンド区間による正規分布1σによる**68.26%の信頼区間予測**
①期近の24個のデータ
　　$\sigma = 955, \mu = 9{,}579, \mu \pm \sigma \cdots 10{,}534 \sim 8{,}624$ 円
②あるトレンドを持つ40個のデータ
　　$\sigma = 2{,}893, \mu = 11{,}545, \mu \pm \sigma \cdots 14{,}438 \sim 8{,}652$ 円
③全期間の130個のデータ
　　$\sigma = 3{,}118, \mu = 12{,}471, \mu \pm \sigma \cdots 15{,}589 \sim 9{,}353$ 円

## 3. 分散投資の理論（＊ちょっとややこしいのでスキップしても可能）

### リスクを織り込むパフォーマンス評価・シャープの測度

　証券投資の収益を評価する場合，**収益獲得のため，どの程度のリスクをあえてとったのか，つまり直面していた標準偏差の大きさを考慮**しなければならない。たとえば，2つの証券投資があって同じ収益のとき，高いリスクと低いリスクでは，どちらが評価が高いだろうか。その答えは，リスクを高くとって高い収益をあげるよりは，低いリスクで高い収益をあげる投資プロジェクトが高く評価されるのが当然である。このことから，**シャープの測度**

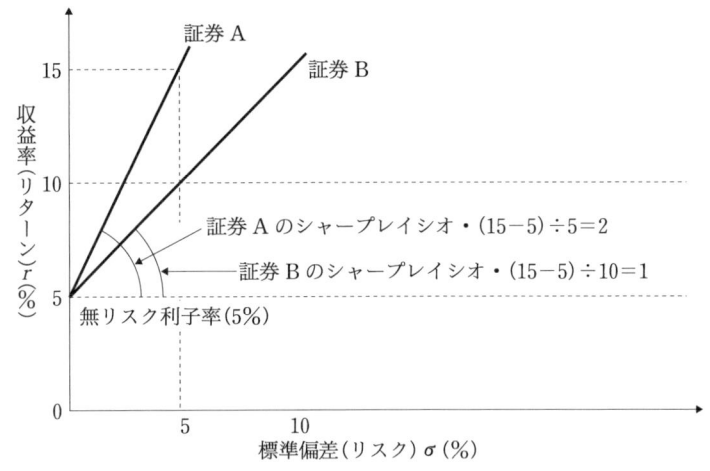

図7-4 シャープの測度によるパフォーマンス評価法
シャープの測度 ＝（投資資産の収益率－無リスク利子率）÷資産の標準偏差

またはシャープレイシオ「リスク調整後のパフォーマンス」といった収益評価指標が使用され，次のように定義される。

$$\text{シャープの測度（レイシオ）} = \frac{r_P - r_f}{\sigma_P}$$

ここで，$r_P$ はポートフォリオの過去の運用実績としての収益率，$r_f$ は損をする可能性のない無リスク資産（たとえば国債など）の利回り，$\sigma_P$ はポートフォリオの標準偏差としてリスクを表している。

シャープレイシオの高い方が運用実績が優れていると見なされる。同じ標準偏差であれば高い収益率をあげた方が，同じ収益率であれば小さなリスクをとった方が優秀なポートフォリオと見なされる。無リスク資産を保有することは，何のリスクもとらず，非常に消極的な投資運用をしていることと同じである。したがって，分子のポートフォリオの運用実績と無リスク資産利回りの差は，負担した投資リスクの大きさを反映している。つまり，**シャープレイシオは，標準偏差 $\sigma$ を尺度とした，負担リスク1単位当たりの収益率**を表している。

図7-4では，評価期間中の収益率が同一の15％，年当たりの標準偏差に

ついて証券Aが5%，証券Bが10%の例について図示している。この場合，シャープレイシオは，証券Aが(15-5)/5 = 2，証券Bが(15-5)/10 = 1となる。証券AとBは同じ収益率でも，標準偏差では証券Aの方が小さい。シャープレイシオから見ればAのレイシオが大きく，Aは小さなリスクをとって大きな運用実績をあげていると評価される。

### リスクの分散効果——平均−分散アプローチ

マーコビッツとトービンという研究者は，単一のリスク資産をまとめて保有するよりは，いくつかを組合せてポートフォリオを作成した方がリスクが分散できる，ということを明らかにした。そして，**リターンとリスクの関係を平均と分散(または標準偏差)の統計量で置き換えて，投資家の最適なポートフォリオ形成**を提示した。これを，「マーコビッツの平均−分散アプローチ」という。

リスクの分散効果を理解するため，平均−分散アプローチからリターンとリスクの関係を理解することができる。考える2証券の収益は，業績が天候に左右されるものとして，天候の変化から収益が確率的に変動するものと想定する。たとえば，**企業A・解放スタジアム**としての阪神タイガース，東京ディズニーランドやUSJ（ユニバーサル・スタジオ・ジャパン）は好天候では集客力が強く，**企業B・ドームスタジアム**としての北海道日本ハムファイターズ，読売ジャイアンツや映画館などは雨天時には集客を誇るかも知れない。一方，雨が降るか晴れるかはでたらめで，誰も予測はできない。この確率変数を，期待値としての平均や分散により，収益率と保有するリスクに置き換えて，最適なポートフォリオの構築を考える。

### [Step1] 期待収益率(リターン)を計算する

たとえば，連休や夏休み，冬休みの**晴天確率と雨天が続く確率を50%**と想定する。企業への投資収益には利益が反映され，企業の証券収益は，天候と利益で決まる。利益を反映する債券や株式を一括ひとまとめにして証券AとBとし，次のような例を考える。

|  | 晴天が続く(50%) | 雨天が続く(50%) |
| --- | --- | --- |
| 証券 A | 16% | 8% |
| 証券 B | 4% | 8% |

この例から，証券の期待収益率と標準偏差は次のように計算される。

$$E[A] = 0.5 \times 16 + 0.5 \times 8 = 12, \quad S_A = \sqrt{\frac{(16-12)^2}{2} + \frac{(8-12)^2}{2}} = 4$$

$$E[B] = 0.5 \times 4 + 0.5 \times 8 = 6, \quad S_B = \sqrt{\frac{(4-6)^2}{2} + \frac{(8-6)^2}{2}} = 2$$

この結果から，2つの証券の期待収益率と標準偏差，リターンとリスクは，次のように要約される。

|  | 期待収益率(リターン) | 標準偏差(リスク) |
| --- | --- | --- |
| 証券 A | 12 | 4 |
| 証券 B | 6 | 2 |

次に，証券Aと証券Bの2種類を保有した場合の期待収益率を求める。投資戦略の例として，複数資産の組合せによるこのフォートリオについて，**証券Aには60％，証券Bには40％**の比率で配分すると決める。この期待収益率は，配分比率をウエイトとする加重平均となるから，このポートフォリオの期待収益率は，

$$0.6 \times 12\% + 0.4 \times 6\% = 9.6\%$$

スポーツ企業について晴天収益型と雨天収益型に60％と40％で分散投資することで，9.6％の収益を期待することができる。

[Step2] 標準偏差(リスク)を考慮する

2つの証券からなるポートフォリオのリスクを計算する手順は，最初に，$A$を$x$％，$B$を$(1-x)$％の割合で足し合わせた変数$C$をつくり，この$C$

について，分散を計算して平方根を取れば，$A$と$B$からなるポートフォリオの**標準偏差(リスク)**を計算することができる。

先の期待収益率の計算は，$0.6 \times 12\% + (1-0.6) \times 6\% = 9.6\%$と書ける。$C$の分散とリスクとしての標本標準偏差$S_C$は，$A$と$B$期待収益率をそれぞれの$\mu$で表すことにより，使い勝手のよい式に書き換えができ，次のように書ける。

$$S_C = \sqrt{x^2 \cdot S_A^2 + 2x \cdot (1-x) \cdot \rho \cdot S_A \cdot S_B + (1-x)^2 \cdot S_B^2} \qquad (7\text{-}5)$$

最終的に求めたいものは分散投資$C$の標準偏差であるが，式中に共分散が入っているために，少々厄介な式となっている。そこで，最後の分散共分散を求めるために式の変形が必要となる。相関係数$\rho$を使うと，すべて分散の値で分散投資の標準偏差を求めることができる。

例では，相関係数$\rho$に異なる想定を置くことで，分散投資の危険について，$A$と$B$の証券が完全相関(1)，かなり正の相関(0.5)，無相関(0)，かなり負の相関($-0.5$)，完全逆相関($-1$)の関係について比較することができる。

また，注意しなければならない点として，複数証券からなるポートフォリオのリスクは，単純な分散や標準偏差の足し算からの加重平均からは求められない。**ポートフォリオ全体では，証券価格の変動率の相関，つまり，ある証券価格の変化が他の証券価格と同じ連動をするとは限らない。同じ変動をする正の相関と逆方向の負の相関があり，ポートフォリオ全体のリスクに影響を及ぼす。**

$\rho = 1, \quad S_C = \sqrt{(0.6)^2 \times (4)^2 + 2 \times (0.6) \times (1-0.6) \times 1 + (1-0.6)^2 \times (2)^2} \approx 2.62$

$\rho = 0.5, \quad S_C = \sqrt{(0.6)^2 \times (4)^2 + 2 \times (0.6) \times (1-0.6) \times 0.5 + (1-0.6)^2 \times (2)^2} \approx 2.58$

$\rho = 0, \quad S_C = \sqrt{(0.6)^2 \times (4)^2 + 2 \times (0.6) \times (1-0.6) \times 0 + (1-0.6)^2 \times (2)^2} \approx 2.53$

$\rho = -0.5, \quad S_C = \sqrt{(0.6)^2 \times (4)^2 + 2 \times (0.6) \times (1-0.6) \times (-0.5) + (1-0.6)^2 \times (2)^2} \approx 2.48$

$\rho = -1, \quad S_C = \sqrt{(0.6)^2 \times (4)^2 + 2 \times (0.6) \times (1-0.6) \times (-1) + (1-0.6)^2 \times (2)^2} \approx 2.43$

数値例から，相関係数の$r_{AB}$により，リスクの値・標準偏差が異なることがわかる。相関係数とポートフォリオ全体のリスクの管理には深い関係が

あり，相関の違いはリスクを打ち消す効果がある。完全な正の相関から，相関の度合いが低下するにつれてリスクが軽減される。さらに，負の完全相関 $\rho = -1$ ではリスクが一番小さくなっている。つまり，**分散投資によるリスクの軽減効果**がある。

[Step3] 異なる相関係数でリスクを計算する

分散投資の効果は異なる相関係数で比較することができる。さらに詳しくリスク軽減効果を分析するため，表 7-2 には相関係数と資産組み入れ比率を変化させ，ポートフォリオのリスク変化を書き込んでいる。例では，株式 A と株式 B の分散投資を考えて，リターンは歴史的に 12% と 8%，リスクとしての標準偏差は 20 と 15 を想定している。

2 つの資産 A と B の合同による標準偏差は，(7-5)式で求められる。したがって，この式の $\rho$ のなかの数値を適当に変え，資産組み入れ比率を変更して，当該の組合せによるポートフォリオのリスクを計算することができる。これらの結果は，表 7-2 に要約されており，たとえば，株式 A と株式 B を半々ずつ投資したとする。

**相関係数 $\rho$ が 1 であれば分散は加重平均される**ので，(20/2 + 15/2) として，リスクは 17.50 となる。その他の相関係数を(7-5)式に代入して計算すると，$\rho = 0.5 \cdot S_C = 15.21$，$\rho = 0 \cdot S_C = 12.50$，$\rho = -0.5 \cdot S_C = 9.01$，$\rho = -1 \cdot S_C = 2.50$ を得る。表からは，$\rho = 0.5$ でリスクが 14.42，$\rho = 0$ でリスクが 12.00，$\rho = -0.5$ で 8.54 となっている。すなわち，**相関係数が異なっても，資産組み入れ率を変えることでリスクを軽減することが可能**であることがわかる。

株式価格変動関係が $\rho = -1$ の**完全逆相関の場合**は，資産組み入れ率をこの例では，A を 20/35，B を 15/35 にすることで，**リスクをゼロにすることも可能**となる。

[Step4] 分散投資の効果

これらを図示すると図 7-5 となり，縦軸がリターンとしての期待収益率，横軸はリスクとしての標準偏差を目盛りとしている。図には，$\rho$ の値と組み

3. 分散投資の理論　219

**表7-2** リスク分散効果

| 資産 | リターン(期待収益率) | リスク(標準偏差) |
|---|---|---|
| 資産A | 12 | 20　($S_A$) |
| 資産B | 8 | 15　($S_B$) |

| 資産組み入れ比率(%) ||分散投資のリターン| 相関係数 $\rho$ |||||
|---|---|---|---|---|---|---|---|
| | | | −1.0 | −0.5 | 0 | 0.5 | 1 |
| A | B | | $\rho_1$ | $\rho_2$ | $\rho_3$ | $\rho_4$ | $\rho_5$ |
| | | | ポートフォリオのリスク(2) |||||
| 100 | 0 | 12.00 | 20.00 | 20.00 | 20.00 | 20.00 | 20.00 |
| 95 | 5 | 11.80 | 18.25 | 18.64 | 19.01 | 19.39 | 19.75 |
| 90 | 10 | 11.60 | 16.50 | 17.30 | 18.06 | 18.79 | 19.50 |
| 85 | 15 | 11.40 | 14.75 | 15.99 | 17.15 | 19.23 | 19.25 |
| 80 | 20 | 11.20 | 13.00 | 14.73 | 16.28 | 17.69 | 19.00 |
| 75 | 25 | 11.00 | 11.25 | 13.52 | 15.46 | 17.18 | 18.75 |
| 70 | 30 | 10.80 | 9.50 | 12.38 | 14.71 | 16.71 | 18.50 |
| 65 | 35 | 10.60 | 7.75 | 11.33 | 14.02 | 16.27 | 18.25 |
| 60 | 40 | 10.40 | 6.00 | 10.39 | 13.41 | 15.87 | 18.00 |
| 55 | 45 | 10.20 | 4.25 | 9.61 | 12.91 | 15.52 | 17.75 |
| 50 | 50 | 10.00 | 2.50 | 9.01 | 12.50 | 15.21 | 17.50 |
| 43* | 57* | 9.80 | 0.00 | 8.57 | 12.12 | 14.85 | 17.14 |
| 40 | 60 | 9.60 | 1.00 | 8.54 | 12.04 | 14.73 | 17.00 |
| 35 | 65 | 9.40 | 2.75 | 8.71 | 12.00 | 14.57 | 16.75 |
| 30 | 70 | 9.20 | 4.50 | 9.12 | 12.09 | 14.47 | 16.50 |
| 25 | 75 | 9.00 | 6.25 | 9.76 | 12.31 | 14.42 | 16.25 |
| 20 | 80 | 8.80 | 8.00 | 10.58 | 12.65 | 14.42 | 16.00 |
| 15 | 85 | 8.60 | 9.75 | 11.55 | 13.10 | 14.48 | 15.75 |
| 10 | 90 | 8.40 | 11.50 | 12.62 | 13.65 | 14.60 | 15.50 |
| 5 | 95 | 8.20 | 13.25 | 13.78 | 14.29 | 14.78 | 15.25 |
| 0 | 100 | 8.00 | 15.00 | 15.00 | 15.00 | 15.00 | 15.00 |
| x | 1−x | (1) | | | | | |

(1): 分散投資のリターン
　　(Aの組み入れ比率×Aのリターン)+(Bの組み入れ比率×Bのリターン)
(2): ポートフォリオのリスク

$$S_c = \sqrt{x^2 \cdot S_A^2 + 2x \cdot (1-x) \cdot \rho \cdot S_A \cdot S_B + (1-x)^2 \cdot S_B^2}$$

*：リスクフリーの組合せは, Aが20/35(約42.857%), Bが15/35(約57.143%)

図7-5 分散投資のリスク減少効果

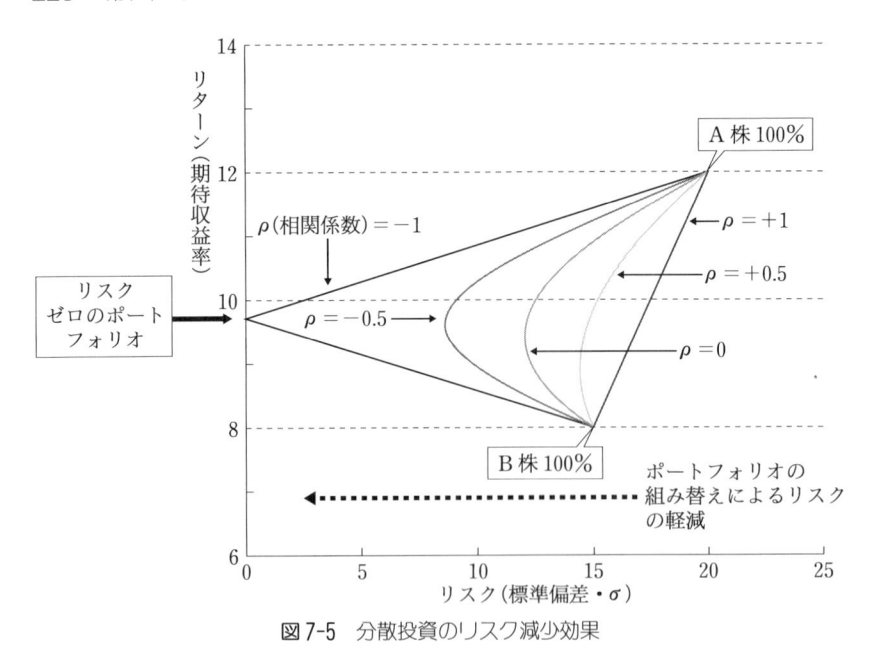

入れ比率を変えることで，当該のポートフォリオのリスクとリターンの組合せの軌跡が描かれている。右端の直線は $\rho=1$ として2資産が完全相関のケースを示している。これは，2つの株式の標準偏差について，加重平均した値を結んでおり，この理由は次の展開による。

$$\begin{aligned}
S_C &= \sqrt{x^2 \cdot S_A^2 + 2x \cdot (1-x) \cdot 1 \cdot S_A \cdot S_B + (1-x)^2 \cdot S_B^2} \\
&= \sqrt{\{x \cdot S_A + (1-x) \cdot S_B\}^2} \\
&= x \cdot S_A + (1-x) \cdot S_B, \quad (\rho = 1)
\end{aligned} \quad (7\text{-}5')$$

左端の2本の直線は，両資産が $\sigma=-1$ の完全逆相関の場合を示している。図では，これらの直線による三角形で囲まれた中に，曲線群が描かれて，組み込み比率と $\rho$ を変化させたとき，リスクが変化することに対応している。また，曲線群のポートフォリオ・リスクは，株式の標準偏差を両者の組み入れ比率で加重平均した右端の直線よりも左の領域にあり，リスクが小さくなっている。すなわち，ポートフォリオのリスク・リターンの組合せ曲線

群は，分散投資によるリスク減少効果を示している。これらの結果から，次のようにまとめることができる。

| 相関係数 $\rho$ とポートフォリオの分散効果 | |
|---|---|
| $\rho = 1$ | ポートフォリオのリスクは，株式Aと株式Bの標準偏差の加重平均に等しく，リスクの分散効果はない。 |
| $-1 < \rho < 1$ | ポートフォリオの分散効果が発生する。両株式の変動における負の相関関係が高いほど効果は大きい。 |
| $\rho = -1$ | 両株式の価格変動は完全に反対なので，組み入れ比率によっては，ポートフォリオのリスクをゼロとすることが可能。 |

たとえば，完全逆相関の株式AとBがあり，過去の歴史的なデータから，株式Aの標準偏差 $S_A$ は20，株式Bの標準偏差 $S_B$ は15であった。リスクゼロのポートフォリオが作成可能であれば，組み入れ比率はどのように計算されるか。

求める答えを $x$，$w \cdot (1-x)$ として，完全逆相関であれば，(7-5′)式で示される標準偏差の式で $\rho$ が $-1$ となり，次式に変形できる。

$$\begin{aligned} S_C &= \sqrt{x^2 \cdot S_A^2 + 2x \cdot (1-x) \cdot (-1) \cdot S_A \cdot S_B + (1-x)^2 \cdot S_B^2} \\ &= \sqrt{\{x \cdot S_A - (1-x) \cdot S_B\}^2} \\ &= |x \cdot S_A - (1-x) \cdot S_B|, \quad (\rho = -1) \end{aligned} \quad (7\text{-}5'')$$

リスクフリーから(7-5″)式の値はゼロで，$x \cdot S_A - (1-x) \cdot S_B = 0$ が成立する。これをリスクゼロのポートフォリオ $x$ について解けば，

$$x = S_B/(S_A + S_B) = 15 \div (20+15) = 15/35$$
$$(1-x) = S_A/(S_A + S_B) = 20 \div (20+15) = 20/35$$

結局，極端な銘柄であっても，**相関係数が $-1$ であれば，各標準偏差の比率と等しく保有割合を決めると，リスクゼロのポートフォリオをつくることができる**。つまり，財務担当者は多様な債券を組合せて保有することにより，リスクを軽減することが可能になる。さしあたり目的のない資金運用では，分散投資が有効である。ただし，ローリスク・ローリターン，ハイリスク・ハイリターンであるために，リスクの回避と高い利回りは相反した関係にある。

# 第8章 スポーツファイナンス

## 1. スポーツ投資とファイナンス

### ラクロスチームの招待試合

　ドラッグストアを展開している企業グループがあり，そこのアルバイト店員に大学ラクロスクラブに所属している学生がいる。彼女のアルバイト加入により，ゲームで使うクロスの作成をすることにより，地域の竹細工加工が発展し地域振興に役立てたり，地域住民に教えることによりラクロスの競技人口が増加する。やがて，放送局の知れるところとなり，テレビで紹介されたりする。ホームページの作成などで，広く発信することで，ラクロス発祥の地アメリカから挑戦状が舞い込むことになる。
　このとき，相手チームを招待するための旅費や滞在費をどう賄うか1つ難題が持ち上がる。チェーン店を総括するハッスルドラッグ社の社長は，運動による健康維持という要望に応え，800万円（帯封札束8束から想像して）の協賛資金を提出する。やがて，親善試合は上首尾でめでたしめでたしと終わる。映画好きの方であれば，これは何の話かすでにご存じと思われるが，2004年に上映された「ドラッグストア・ガール」の簡単なあらすじである。映画のストーリーでは，ハッスルドラッグ社の社長は系列ストアのアルバイト従業員の活動やクラブメンバーの思いに賛同して，旅費や滞在費を負担している。
　これらの支出を，スポーツへの投資と考えれば，違った視点でこの物語を見ることができる。たとえば，**アメリカチームの旅費や滞在費を，ラクロスクラブチームへの投資，すなわちキャッシュ・アウトフローと考える**。素人

チームと本場チームの試合ということで，話題性があり，テレビの取材からいくつかの番組で取り上げられ，スポンサーとしてのハッスルドラッグ社の知名度は上昇する。ハッスルドラッグ社は，特別の広告宣伝費を負担することなく，会社のイメージを広く知ってもらい，チェーンストアの存在を広く知らしめることになる。つまり，社名がテレビに出ることで，**広告宣伝費の大きな節約というキャッシュ・インフローが発生**する。また，日本における企業スポーツは広告塔の役割が大きい。日本における企業のスポーツ支援の理由は，①企業の知名度や好感度を上げて企業にファンをつくる，親近感を高めるなどの宣伝効果，②企業内の人的な結束を強めることを期待している。

宣伝の効果として，失墜していた宮崎県のブランドイメージを回復し，生産物を全国に知らしめた例がある。宮崎県の東国原知事は，初登庁からの1週間で，NHKや在京民放5局の報道番組やワイドショーなどへ出演し，**テレビでの露出時間は182番組計22時間30分だった。宮崎県の委託を受けた広告会社が計算して，テレビ広告料に換算すると165億円**と算定した。単純計算で1時間当たりに計算し直すと7億3,333万円，1分間では1,222万円となる。新知事は1週間で宮崎を知らしめるコスト165億円を節約し，それは返却された費用としての収入と見なすこともできる。ラクロスチームへの協賛資金は，映画の筋書きからは離れてしまうが，経営者にとっては経費の代替と見なすことができる。これが宣伝費と釣り合えば，支出は合理的である。判断の前に，少し準備が必要である。

### 正味現在価値（NPV）ルール

企業が投資を行う場合，最初の期に大きな投資のための支出・キャッシュ・アウトフローがあり，その後何年かにわたって発生した投資の成果としての収入・キャッシュ・インフローを受け取ることになる。**投資の正味現在価値（NPV：Net Present Value）とは，将来のキャッシュ・インフローの現在価値の合計から，当初の投資支出のキャッシュ・アウトフローの現在価値を差し引いた純価値（ネット価値という）**をいう。

$$\text{NPV} = \frac{CF_1}{1+r_1} + \frac{CF_2}{(1+r_2)^2} + \cdots + \frac{CF_{n-1}}{(1+r_{n-1})^{n-1}} + \frac{CF_n}{(1+r_n)^n} - I = \sum_{i=1}^{n} \frac{CF_i}{(1+r_i)^i} - I$$

記号の $CF_n$ は将来の第 $n$ 期に発生するキャッシュ・インフローの現在価値，$r_i$ は各期に用いられる割引率で変化をともなう市場金利である。NPV は，投資による第 1 期から $n$ 期の間のキャッシュ・インフローの現在値合計を求め，その値から当初の投資額であるキャッシュ・アウトフロー I を差し引いて求められる。グラフを用いた概念説明は，次の図 8-1 である。

NPV の計算は定義に示されるように，現在価値をベースにしている。キャッシュ・インフローは，たとえば例にあるように，1 年後から 5 年後の将来価値である。将来価値と現在価値の関係は前章で学んだように，将来価値を現在価値に換算すると目減りが発生して，その目減りの割合を割引率と呼んだ。割引率を用いた将来価値と現在価値の関係は，期間数累乗の複利による現在価値率を用いて，次のような関係がある。

現在価値 ＝ 将来価値×割引ファクター
割引ファクター ≡ 複利による現在価値率 ≡ 1÷(1＋割引率)<sup>期間の数</sup>

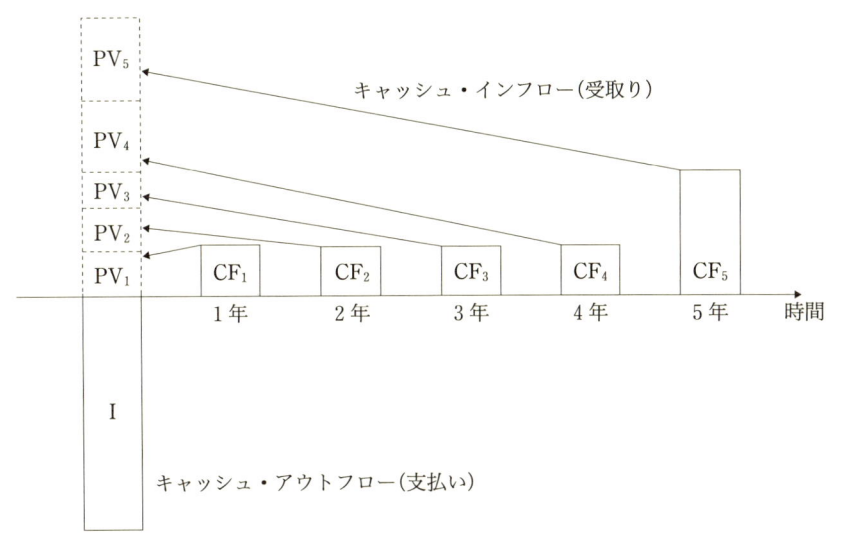

**図 8-1** キャッシュ・アウトフローとインフローによる投資の価値評価
割引現在価値の合計 ＝ $\Sigma CF_t$, $t = 5$.

### NPV による不動産投資評価の例

不動産投資として，スポーツクラブチームの**財務担当者がさしあたり使途目的のない運転資金 3,000 万円の投資先を検討**していた。株式の予想配当率，債権の利回り，長期債券のイールドカーブを検討した結果，マンションなどの**不動産投資**を検討することになった。この投資物件を購入するかを検討するためには，マンション投資の現在価値を求めなければならない。

投資条件：マンション購入資金 3,000 万円，
　　　　　賃貸収入は年 150 万円（維持費・税など込み），
　　　　　5 年後の売却予定価格 2,500 万円

### [Step1]

割引率としての**市場利子率** $r_i$ はゆるやかに上昇すると期待して，3％から 3.1, 3.5, 3.7, から 4％台と予想すると，次のキャッシュフロー表を得る。

単位：万円

|  | スタート | 1年後 | 2年後 | 3年後 | 4年後 | 5年後 |
|---|---|---|---|---|---|---|
| 市場金利（割引率） |  | 3％ | 3.1％ | 3.5％ | 3.7％ | 4％ |
| 割引ファクター | 1 | 0.97087 | 0.94077 | 0.90194 | 0.86473 | 0.82193 |
| キャッシュ・インフロー $CF_t$ |  | 150.000 | 150.000 | 150.000 | 150.000 | 2,650.000 |
| 割引現在価値　　$PV_t$ |  | 145.631 | 141.115 | 135.291 | 129.711 | 2,178.107 |
| 割引現在価値合計　$\Sigma PV_t$ | 2,729.855 |  |  |  |  |  |
| キャッシュ・アウトフロー I | 3,000.000 |  |  |  |  |  |

数値例から，5 年間を通じた家賃収入と売却収入の割引現在価値とキャッシュ・アウトフローを比較すると NPV はマイナスで，2729.8550 − 3,000 = −270.1450 とネットで支出の方が多く，このマンション投資計画は不承認か却下される。

### [Step2]

**市場利子率** $r_i$ は半分の水準に下落すると期待して，3％から，2.5, 2.2, 2.0, から 1.5％になると予想すると，

# 1. スポーツ投資とファイナンス

単位：万円

|  | スタート | 1年後 | 2年後 | 3年後 | 4年後 | 5年後 |
|---|---|---|---|---|---|---|
| 市場金利(割引率) |  | 3% | 2.5% | 2.2% | 2.0% | 1.5% |
| 割引ファクター | 1 | 0.97087 | 0.95181 | 0.93680 | 0.92385 | 0.92826 |
| キャッシュ・インフロー $CF_t$ |  | 150.000 | 150.000 | 150.000 | 150.000 | 2,650.000 |
| 割引現在価値 $PV_t$ |  | 145.631 | 142.772 | 140.520 | 138.577 | 2,459.890 |
| 割引現在価値合計 $\Sigma PV_t$ | 3,027.390 |  |  |  |  |  |
| キャッシュ・アウトフロー $I$ | 3,000.000 |  |  |  |  |  |

NPV を計算すると，3,027.3900－3,000 ＝ ＋27.3900 とわずかながらもプラスとなり，ネットの(純)支出の方が少なく，このマンション投資計画は承認される。このように，市場金利の評価により NPV の値は異なり，金利上昇傾向であれば不動産運用は不利で，下降局面では有利である。以上を要約すれば，

金利予想の違いにより投資判断は異なる。NPV が負となるような投資戦略は承認されないし，選択してはならない。NPV ≧ 0 と，非負であれば，投資による富は確実に増加する。また，いくつかの投資計画があるときには，NPV の大きなものから承認されるべきである。内部収益率 IRR と NPV を比較すると，定義は次の通り。

$$P = \frac{CF_1}{1+d} + \frac{CF_2}{(1+d)^2} + \cdots\cdots + \frac{CF_{n-1}}{(1+d)^{n-1}} + \frac{CF_n}{(1+d)^n}$$
$$= \sum_{i=1}^{n} \frac{CF_i}{(1+d)^i} \tag{8-1}$$

$$NPV = \frac{CF_1}{1+r_1} + \frac{CF_2}{(1+r_2)^2} + \cdots\cdots + \frac{CF_{n-1}}{(1+r_{n-1})^{n-1}} + \frac{CF_n}{(1+r_n)^n} - I$$
$$= \sum_{i=1}^{n} \frac{CF_i}{(1+r_n)^i} - I \tag{8-2}$$

債券の当初払い込み価格を $P$ とすれば，内部収益率 $d$ は，(8-1)式を満たす値で，キャッシュフローを期間の区別なく同じレート $d$ で割り引いている。NPV は将来利子率を予測し，金利の期間構造を考慮している。IRR は式を満たす一定の金利で，再運用金利または収益率を一定と仮定して，市場金利の変化によるリスクは考慮されていないことに注意しなければならない。

### ラクロスチームへの協賛金を評価

　ハッスルドラッグ社の社長は，クラブチームがテレビで取り上げられ，話題となったことから，投資プロジェクトとして評価を考える。つまり，新規の取材やテレビ取材によって，外国チームとのスポーツ交流などを積極的に支援する健康産業として，コーポレート・イメージと自社ブランド名のアピールが可能となる。これらの経済効果が，800万円で釣り合うか，おつりがくるかを判断するするためにNVPの計算が必要となる。

　映画では，外国チームとの招待試合がアナウンスメントされて，試合が終わるまで，秋冬の4か月前後マスコミに取り上げられ，ハッスルドラッグ社チェーンの宣伝広告に役立っていた。キャッシュ・インフローはテレビの放送で露出していた時間と平均的なコマーシャル放映料に換算される。単発なコマーシャルのスポット製作は，一般に最低300万〜2,000万円で，製作費には天井がない。適当なレートを算出するのは困難であるが，ローカル局製作1か月の低い水準300万円の宣伝広告費の効果はあったと想定する。

　このNPVの計算では，割引ファクターの求め方に工夫が必要である。複利割引率の3％は年利率であるから，1か月〜4か月運用金利に修正するには分数の累乗が必要で，たとえば年3％の1か月金利は(1+0.03)の12分の1乗を，3か月は4分の1乗，4か月は3分の1乗の累乗根を求めればよい。

$$(1+0.03)^{1/12} = 1.002466, \quad (1+0.03)^{2/12} = (1+0.03)^{1/6} = 1.006494$$
$$(1+0.03)^{3/12} = (1+0.03)^{1/4} = 1.007417, \quad (1+0.03)^{4/12} = (1+0.03)^{1/3}$$
$$= 1.009901$$

　ちなみに，3分の1乗の累乗根は立方根といい，2分の1乗の累乗根を平方根という。表記の約束と例として，たとえば次のように表す。

$$16^{\frac{1}{2}} = \sqrt{16} = 4, \quad 3^{\frac{1}{2}} = \sqrt{3} \approx 1.7320508, \quad 27^{\frac{1}{3}} = \sqrt[3]{27} = 3$$

　マンションの投資の収益分析と同じ方法で，NPVを求めて評価できる。
　NPVは+392となる。すなわち，800万円のキャッシュ・アウトフローに対して，広告宣伝費を収入に換算したキャッシュ・インフローの現在価値

単位：万円

|  | スタート | 1か月後 | 2か月後 | 3か月後 | 4か月後 |
|---|---|---|---|---|---|
| 年利1.03%の月別金利 |  | 1.002466 | 1.006494 | 1.007417 | 1.009901 |
| 割引ファクター | 1 | 0.997540 | 0.995086 | 0.992638 | 0.990200 |
| キャッシュ・インフロー $CF_t$ |  | 300.000 | 300.000 | 300.000 | 300.000 |
| 割引現在価値　　$PV_t$ |  | 299.2619 | 298.5257 | 297.7913 | 297.0600 |
| 割引現在価値合計　$\Sigma PV_t$ | 1,192.639 |  |  |  |  |
| キャッシュ・アウトフロー $I$ | 800.000 |  |  |  |  |

合計は約393万円の超過となり，この**投資プロジェクトはハッスルドラッグ社に大きな利益をもたらす**ことがわかる。つまり，外国チームの招待は，ハッスルドラッグ社の社長ないし財務担当責任者から承認されるべき投資プロジェクトと判断される。

なお，例では割引率として市場利子率を用いた。割引率の本来の意味は，将来の価値が現在の価値にどれだけ相当するかを求める利子率である。コーポレートファイナンスでは，それは企業が資本を調達するのにかかった金利または資本コストと見なされる。つまり，自己資本に対する配当やキャピタルゲイン，他人資本からの借入金に対する支払利息などの加重平均を計算して求める。

### 企業クラブチームの相次ぐ廃部・休部

日本経済の長引く不況から，企業スポーツの廃部や休部・撤退が相次いでいる。たとえば，次のクラブが去っていった。

・バレーボール：新日鉄・ユニチカ・日立・ダイエー・住友金属工業・
　　　　　　　NEC・コスモ石油
・アイスホッケー：西武鉄道・雪印乳業・古河電工
・野球：プリンスホテル・日産車体・大昭和製紙北海道・北陸銀行・熊谷組
・女子サッカー：プリマハム・松下電器(Panasonic)・OKI・田崎真珠
・陸上：ニコニコドー・大和ハウス・神戸製鋼所・九州産交・三洋信販・
　　　ファイテン
・バスケットボール：ジャパンエナジー・NKK・日本通運・住友金属工業
・F1：ホンダ

・WRC（世界ラリー選手権）：スズキ・スバル
・アメリカンフットボール：オンワード樫山

　これらは撤退したクラブの親企業の一部であり，ほかにも栄光に輝いた多くのクラブチームの廃部が相次いでいる。不況は継続的であるが，これらの企業はとくに経営が厳しく，一刻も早く手放さなければ，会社全体の財務内容に深刻な影響を与えるといった要素はない。また，クラブの運営コストは数億円の規模であり，親会社の経営を圧迫する要因とも思えない。たとえば，クラブチームの維持のためには，次の額程度が必要といわれている。

・バレーボールのクラブチームを維持するためには，3億〜5億円
・プロバスケットボールで1.5億〜2億円
・都市対抗野球レベルで1億〜2.5億円
・アイスホッケーで3.5億〜5億円
・例外的にF1クラスで150億円

　企業がスポーツクラブを保有する目的，または企業がプロスポーツに協賛する目的は，①企業イメージの宣伝，②企業で働く社員の一体感を高めるといった2点であろう。多くのクラブが廃部に追い込まれているのは，この2点を満足する手段たり得なくなっていることに起因している。

　第1の問題点として，企業の宣伝効果が低下している理由は，テレビなどのメディアで取り上げられる時間数，放映時間数が激減している。バブル経済崩壊前の1980年代のバレーボールを例にとると，新日鉄の試合は年間約700分でCM放映料換算で20億円相当といわれた。クラブ維持にかかる3億〜5億円の費用と比較すれば，十分おつりがくる勘定となる。1時間当たり2億円のCM放映料として，バレーボールのテレビ露出時間は1時間30分〜3時間必要となる。ところが，多額の赤字を出しても維持されているプロ野球の中継などは例外で，バレーボールは時間調整のために録画でしかも夜間の時間帯の放映が多いため，宣伝効果は低いだろう。

　テレビ番組構成は，局にリベート支払いがあるショップ系のチャンネル，製作コストを削減できる海外ドラマやバラエティ番組が増加して，**企業スポーツの宣伝に効果的なテレビ露出時間は急速に減少している**。これは，広告宣伝費シェアをインターネット系の媒体に奪われているテレビ局の事情も

ある。クラブを維持するための費用と見合うだけの効果的なテレビ露出時間を確保するのは困難であろう。また，Jスポーツ，GAORA，ESPN系のスポーツチャンネルは，基本的に有料であり，視聴者層は限定されている。

　第2の問題点として，バブルショックにいたるまでの企業スポーツは，経営の概念が欠如しており，企業の連結財務諸表の対象企業という意識は薄かった。これは，プロ野球にはほぼ当てはまり，現在のプロサッカーJリーグの一部クラブにもいえる。スポンサー企業の広告塔として，つまり，利益を生み出す現業部門ではなく，企業グループの費用勘定としての意識が強く働いていたために，むしろ自然な認識であった。

　ところが，長引く不況にともない，派遣切りといった非正規効用労働者の解雇などの人員削減が多くの企業で断行されると，費用勘定項目として認識されてきた企業スポーツクラブは聖域にはなり得ない。また，不況による業績の悪化，グローバル化にともなう経営陣や株主の多国籍化，外部重役の導入は企業経営の特徴である。このような経営環境を考慮すれば，利益追求への圧力と**経費削減は不可避**となる。スポーツクラブの廃止は経営努力の表れとして，評価されるかも知れない。

## 2. 契約金のファイナンス

### チームを移籍するためには

　メジャーリーグ野球（MLB）の戦力は，トレードや新人選手の発掘などで強化される。戦力の手当は，ジェネラルマネージャーの職務であり，支配下の選手や監督の選任など，野球グラウンドでプレーする人達の人事を掌握して管理している。球場経営を含めた統括経営は，CEO（Chief Executive Officer・最高経営責任者）たる球団社長が務め，球団所有者たるオーナーの付託に応える。ジェネラルマネージャーが選手の補強を考える場合，限られた予算から，できるだけ効率的にチームを構成したいと考えている。

　確実に勝利を計算できる投手や走・攻・守に優れた人気のある野手は，スーパースターとして調達コストは高い。予算額が決まり，①**スーパースター選手の獲得が決まれば**，②**残された予算からセイバーメトリックスを駆**

使して安価で優れたプレーヤーを調達する。これは、第4章のセイバーメトリックス指標の開発と利用にかかっており、各チームは独自の選択戦略を持っている。

　日本人のメジャーリーガーは、1964年に野球留学からスカウトされサンフランシスコ・ジャイアンツに入団した村上雅則投手をはじめ、1995年ロサンゼルス・ドジャースの野茂英雄投手、1996年シアトル・マリナーズのマック鈴木投手、1997年アナハイム・エンジェルスの長谷川滋利投手、ニューヨーク・メッツの柏田貴史投手、ニューヨーク・ヤンキースの伊良部秀輝投手と、多くの優秀な投手がメジャーリーガーとなった。また、2001年にはシアトル・マリナーズのイチロー、ニューヨーク・メッツの新庄剛志と外野手のメジャーリーガーが誕生する。日本人選手のメジャーリーガー誕生について、契約と移籍に関する2つの用語、**フリーエージェント制度（FA制度）とポスティング制度**を理解しなければならない。

### フリーエージェント

　**フリーエージェント(FA)とは、所属チームに一定年間所属して、経過後に契約を解除してほかのチームと自由に契約ができる選手**をさす。国内移籍の条件は、1年145日間一軍選手登録され、取得期限として累計8年（2006年以降の高校卒業選手）か累計7年（2007年以降の大学卒業・社会人入団選手）経過してFAを取得できる。**海外移籍には累計9年が必要**である。申請せず権利宣言を公示しなければ権利は繰り越される。公示後は残留や移籍に関係なく再取得に4年必要となる。

　FA宣言した選手を獲得する球団は、移籍前の球団に人的補償と金銭的補償を与えなければならない。人的補償は、補償の対象から免れるプロテクト選手と呼ばれる28名と外国人を除いた選手1名を与えなければならない。望まなければ、旧年俸の30％支払いによる金銭的補償で代替できる。また、金銭的補償として旧年俸の50％を支払わなければならない。実際には、金銭的補償として旧年俸の80％（ランクAの選手）の支払いと人的補償としてプロテクト外選手と移籍Aランク選手の年俸の50％金銭的補償支払いとなっている。

## 2. 契約金のファイナンス

FA行使でメジャーリーガーとなった選手には，

1997年の吉井選手をはじめとして，木田優夫・オリックス・ブルーウェーブからデトロイト・タイガース，佐々木主浩・横浜ベイスターズからシアトル・マリナーズ，新庄剛志・阪神タイガースからニューヨーク・メッツ，田口壮・オリックス・ブルーウェーブからセントルイス・カージナルス，松井秀喜・読売ジャイアンツからニューヨーク・ヤンキース，藪恵壹・阪神タイガースからオークランド・アスレチック，城島健司・福岡ソフトバンクホークスからシアトル・マリナーズ，岡島秀樹・北海道日本ハムファイターズからボストン・レッドソックス，福留孝介・中日ドラゴンズからシカゴ・カブス，高橋建・広島東洋カープからトロント・ブルージェイズ

などの選手がいる。

### ポスティング制度

ポスティング制度は，フリーエージェントでない選手がMLBへの移籍を希望し，所属球団が認めたときに実行される移籍の方法である。所属球団が日本のプロ野球コミッショナーからメジャーリーグコミッショナーへ，移籍して契約が可能なことを通知（ポスティング・手紙など，ポストに投函して知らせる）する。コミッショナーはポスティング選手の連絡をメジャーリーグの全球団に告知し，交渉権を"競り"にかけ，移籍希望のチームは交渉権をめぐって金額を入札する。

入札最高額のチームは，日本の所属チームが了承した場合，独占交渉権を獲得し30日間の交渉期間を得る。選手契約が成立すれば，落札金額が所属チームに支払われる。メジャーリーグのチームは，応札額とその後の契約金の負担を考慮して，応札額を決めなければならない。移籍金総額の予算は各球団で上限があるから，競りに勝った後，ポスティング選手の代理人との交渉も考慮しなければならない。ポスティング制度でメジャーリーガーとなったおもな選手には，2001年のイチロー選手をはじめとして，表8-1にあげた選手がいる。表の金額は，ポスティングに際して，各球団が落札した金額である。また，各年度により為替レートは異なっているのでドル表示であるが，単純な比較は不正確である。

**表8-1** ポスティング利用によるおもな日本人メジャーリーガー。
落札金額：万ドル．セント

| 選手名 | 所属球団 | 移籍球団 | 落札金額 |
|---|---|---|---|
| イチロー | オリックス・ブルーウェーブ | シアトル・マリナーズ | 1,312.5000.00 |
| 石井一久 | 東京ヤクルトスワローズ | ロサンゼルス・ドジャース | 1,126.5000.00 |
| 大塚晶則 | 中日ドラゴンズ | サンディエゴ・パドレス | 30.0000.00 |
| 中村紀洋 | オリックス・バファローズ | ロサンゼルス・ドジャース | 非公開 |
| 森 慎二 | 西武ライオンズ | タンパベイ・デビルレイズ | 100.0000.00 |
| 岩村明憲 | 東京ヤクルトスワローズ | タンパベイ・デビルレイズ | 455.0000.00 |
| 松坂大輔 | 西武ライオンズ | ボストン・レッドソックス | 5,111.1111.11 |
| 井川 慶 | 阪神タイガース | ニューヨーク・ヤンキース | 2,600.0194.00 |

　ポスティングからメジャーリーガーをめざす野球選手には，落札金額のほかに契約金が必要になるため，即戦力として使えるプレーヤーの評価を得ていることになる。そして，球団に多くのキャッシュ・インフローをもたらすことを期待されている。たとえば，経済誌フォーブスは，イチローを得たマリナーズは最初の5年間で，1億6,300万ドルの収入を球団にもたらし，球団価値そのものを6倍以上に引き上げたとするレポートを発表した。契約金が1,400万ドルであったから，応札金額との合計2,700万ドルは十分回収できた。ヤンキースに所属した松井選手の経済効果は年間当たり2,100万ドルと評された。選手をスカウトして，応札金額や契約金額を決めるとき，獲得から期待されるキャッシュ・インフローは重要な要因となっている。

　2006年，ボストン・レッドソックスは，ポスティングシステムで，西武球団の松坂大輔投手との交渉権を，5,111万ドル（当時の為替レートで約60億円）で落札した。複数年契約の年俸を加えれば，1億ドルにも達する大型投資であった。松坂投手に1億ドル（5,000万ドル＋契約金）の値段をつけたのは，契約年にそれに見合うキャッシュ・インフローを期待していることにほかならない。

　松坂選手の応札額のキャッシュ・インフローの推定には，2通り考えられる。①高校・大学からドラフトで獲得し，プロ野球で通用するように育成するコストが2,000万～3,000万ドル必要。それに，本来の入札相場金額の3,000万～3,900万ドル分を上乗せした数字が5,110万ドルで，高校生から獲得した育成コストと応札コストの合計分と考える。実際，ヤンキースや

メッツは，育成コスト抜きでの評価額3,000万～3,900万ドルで応札したといわれている。理論モデルとしては，②移籍金の上限は，新規加入により契約期間6年間で期待されるキャッシュ・インフローの現在価値合計を計算した結果の数字と考える。これには，日本企業の球場でのロゴ広告や商品の広告宣伝費増加や，スタジアムでの売上げやワールドシリーズでの優勝分配金などが期待されていた。

### MLBのキャッシュ・インフローとテレビ広告収入

MLBの収入源は5種類ある。①球場におけるチケット販売，②球場でのグッズや物品販売（マーチャンダイジングという），③試合の地方テレビ放映権と全国ネットテレビ放映権，④試合の商業化権と⑤広告料である。このうち，球団が独自に独占権を持つ（フランチャイズ・地域独占権）のは，①と②のチケットや物品販売と③のローカルテレビ放映権とローカルケーブル所有の場合は広告料で，全国ネットワークでの放映権，商業化権，広告料はメジャーリーグ機構が一括管理して交渉権を持ち，収益は全球団に配分される。このため，とくにチケットと球場での物品販売額と直接関係のある観客動員数が重要で，地域密着型の営業努力が売上げ向上となる。ただし，ニューヨークのヤンキー・スタジアムが52,325，ボストンのフェンウェイ・パークでは38,805と座席に限界があるから，球団格差の原因とは考えにくい。**球団やリーグの金銭価値を左右するのは，ローカルテレビ放送の放映権と球場に来るファンへのマーチャンダイジングをあげることができる。**

大きな収入が期待できるのはローカルテレビ放映権であるが，全国放送はメジャーリーグ機構の一括管理になっており，収入は全球団に配分される。アメリカ本土には4つの時間帯があり，ニューヨーク・ボストンなどの東部標準時とロサンゼルス・シアトルの太平洋標準時には3時間の時間差があり，一斉の全国中継は考えにくい。2006～2014年まで，レギュラーシーズンは土日中心にその他チャンピオンシップ・シリーズやオールスターなどに限定して，地上波はFOX(Fox Broadcasting Company：ルパート・マードック氏のニューズ・コーポレーション系列)と18億ドル，ケーブル局はTBS(Turner Broadcasting System)が5億ドルで契約した。レギュー

ラーシーズンの全国放送は，ESPN(Entertainment and Sports Programming Network：ディズニー系放送局)が2014年まで約24億ドル(年3億ドル)で契約して，全球団に収益が配分される。ただし，Foxとの新契約が前と比べて7億ドル減少している。メジャー機構の目標額は30億ドルといわれ，FoxとTBSの合計23億ドルでは，達成が困難である。なお，アメリカ3大ネットワークとはABC，CBS，NBCの3社で，現在では地上波を3大ネットワークとFoxと呼ぶ。

　ローカルテレビの放映権は100％チームの収入になり，各チームはローカルスポーツ専門チャンネル(RSN：Regional Sports Network)と契約して放映権料を得ている。また，**大都市にあるチームはフランチャイズの規模が大きくなるから，テレビ放映収入は小都市球団に比べて増加**する。このため，大都市にあるチームは独自にRSNを設立して，有利な放映権料交渉を進めている。たとえば，ボストン・レッドソックスのNew England Sports Network(NESN)，ニューヨーク・ヤンキースのYankees Entertainman and Sports Network(YES)，ニューヨーク・メッツのSports Net New York(SNY)，シカゴ・カブスのComcast(オーナーが株式の一部所有)などがある。2006年以降の**急激な収支改善は，放映権料と広告料の高騰によるものが多い**といわれている。

　たとえば，2007年のワールドシリーズでは1CM枠当たり40万ドルを記録した。注目度の高いヤンキース戦では1/2イニングスで30万ドル平均で，1回表から9回裏の18回の広告枠では，すべて埋まると540万ドルの広告収入となる。かつて所属した松井選手の年俸1,300万ドルには，3試合でお釣りが出る勘定となる。また，NHKは放映権料を年間約25億円支払いBS放送の契約増加をはかっている。読売新聞社はそのBS視聴者への広告効果を狙い，ヤンキースタジアムの外野壁に広告を出し約4億円支払っていたといわれる。

### MLBのキャッシュ・アウトフロー

　MLBのキャッシュ・アウトフローは，選手に支払われる年俸が大きな割合を占め，そのほかに球団の維持費用が必要である。各球団が利用している

球場は，大部分が立地している地方政府所有で，球団独自の保有は少ない。また，球団使用料は，球団経営を圧迫しないことと他所に移動させないため，極めて低く抑えられている。たとえば，シンシナチ・レッズ（オハイオ州ミルトン郡）では最初の9年間が250万ドル（2億2,500万円・$1＝¥90）で10年以後は1ドル，オークランド・アスレチックス（アラメダ郡）は60万ドル（5,400万円）などと，日本の球場と比べると極めて安い賃貸条件で利用することができる。ヤンキースは例外的に530万ドル（約5億円）。また，新球場建設においても，シアトル・マリナーズのセーフコフィールドで3.40：5.17（億ドル）と65％をキング郡スタジアム委員会が，公的資金導入が最低の新ヤンキースタジアムでも15：4.8と32％をニューヨーク市が負担した。球場の地方政府所有のメリットは，固定資産税の免除というメリットもある。

これに対して，日本のプロ野球球団は，40億円以上の利用料を支払っているところもあり，高い利用料が球団の収支悪化の原因となっている。また，放映権料はリーグ一括ではなく球団が個別に行って，同じ年で比較すれば，読売ジャイアンツは1試合8,000万円，セントラルリーグ平均で3,000万～5,000万円，パシフィックリーグで1,500万～2,000万円，ローカルテレビ放送で数百万円といわれている。日本のプロ野球球団は，20億円前後の赤字を計上しているところが多いが，アメリカの野球機構の仕組みを学ぶべきかも知れない。

### MLBのキャッシュ・インフローとテレビ放映権・広告料

たとえば，あるメジャーリーグチームで，日本人選手の加入が検討されており，加入した場合のキャッシュ・インフローの算定をしている。FA入団であれば補償金の支払い，ポスティング入団であれば応札金額の〝読み・駆け引き〟と支払いの計算が必要となる。**移籍により予想される増加収入から年俸を差し引いたネットキャッシュ・インフローが移籍金と契約金の上限と考えられるだろう。さらに，大きなキャッシュ・インフローの割合を占めるのが，ローカルテレビの放映権とコマーシャル収入**である。

ローカル放送の放映権料は長期的な契約になることが多いから，途中加入の選手による増減の効果は判断が難しい。しかし，選手が加入したことによ

り，ホームチームの勝率が上昇すれば，ローカルテレビの加入率も上昇するからプラスの効果が見込める。**テレビ放映の最大の収入増加効果は，日本語広告によるバーチャル宣伝費**といえる。球場バックネットの緑の枠組みには，コンピュータの画像処理によるデジタル広告がはめ込まれている。実際には，そこに表示や掲示物があるわけではない。テレビ放送で画像処理された広告がバックネットの緑枠に表示され，アメリカ向け，日本向け，中南米向けに内容や言語を変えて，個別に放送されている。日本向けには広告料を支払った日本語広告が放映されている。

バーチャル広告の相場で，たとえばヤンキースのケースは高額で，1イニング40万～60万ドル（1/2イニングで20万～30万ドル）といわれている。公式戦・レギュラーシーズンは162試合だから，中4日のローテーションで先発を務めれば，32試合のテレビ露出度となる。怪我や故障による欠場率を20％と考えて，25試合の出場とする。1/2イニングで25万ドル，1回から9回裏までの宣伝枠は18として，25万ドル×18＝450万ドルと，出場試合に限った広告収入は450万ドル（約4億円）となる。この広告収入が出場試合数に応じて支払われるとなれば，膨大な金額となる。

ところで，サッカーのイングランド・プレミアリーグの名門リバプールはクラブが抱える2億8,000万ポンド（約370億円・2010年為替レート換算）の負債の返済期限が迫り，アメリカのベンチャー企業NESVへの買収提案を受け入れた。このNESVという会社は，ニューイングランド・スポーツ・ベンチャーズという名前の持ち株会社である。これは，ニューイングランド・スポーツ・ネットワーク（NESN・80％所有），フェンウェイ・スポーツ・グループ（100％），フェンウェイ・パーク（100％）そしてボストン・レッドソックス（100％）を所有する持ち株会社である。実質的なオーナーはヘッジファンドのジョン・ヘンリー氏で，投資の金額は桁外れのものがある。

また，2002年にヤンキースはニューヨークのケーブルビジョン・システム社（CS）との契約打ち切りとともに，スポーツ専門チャンネルYES（Yankees Entertainment snd Sports）ネットワークを設立し，バスケットボールプロリーグNBAのネッツ，イングランド・プレミアリーグのマンチェスター・ユナイテッドと提携して，大幅にコンテンツを増加させた。こ

れにより加入世帯と加入料，広告収入は飛躍的に増加した。

　NESNにせよYENなど，大きな広告収入や放映権収入を生むこれらの企業は，グループ企業の1つである。グループ内の収益を調整した連結財務諸表では収益は実際よりも大幅に過小評価され，本当の金額は正確には不明である。

### 日本人投手移籍のキャッシュ・インフロー

　プレミアリーグチームを買えるようなボストン・レッドソックス，有料コンテンツと巨大なフランチャイズを有するニューヨーク・ヤンキースやメッツのような富裕な球団には，1人，2人のメジャーリーガー契約金やポスティングの応札額は青天井（制限なし）であろう。このため，富裕な球団同士が応札額で競えば際限がなくなるから，ジェネラルマネージャーは財政的に中位や下位の球団の見積もり金額に打ち勝つような数字で移籍市場に参入する可能性が高い。移籍による選手の獲得目的は，第1にワールドシリーズに参入可能な勝ち星を計算できることであろう。そして，第2に，移籍により球団にキャッシュ・インフローの増加が見込めることであろう。**キャッシュ・アウトフローとしての応札金額（移籍金）と契約金合計の支払額が，移籍によって期待される収入増加額から年俸を引いたキャッシュ・インフローの割引現在価値を超えなければ，この応札は承認される**ことになるだろう。キャッシュ・インフローの増加には，次のような項目をあげることができる。

①ローカル**テレビ放送での1/2イニング・バーチャル広告**の増加
②日本人のファンの増加と，**球場内宣伝**（スポンサーシップ）の増加
③**マーチャンダイジング**（チケット，球場内物品販売）の増加
④ワールドシリーズ出場の**分配金受取り**

　推計例として，次のような仮想的（まさにバーチャルな）数値を考える。
　①先発ピッチャーとして**平均6回まで登板**する。先発完投型として，中4日の登板で162÷5として32試合の登板機会がある。故障や休みを30％とし，**20試合の登板機会**とする。ローカルテレビネットワークを球団が保有

するか，資本関係にあれば，広告料収入を得ることができる。資本関係にあり，**15％の配分を受ける**と仮定する。1/2 イニング当たりの広告料を 2,000 万円と想定すると，

$$(6 \times 2) \times 20 \times 2{,}000 \times 0.15 = \textbf{7.2 億円}$$

さらに，放映権料とケーブル加入増加の寄与率を 5％，放映権料を 3,000 万ドル（24 億円）とし，放映権料増加は

$$24 \text{億円} \times 0.05 = \textbf{1.2 億円}, \quad \text{合計} \ 7.2 \text{億円} + 1.2 \text{億円} = \textbf{8.4 億円}$$

②ドジャース・野茂選手登板日には 5,000〜8,000 人，松井選手で 4,000 人以上の増加があったといわれている。マリナーズ・イチロー選手のスポンサー料は約 3 億円，ヤンキース・松井選手によるスポンサー料は約 7 億円，レッドソックス・松坂選手は 7,000 万円といわれる。推計データは出所により異なるから，イチロー選手と松井選手の平均をとって **5 億円**と予想する。

③ボストン・レッドソックスのようなチケット完売のチームには効果がないが，チケット，グッズ，飲食費，駐車場料金などの収入増加が見込まれる。野茂選手の効果は当時の物価と為替レート換算で 4 億円と推計された。物価上昇率と為替レート変化を考慮して，2 倍の **8 億円**と見積もる。

④ワールドシリーズ出場の分配金受取は，2009 年のヤンキースの実績が 18 億円。1 人当たりではヤンキースが 3,140 万円，フィリーズが 2,283 万円であった。進出できなかったチームは，レッドソックスで 243 万円，カブス 71 万円と格差がある。スーパースター選手が加入すれば，ワールドシリーズへの進出が可能になり，分配金の増加が期待できる。これを **7 億円**と見積もる。

かくして，選手の獲得により増加した，①バーチャル広告料と放映権料＋②スポンサーシップ＋③マーチャンダイズ＋④ワールドシリーズ分配金からなる，**合計 28.4 億円のキャッシュフロー**が期待される。なお，父や母が外国国籍から帰化した場合には，もう一方の母国に放映される機会があるか

ら，バーチャル広告の市場は単純計算では2倍に拡大する可能性がある。

**日本人投手移籍による収入とNVP，移籍金の推定**

キャッシュ・インフローを現在価値に直す割引率は，各球団にとっては資産運用のコスト（資本コスト）または球団の市場価値から計算した球団の売却価格に対する利回りのようなもので近似できる。近年利回りは増加しているが，2008年度では球団平均が10.94％であったが，5％から20％以上にばらつきが見られた。つまり，効率よく資産価値を上げて経営をしている球団とそうでない球団があり，いくつかのグループが形成されていた。したがって，**割引率を11％，15％および20％**として，また，年俸をaが9億円，bが10億円，cが11億円とした場合の，収入と年俸の差ネットキャッシュフローの現在価値の比較をする。手法はドラッグストア，マンション投資と同じNPV法による。

NPVとして求められた数値は，表8-2に示されている。異なる割引率と年俸に対して，（移籍金＋契約金）からなるキャッシュアウトフローの上限値と見なすことができる。資本コストを11％とすると，年俸9億～10億円に対して，64億～71億円前後の価値を見出すことができる。15％にコストが上昇すると，60億円台に下落して，62億～69億円のキャッシュ・アウトフローに見合う。さらに，20％に上昇して，年俸を11億円支払う予定であれば，移籍金と契約金の合計金額の上限は60億円台を下回り59億円台になる。球団の資本コストにより，移籍金の格差は広がる。

NPVによる投資価値の計算は簡単に求めることができるが，キャッシュフローの期待値や割引率の選択など，ややこしい問題が残っている。我々の想定例では，60億円台の移籍金をめぐる攻防が予想される。

## 3. クラブチームのファイナンス技術・金利対策

**証券発行か銀行融資か**

スポーツクラブがクラブハウスの建て替えに資金調達が必要で，社債の発行か銀行融資か，ファイナンスの方法を検討している。債券発行からの資金

242 第8章 スポーツファイナンス

**表 8-2 メジャーリーグ移籍金の推定**

単位:億円

(1) 割引率(資本コスト)11%。

| 年 | 割引ファクター | 収入 | 年俸a | 収益 | NPV | 年俸b | 収益 | NPV | 年俸c | 収益 | NPV |
|---|---|---|---|---|---|---|---|---|---|---|---|
| 1 | 0.90090 | 28.4 | 9 | 19.4 | 17.477 | 10 | 18.4 | 16.577 | 11 | 17.4 | 15.676 |
| 2 | 0.81162 | 28.4 | 9 | 19.4 | 15.745 | 10 | 18.4 | 14.934 | 11 | 17.4 | 14.122 |
| 3 | 0.73119 | 28.4 | 9 | 19.4 | 14.185 | 10 | 18.4 | 13.454 | 11 | 17.4 | 12.722 |
| 4 | 0.65873 | 28.4 | 9 | 19.4 | 12.779 | 10 | 18.4 | 12.121 | 11 | 17.4 | 11.462 |
| 5 | 0.59345 | 28.4 | 9 | 19.4 | 11.513 | 10 | 18.1 | 10.920 | 11 | 17.4 | 10.326 |
|   |   |   |   |   | 71.700 |   |   | 68.005 |   |   | 64.309 |

(2) 割引率 15%

| 年 | 割引ファクター | 収入 | 年俸a | 収益 | NPV | 年俸b | 収益 | NPV | 年俸c | 収益 | NPV |
|---|---|---|---|---|---|---|---|---|---|---|---|
| 1 | 0.86957 | 28.4 | 9 | 19.4 | 16.870 | 10 | 18.4 | 16.000 | 11 | 17.4 | 15.130 |
| 2 | 0.78339 | 28.4 | 9 | 19.4 | 15.198 | 10 | 18.4 | 14.414 | 11 | 17.4 | 13.631 |
| 3 | 0.70576 | 28.4 | 9 | 19.4 | 13.692 | 10 | 18.4 | 12.986 | 11 | 17.4 | 12.280 |
| 4 | 0.63582 | 28.4 | 9 | 19.4 | 12.335 | 10 | 18.4 | 11.699 | 11 | 17.4 | 11.063 |
| 5 | 0.57281 | 28.4 | 9 | 19.4 | 11.113 | 10 | 18.1 | 10.540 | 11 | 17.4 | 9.967 |
|   |   |   |   |   | 69.206 |   |   | 65.639 |   |   | 62.072 |

(3) 割引率 20%

| 年 | 割引ファクター | 収入 | 年俸a | 収益 | NPV | 年俸b | 収益 | NPV | 年俸c | 収益 | NPV |
|---|---|---|---|---|---|---|---|---|---|---|---|
| 1 | 0.83333 | 28.4 | 9 | 19.4 | 16.167 | 10 | 18.4 | 15.333 | 11 | 17.4 | 14.500 |
| 2 | 0.75075 | 28.4 | 9 | 19.4 | 14.565 | 10 | 18.4 | 13.813 | 11 | 17.4 | 13.063 |
| 3 | 0.67635 | 28.4 | 9 | 19.4 | 13.121 | 10 | 18.4 | 12.449 | 11 | 17.4 | 11.769 |
| 4 | 0.60933 | 28.4 | 9 | 19.4 | 11.821 | 10 | 18.4 | 11.217 | 11 | 17.4 | 10.602 |
| 5 | 0.54894 | 28.4 | 9 | 19.4 | 10.649 | 10 | 18.1 | 10.101 | 11 | 17.4 | 9.552 |
|   |   |   |   |   | 66.323 |   |   | 62.904 |   |   | 59.485 |

調達では，次の条件に直面している。

満期1年，額面100円，クーポンレート年1回3%，販売価格98円

この投資資金としての債券が，販売価格98円で100万枚売れて資金調達ができたとすれば，現在9,800万円の調達資金を得る。また，債券発行に対して元本1億円分とクーポン分300万円が償還(返済)されなければならない。利回りを求めれば，債券キャッシュフローの定義から5.1%である。

現在価値 = 将来価値÷(1＋利回り)
　　　　　＝［100×(1＋クーポンレート)］÷(1＋利回り)
(最終)利回り ＝ (103÷98)－1 ＝ 0.0510

　債券発行による資金調達金利は5.1%になることがわかる。銀行からの融資条件と比較検討して，利回りの5.1%を上回っていれば，債券ファイナンスにより資金が節約できたことになる。
　クーポンレートは借りた金額の利払い条件を示しており，債券で資金調達をする借り手には，資金の調達コストを表している。なお，ここでの利回りとは，既発債券を償還期間まで保有し，年間利息と償還差益の1年分換算額の利回りである最終利回りをさす。
　クラブチームが直面するファイナンスには，事業の維持や拡充のための①銀行融資，②親会社から融資，③債券発行という形態が可能であろう。さらに，④当面利用先のない資金の運用先の決定なども考慮しなければならない。いずれの場合でも，利子率がファイナンス管理の重要な指標であり，銀行借り入れには貸出金利，債券発行による調達では利回り，そして資産運用については債券利回りと株式運用のリスクの管理が重要である。**財務担当者は，金利変動には常に感応的(sensitive)であるべきで，利子率の変化と借入残高や資産運用先の調整が必要となる。**
　本節では，スポーツクラブにおけるファイナンスの例として，**利子率変動によるリスク管理を金融派生商品利用から考える。**なお，先の章で学んだ，金融変動を統計学と確率論から把握して，金融派生商品の売買などと関連づけるものを金融工学という。**金融工学の分野から生まれたデリバティブ(金融派生商品)の利用で，スポーツファイナンスは，(損をするという)危険をより柔軟に回避することができる。**危険回避とは，損をする可能性を安全策へ掛ついで(ヘッジして)，軽減に務めることをいう。なお，危険回避を単にヘッジと呼ぶことがある。

### デリバティブによる危険回避
　金融派生商品はデリバティブ商品の訳語で，オプション，スワップ，先物

がある。デリバティブとは派生という意味で，そのもの自体ではないことを意味している。たとえば，株式**先物**取引は，将来のある時点で特定の銘柄を特定の価格で売買する契約。株式**オプション**は，将来のある時点で特定の銘柄を特定の価格で売買できる権利を購入する契約である。先物取引では，将来のキャッシュ・アウトフローの価格を現時点で決めるが，オプション取引ではキャッシュフローの将来の売買権利を現時点で決める。

　**株式先物取引は，現物の株式価格そのものの取引ではなく，現物の株式価格から派生した（動きなどが深く関連している）将来の株式価格を取引**する。**オプション取引は売買の対象である原資産の権利の売買**である。売買権利は株式の取引そのものではなく，株式価格から派生した別個の金融商品である。また，**スワップ**取引には，金利スワップ取引があるが，同一通貨を対象とする場合は，変動金利と固定金利の利息交換に利用される。

　たとえば株取引の例で，**デリバティブ取引は，現物取引として現在取引されている株式価格をもとに，将来の株式価格の予約，または将来の株式を売買する権利価格の取引をしているのであり，現在の株式を取引しているわけではない**。

　スポーツクラブの財務担当者が，クラブの運営や長期の設備投資のために，銀行借り入れを選択して，銀行と借り入れ条件を決める。借り入れ条件で重要なことは，借入金額，期間，金利条件である。借入金額と期間はクラブと銀行の交渉で決まる問題であるが，金利条件は，クラブが選択することができる。これは，ある**短期間に金利条件を見直して実勢金利を貸し出し条件とする変動金利，借入期間は一定の固定金利**の2つの条件がある。

　財務担当者は，現在の固定金利は変動金利と同水準で，将来変動金利は上昇するという期待を持てば，固定金利契約を選択するだろう。また，将来変動金利は下落する可能性が高いと予想するならば，現在の固定金利が低い水準にあっても変動金利で借入条件を決めるだろう。予想が実現すれば問題はないが，外れた場合の**リスクヘッジを財務担当者は用意する必要がある。その手段として，デリバティブ商品の金利スワップと金利オプション**である。

　たとえば，固定金利で借入契約をした後で，変動金利が予想に反して下落傾向を示した場合，高い固定金利の利払いは実勢金利の低下に対して不利で，

予想の失敗から利払いの節約に失敗する。このような状況に対処するために，金利スワップ取引と金利オプション取引がある。

### 固定金利と変動金利 LIBOR

固定金利は，約定された利率が契約期間すべてにおいて適用される金利で，2年後一括して，3か月・6か月・1年ごとに支払うケースなどがある。金利支払条件は，将来の利払いにとって重要で，財務内容のみならず経営状態にも影響が及ぶ。そのほかの金利も並列的に注意深く観察する必要がある。

短期の資金市場であるマネーマーケットで，資金需給を反映して決定される金利は変動金利と呼ばれる。代表的な変動金利は，LIBOR(London Inter-Bank Offered Rate：ライボー)として，英国銀行協会(British Banker's Association：BBA)が1985年から公表しているロンドン銀行間取引金利である。LIBORは，ロンドンに支店を置く銀行16行のオファード・レートで，上位と下位の4行を除外した残り8行の平均値である。オファー・レートとは，預金をしたい銀行の希望レート，もしくは預金ベースで貸出しをしたい銀行のレートである。透明公正な決定過程から，世界標準として利用されている。

LIBORは米ドル，英ポンド，日本円，スイスフラン，カナダドル，オーストラリアドル，ユーロなどの通貨について算出・公表されている。期間は，1〜12か月の12種類で，ロンドン2営業日前に金利が決定され，ロンドン時間午前11時に「テレレート」として公表される。銀行間では，6か月のユーロ円LIBORが変動金利として一般的である。LIBORは，ユーロ市場における資金調達の指標として使用され，LIBOR＋α％のように，市場金利からの乖離指標としても利用される。

### ファイナンステクニック(1)　金利変動リスクの回避——金利スワップ取引

金利スワップとは，変動金利と固定金利の利子の交換取引で，将来のある期間でキャッシュフローを交換する取引である。たとえば，

Sスポーツクラブが変動金利でA銀行から10億円の融資を5年間の変動金利契約で受けている。財務担当者は契約当初は変動金利が低率で推移し

て，利払いの節約が可能と予想していたが，期間途中で変動金利上昇の傾向があり，新たに利払い節約の手段を考えねばならない。

このような場合，予想が当たるかどうかは別に，固定金利と変動金利の交換ができれば，財務担当者は満足する。それを可能にするのが，金利スワップ取引である。例として，

Ｂ銀行がＳクラブに対して元本10億円の固定 $r$％（たとえば6％）に相当する金額を毎年支払い，Ｓクラブは同じ元本の金額に対して6か月物のLIBOR金利をかけた金額を年2回，3年で6回金利を支払う。

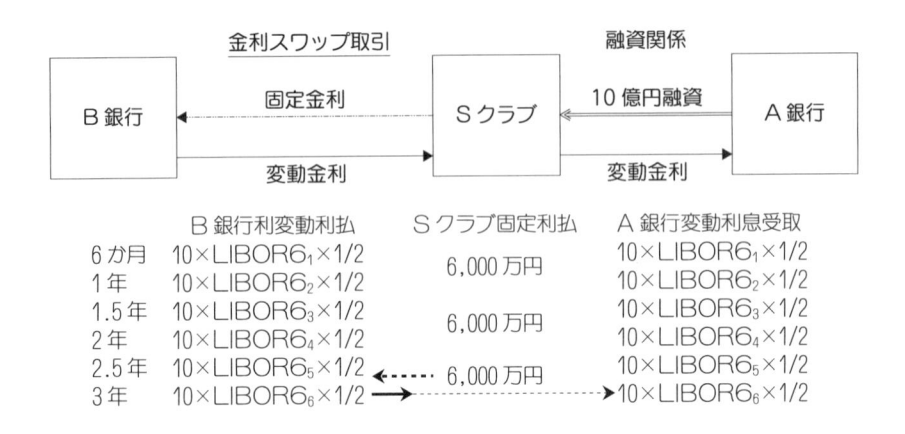

```
              金利スワップ取引           融資関係
   ┌─────┐  ←── 固定金利 ──  ┌─────┐  ← 10億円融資 ─  ┌─────┐
   │ Ｂ銀行 │                    │Ｓクラブ│                     │ Ａ銀行 │
   └─────┘  ── 変動金利 ──→  └─────┘  ── 変動金利 ──→ └─────┘
```

|  | Ｂ銀行変動利払 | Ｓクラブ固定利払 | Ａ銀行変動利息受取 |
|---|---|---|---|
| 6か月 | $10 \times \text{LIBOR6}_1 \times 1/2$ | 6,000万円 | $10 \times \text{LIBOR6}_1 \times 1/2$ |
| 1年 | $10 \times \text{LIBOR6}_2 \times 1/2$ |  | $10 \times \text{LIBOR6}_2 \times 1/2$ |
| 1.5年 | $10 \times \text{LIBOR6}_3 \times 1/2$ | 6,000万円 | $10 \times \text{LIBOR6}_3 \times 1/2$ |
| 2年 | $10 \times \text{LIBOR6}_4 \times 1/2$ |  | $10 \times \text{LIBOR6}_4 \times 1/2$ |
| 2.5年 | $10 \times \text{LIBOR6}_5 \times 1/2$ | 6,000万円 | $10 \times \text{LIBOR6}_5 \times 1/2$ |
| 3年 | $10 \times \text{LIBOR6}_6 \times 1/2$ |  | $10 \times \text{LIBOR6}_6 \times 1/2$ |

## 3. クラブチームのファイナンス技術・金利対策　247

数値例は予想が実現するかどうかで，2通りの事態が発生する

[ケース1]　S社財務担当者の予想が当たった場合

変動金利払い

|  | 6か月 | 1年 | 1.5年 | 2年 | 2.5年 | 3年 |  |
|---|---|---|---|---|---|---|---|
|  | LIBOR6$_1$ | LIBOR6$_2$ | LIBOR6$_3$ | LIBOR6$_4$ | LIBOR6$_5$ | LIBOR6$_6$ |  |
| 利率 | 6.00 | 6.20 | 6.20 | 6.40 | 6.40 | 6.60 | …10×LIBOR$n$ |
| 利息 | 3,000 | 3,100 | 3,100 | 3,200 | 3,200 | 3,300 | ×(1/2) |

固定金利払い

| 利率 |  | 6.00 |  | 6.00 |  | 6.00 |
|---|---|---|---|---|---|---|
| 利息 |  | 6,000 |  | 6,000 |  | 6,000 |

差額の決済（S社から見て）

| 計算 | 3,000+3,100−6,000 |  | 3,100+3,200−6,000 |  | 3,200+3,300−6,000 |  | →A銀行へ支払いにあてる |
|---|---|---|---|---|---|---|---|
| 差額 |  | +100 |  | +300 |  | +400 | （節約できた利息） |

[ケース2]　S社財務担当者の予想が外れた場合

変動金利払い

|  | 6か月 | 1年 | 1.5年 | 2年 | 2.5年 | 3年 |  |
|---|---|---|---|---|---|---|---|
|  | LIBOR6$_1$ | LIBOR6$_2$ | LIBOR6$_3$ | LIBOR6$_4$ | LIBOR6$_5$ | LIBOR6$_6$ |  |
| 利率 | 6.00 | 5.80 | 5.80 | 5.60 | 5.60 | 5.40 | …10×LIBOR$n$ |
| 利息 | 3,000 | 2,900 | 2,900 | 2,800 | 2,800 | 2,700 | ×(1/2) |

固定金利払い

| 利率 |  | 6.00 |  | 6.00 |  | 6.00 |
|---|---|---|---|---|---|---|
| 利息 |  | 6,000 |  | 6,000 |  | 6,000 |

差額の決済（S社から見て）

| 計算 | 3,000+2,900−6,000 |  | 2,900+2,800−6,000 |  | 2,800+2,700−6,000 |  | →B銀行へ差額支払い |
|---|---|---|---|---|---|---|---|
| 差額 |  | △100 |  | △300 |  | △400 | （本来は節約できた利息） |

　Sクラブは固定金利を支払い，B銀行は変動金利を支払い，それをA銀

行に回すことにより，Sクラブは変動金利契約を固定金利契約に変更したことになる。また，元本（10億円）の同額交換は意味がないので，実際の取引は金利の差額のやりとりの授受となる。年率で固定金利6％に対して変動金利が6％と6.2％であれば，固定金利利息6,000万円と変動金利利息3,000万円と3,100万円の合計6,100万円の差額として，B銀行からSクラブに100万円の支払いとなる。この差額はA銀行への変動金利分上昇の補填に使われ，Sクラブは，実質6％の固定金利支払いとなる。しかし，予想に反して変動金利が5.9％に下落すれば，100万円の支払い超過となる。

例のように，**金利スワップは異なる金利による元利合計の交換である。同額の元本は相殺されるため，利子であるクーポン部分の交換のみをする取引**である。このため，元本は実際に交換されず，クーポン計算に使われるので，金利スワップの元本は**想定元本（notional principle amount）**と呼ばれる。

### 金利スワップと金利オプション

ある資金調達で，当初固定金利で貸借契約を結んでいたが，将来変動金利の低下が強く予想される場合，その予想が実現するか否かは別として，固定金利から変動金利への約定変更について強い誘引が起こる。この場合は，先の金利スワップ取引のスタートと同じである。反対に，変動金利は固定金利よりも高い水準のまま推移すると期待されるならば，固定金利への転換が望まれる。この場合，双方の元本や約定はそのままにして，固定金利の支払い分と変動金利の支払い分のみを交換できたならば，双方の期待に基づくリスクヘッジは満足できる。

期待が実現するかどうかは確実ではないから，デリバティブの利用により，**危険を掛ついだり（リスクヘッジ）**，あえて**危険の受け入れ（投機：スペキュレーション）**を行うことができる。すなわち，「将来の交換を可能とする権利」について売買したり，交換予約が可能となる。これらのデリバティブ商品には，金利の交換権利の売買として金利オプションがある。なお，金利スワップは同一通貨の金利交換ということができる。

オプションとは，ある基礎商品（原資産）について，一定の期日（**権利行使日**）に，特定の価格・**権利行使価格（ストライク・プライス）**で，買い付ける

（**コール・オプション**）または売り付ける（**プット・オプション**）権利をいう。オプション取引は権利の売買であり，買い手は権利保有のために，**プレミアムと呼ばれるオプション料金**を対価として支払う。買い手は，権利行使日あるいは行使期間に自由に権利を行使することができる。権利の行使と権利の放棄は，買い手にとって自由である。売り手は，プレミアムを受け取る代わりに，権利を付与して，権利行使請求に対しては必ず応じなければならない義務を負う。

権利行使日について，オプションの買い手が期間中いつでも権利行使ができるものをアメリカン・オプション，期中では行使できず満期日のみ権利行使ができるものをヨーロピアン・オプションという。

オプションを含む金融派生商品取引は，ヘッジと裁定が正当な誘因となるべきである。**ヘッジは将来の危険の軽減や除去であり，裁定は同一原資産の市場と時間の歪みから起こる価格差を利用した利益機会**である。オプションの買い手はリスクの軽減をはかり，売り手はリスクを受け入れて，対価としてのプレミアムを入手する。取引の誘因として**投機**も重要な動機となるが，過ぎたるはリーマンショックが深い教訓を与えている。

「オプション取引は将来のキャッシュフローの期待値を取り引きする」と言い換えることができる。したがって，「オプション代金のプレミアムは，将来キャッシュフローの現在価値」と見なすことができる。つまり，**オプション取引はキャッシュフローの現在価値を，プレミアムに置き換えて取引している**。一方，**スワップ取引は現在価値が等価な将来キャッシュフローを直接交換している**といえる。

オプション取引では，将来の金利交換権利の実行や放棄にかかわらず，リスクの引き受け手があれば，オプションの代金であるリスク・プレミアムを受け取り，将来の権利行使に対して履行の義務を負う。この代金は，売り手にとってはリスクを引き受ける対価である。買い手にとつは自由な権利行使を保証されるもので，権利購入者は自由に権利を行使できる。**金利オプションとは双方の金利期待に基づいて金利交換の予約を可能にして，将来の金利の交換取引に関する権利の売買**で，将来の値が確実な固定金利と相場が変動する変動金利の利払い分を交換対象とする。

金利オプションで，金利コールとはある利率（レート）で支払いができる権利，金利プットとはある利率で受け取りができる権利をさす。たとえば，半年後に銀行から資金を年率5%借入する権利取引があり，その権利を保有している。半年後，金利が上昇して割安であれば借入を実行し，金利が下降して割高となれば取引の実行を放棄すればよい。

金利オプション取引では，基準金利，期間，名目元本額，計算ベースが決められる。また，金利スワップ同様に元利合計の交換は意味がないので，元本の授受は行われず金利部分のみの交換となる。基準金利はLIBORなどの短期市場金利が用いられる。また一般的な取引として，変動金利部分のオプションについて，権利行使価格の上限や下限を設定する。

### ファイナンステクニック(2)　調達コスト増加の歯止め──キャップ取引

Sクラブは，変動金利（LIBORベース）で期間5年10億円の借入をY銀行と契約しており，それは先行き高止まりの傾向があると予想している。他方，Z銀行は金利の先行きについて低下予想をしている。このとき，Sクラブは，変動金利について上限を設けて，Z銀行と金利キャップ取引が利用できる。

Sクラブは，LIBORの上昇について，オプション・プレミアムを支払うことにより，**キャップという設定された上限金利**との差額利息分を受け取ることができる。変動金利がキャップ金利を超過すれば，オプションを行使して差額を受け取ることができる。Sクラブはキャップ取引を利用することで，変動金利借入について，金利の上限を固定することが可能となる。つまり，資金調達コストの上昇リスクをヘッジ（危険回避）することが可能となる。

キャップ取引は，金利交換の変動金利部分についてのオプション取引で，**権利行使価格に上限を設けている**。Y銀行との変動金利支払いと4%を超過したときのZ銀行との固定金利支払いの交換で，図に示される仕組みである。

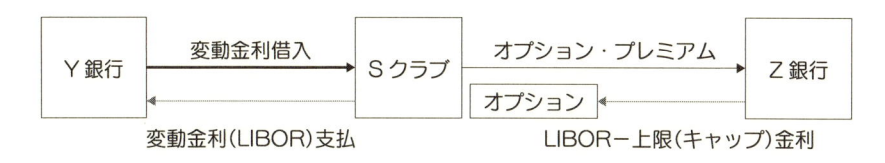

```
┌─────┐  変動金利借入   ┌─────┐  オプション・プレミアム  ┌─────┐
│Y銀行│ ──────────→ │Sクラブ│ ─────────────────→ │Z銀行│
│     │            │     │    ┌─────┐            │     │
│     │            │     │    │オプション│            │     │
└─────┘            └─────┘    └─────┘            └─────┘
     変動金利(LIBOR)支払            LIBOR－上限(キャップ)金利
```

　4％を超過して差額を受け取る買いオプションの利益は，〔（実勢金利－権利行使金利）の差額〕－オプション価格（プレミアム）である。オプションの売り手の利益は相手が権利を行使しない，つまり，買い手に利益が発生しない場合に手元に残るオプション・プレミアムとなる。したがって，**権利を行使するときはその状態に応じて買い手（コール）に利益が発生し，権利を行使しないときには売り手（プット）に利益が発生している。あるいは，オプション取引では，将来予想が当たれば買い手の利益で，将来予想が外れれば売り手の利益となっている。**

　Z銀行は金利の低下期待から，権利行使の確率が低いと判断して，たとえば0.3％のオプション・プレミアム（キャップ料）は割高で，オプション売却しても相手が行使する可能性が低いから儲かると判断している。このとき，取引が成立して，期間5年間・権利行使価格4％のキャップを，10億円につきキャップ料0.3％（10億円×0.003＝300万円）で，Sクラブはキャップ・オプションを購入する。6か月ごとの支払いは，10億円×0.003×（1/2）＝150万円となる。

　この取引では，5年間について6か月後から，合計10回の金利見直しオプションを購入する。6か月金利で見直され，4％を超える金利負担分について，1回につき300万円として，10回オプションを行使する権利を保有する。すなわち，**金利上昇においては，権利行使によりZ銀行から差額分を受取り，金利下落においては，権利放棄により市場実勢の低金利調達が可能**となった。このことは，金利が上昇してオプションの権利行使をするとき，－LIBOR＋（LIBOR－キャップ金利）＝－キャップ金利として，変動金利から固定金利で借り換えをしていることに等しい。金利が1.5％から徐々に6％に上昇する例では，純損益は次のように計算される。なお，1回目は取引日当日で意味はなく，将来の9回に権利行使と放棄を決める必要がある。

なお，キャップ金利超過による受取は，5%を例にすると，10億円×(0.05−0.04)×1/2 = 500万円となる。

| LIBOR(6 M%) | 1.5 | 2.0 | 2.5 | 3.0 | 3.5 | 4.0 | 4.5 | 5.0 | 5.5 | 6.0 |
|---|---|---|---|---|---|---|---|---|---|---|
| キャップ料金 | −150 | −150 | −150 | −150 | −150 | −150 | −150 | −150 | −150 | −150 |
| 受取金額 | 0 | 0 | 0 | 0 | 0 | 0 | 250 | 500 | 750 | 1,000 |
| 損益 | −150 | −150 | −150 | −150 | −150 | −150 | 100 | 350 | 600 | 850 |

期間を通した純損益は，{100+350+600+850−(150×6)} = 1,000となる。キャップの売り手は，将来金利の上昇は4%を上回ることはなく，権利行使の可能性は低いと予想している。このため，オプション・プレミアムがすべて収入となると判断している。しかし，金利が上昇傾向にあり，金利変動リスクが大きいときは，高額のプレミアムを付けないと引き合わない。

### ファイナンステクニック(3)　資産価値目減り対策——フロア取引

Sスポーツクラブは，当面使途目的のない資金を，変動金利資産で運用している。契約当初，固定金利で中期保有するより，変動金利の上昇期待から変動金利資産保有に設定した。順調な上昇傾向であったが，Sクラブの財務担当者にすると反転下落傾向が予想された。**フロア取引は，基準金利のLIBORが契約期間中に設定した下限金利を下回った場合，その差額を売り手が買い手に支払う取引**である。Sスポーツクラブが変動金利で資金を運用しているから，フロア料金を支払って，将来金利低下した場合の金利変動リスクをヘッジすることができる。キャップと同じように値数値例として，4年間LIBORを基準に4%の下限金利，プレミアムをフロア料0.25%(10億円×0.0025 = 250万円)のフロア契約を結ぶ。6か月ごとの支払は，10億円×0.0025×(1/2) = 125万円となる。LIBORがフロア金利を下回る3%であれば，補填される金額は10億円×(0.04−0.03)×1/2 = 500万円となる。

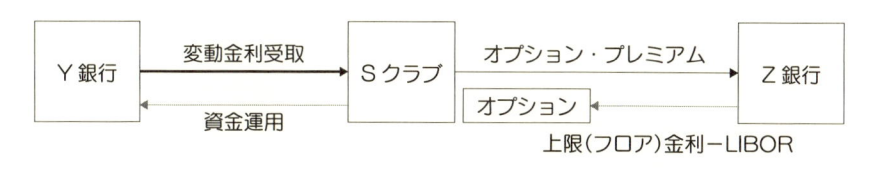

```
Y銀行  ──変動金利受取──→  Sクラブ  ──オプション・プレミアム──→  Z銀行
       ←──資金運用──            ←──オプション──
                                上限(フロア)金利－LIBOR
```

| LIBOR(6M%) | 6.0 | 5.5 | 5.0 | 4.5 | 4.0 | 3.5 | 3.0 | 2.5 |
|---|---|---|---|---|---|---|---|---|
| フロア料金 | －125 | －125 | －125 | －125 | －125 | －125 | －125 | －125 |
| 受取金額 | 0 | 0 | 0 | 0 | 0 | 250 | 500 | 750 |
| 純損益 | －125 | －125 | －125 | －125 | －125 | 125 | 325 | 525 |

数値例の純損益は，{125＋325＋525－(150×5)}＝325となる。金利が4％を下回れば，プレミアム代金と金利補塡の差額分によるキャッシュフローのやりとりが発生する。フロアのオプション効果は，変動金利が下落傾向にあるとき有効でオプションの権利が行使される。

この結果，(LIBOR＋フロア金利－LIBOR)から，フロア金利に交換されて運用金利が固定される。一方，フロアの売り手は，将来の基準金利が権利行使金利(ストライク・プライスともいう)であるフロア金利を下回ることはないと予想している。また，キャップと同様，フロア相場が値下がりした場合，買い戻しにより差額を利益として得ることができる。

### キャップとフロアの戦略的利用法

金利オプションの利得(ペイオフ)は，デリバティブ取引の特徴として，ゼロサムゲームである。買い手と売り手の利得が反転するのは権利行使金利しだいである。キャップ取引では，金利上昇局面で買い手は金利補給を得ることができ，売り手はその補給分を補塡しなければならない。市場が低金利の状況では，その実勢金利で調達した方が有利だからオプションは行使されない。金利上昇予想のもとに実現した場合に，有効な戦略となる。キャップのペイオフ(利得)表は図のように基準金利がキャップ金利の水準で逆転する。

```
                     キャップのペイオフ
受取│        買い手    ↑                    │――――――――┐
   │    ――――――――         (+)プレミアム      │
   │        4%/│             ――――――――┐    │
   │―――――― /  │―→                    │    │―→
   │ (-)プレミアム LIBOR                    4%
支払│                         売り手
```

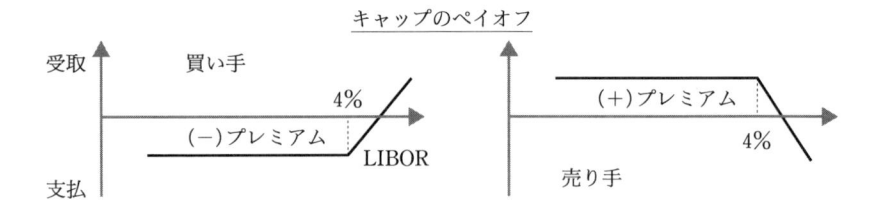

　フロアのペイ・オフはキャップとちょうど反対で，金利がキャップ金利4%を下回ると，売り手からその分が補填される。金利が上昇すると，実勢金利による利払いが高いために，交換は行われずオプションは行使されない。金利の下落予想とそれが実現すると，危険を回避できる。この関係は図に示される。

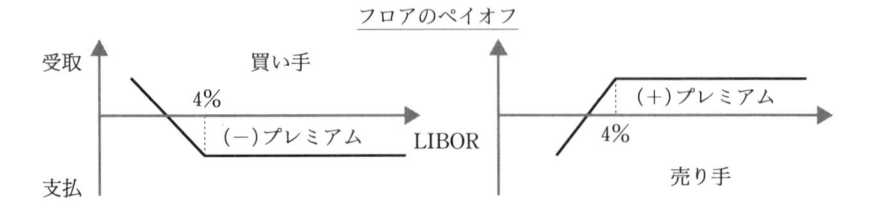

```
                     フロアのペイオフ
受取│        買い手    ↑
   │\       4%                         │         (+)プレミアム
   │ \――――――――――→                     │      /――――――――――→
   │ (-)プレミアム LIBOR                   │ 4%/
支払│                                     │  /
                                         売り手
```

### ファイナンステクニック(4)　カラー

　カラーは，カラーの買い（キャップの購入＋フロアの売却），カラーの売り（キャップの売却＋フロアの購入）の組合せなど，ゼロ・コスト・オプションのようにプレミアムを節約するオプション取引である。たとえば，カラーの購入は，キャップの購入代金とフロアの売却代金が相殺して，単独のオプションより安価となる。カラーは，想定元本，期間，基準金利が同一という前提で，ストライク・プライスを変えたキャップとフロアの売買を同時に実行する。このことから，図8-2の下段に示されるように，基準金利を'上限と下限の幅'に限定できるメリットがある。カラーの名称由来は，「ワイシャツなどのカラー（Collar），衣服のえり」のように，幅の変わらない帯を意味している。

　資金調達の立場からは，カラーの買いを選択する。たとえば6％キャップを購入し，同時に3％フロアを売却する。LIBORが6％を超えたらキャッ

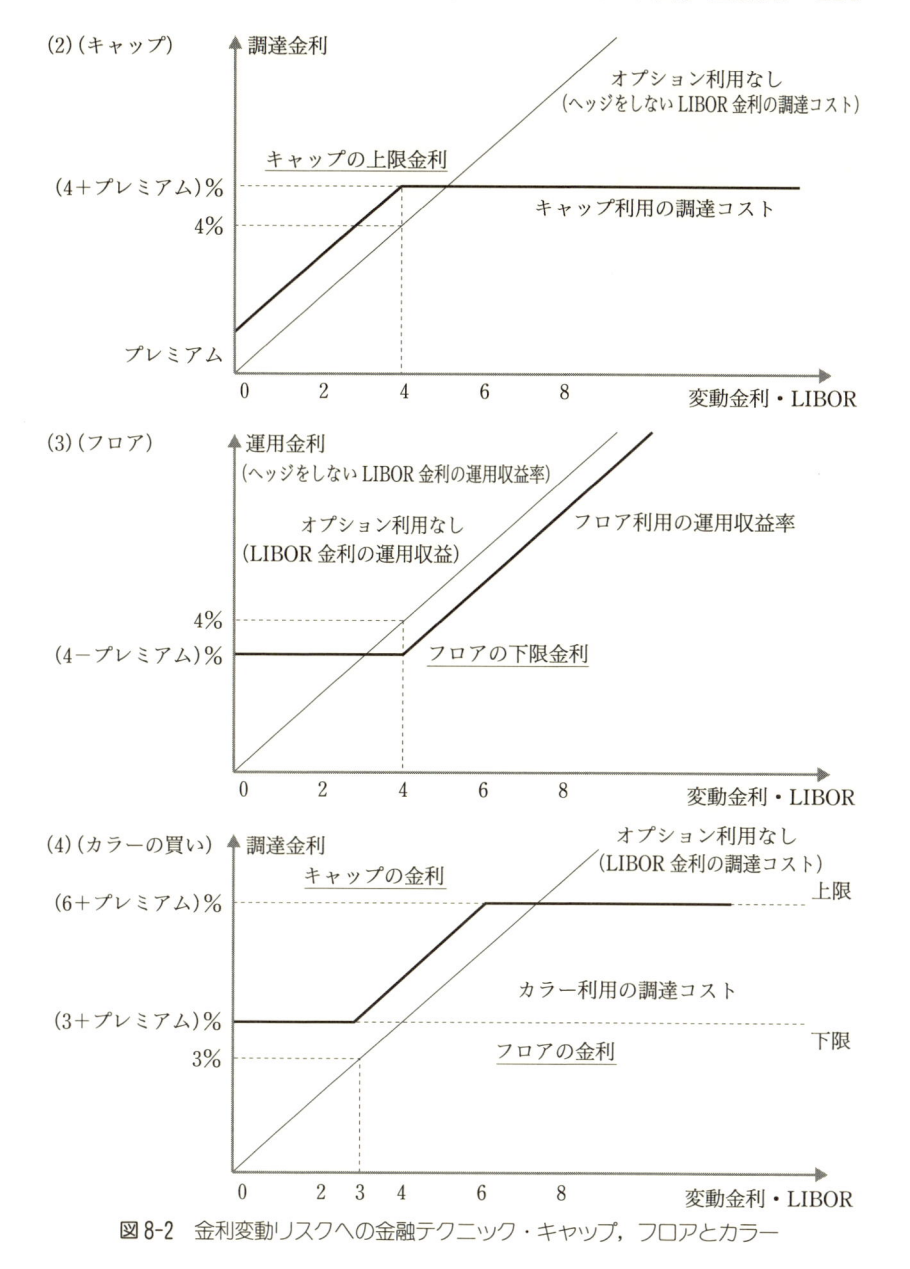

3. クラブチームのファイナンス技術・金利対策　255

(2)(キャップ)

(3)(フロア)

(4)(カラーの買い)

**図8-2** 金利変動リスクへの金融テクニック・キャップ，フロアとカラー

プにより，それ以上の資金調達費用はかからない。LIBORが3％を超えて下落したら，調達費用低下のメリットを放棄して，3％との差額をフロア購入者に支払わなければならない。しかし，図8-2の下段のように，3％の下限を確定したことになる。LIBORが3～6％の間であれば，キャップとフロアのいずれにも効果は発生しない。

　資金運用者のニーズからは，カラーの売りを選択する。たとえば4％のフロアを購入し，8％のキャップを売却して，運用利回りを4から8％の間に確定できる。LIBORが4％を下回れば，フロアによりそれ以上の金利リスクは発生しない。しかし，8％を超過すると，運用金利上昇のメリットを放棄して，差額を購入者に支払わねばならない。だが，運用金利の変動幅を，4～8％の間に確定できる。

　**カラーの選択は，資金調達のニーズからは買いを，資金運用者の立場からは売りを選択**する。これにより，調達コストと運用利回りのレンジを，相対的に安価なプレミアム支払いで確定することが可能になる。このほかのキャップとフロアの組合せでは，「キャップとキャップを組合せたコリドー」，「フロアとフロアを組合せたフロアリドー」などがある。これらの取引は，同時の売買による買いコストと売り収入の相殺差額から，合計したプレミアム料金を引き下げる効果がある。

### ファイナンステクニック(5)　スワップション——より進んだファイナンステク

　スワップションとは，通常のスワップ取引を原資産として，オプションを合成する。つまり，売買対象となっているのはスワップで，その約定を発動するかどうかの権利を売買する。スワップ(swap)とオプション(option)の合成と考えられる。スワップションの利用目的はいくつか考えられるが，変動金利による資金調達が，今後数年で金利上昇リスクにさらされると財務担当者が予想した場合，金利リスクのヘッジに利用することができる。

　スワップションの例として，前例を使えば，**これから2年後に3年間にわたり**，「B銀行がSスポーツクラブに対して元本10億円の固定$r$％(たとえば6％)に相当する金額を毎年支払い，Sクラブは同じ元本の金額に対して6か月物のLIBOR金利をかけた金額を年2回，3年で6回金利を支払う」

というスワップ取引の約定を発動するかどうかの権利を売買したものといえる。取引のイメージは，次のような関係である。

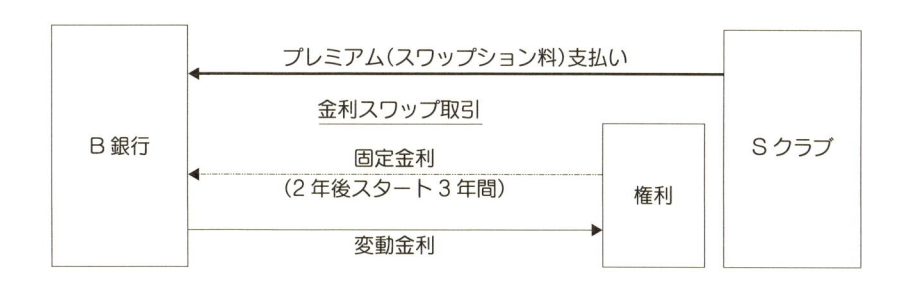

```
                プレミアム（スワップション料）支払い
         ←──────────────────────────────
                    金利スワップ取引
  B銀行           固定金利              権利    Sクラブ
         ←·······························
               （2年後スタート3年間）
                    変動金利
         ──────────────────────────────→
```

予想通り，2年後に変動金利上昇局面に入ればオプションを行使し，固定金利で当初の見積もりであればスワップ行使の権利を放棄すればよい。

スワップションはスワップ取引を原資産として，オプション買い手の立場から，**固定金利受取のスワップションを実行するものをレシーバーズ・スワップション**（またはコールスワップション），**固定金利支払を実行するものをペイヤーズ・スワップション**（またはプットスワップション）という。レシーバーズ・スワップションの買いでは固定金利受取の権利を購入するから，売りでは固定金利支払いの義務が発生する。ペイヤーズ・スワップションの買いでは変動金利支払いの代わりに固定金利支払いの権利を購入し，売りでは固定金利受取の義務が生じる。

**レシーバーズ・スワップションは，固定金利受取として金利スワップを取引する権利を売買する**ので，固定金利の下落リスクをヘッジする目的がある。たとえば，2年後スワップ開始，年率5％ストライクプライスのレシーバーズ・スワップション10億円，オプションプレミアムは30BP（10億円×0.003＝3,000万円）とする。なお年率0.01％を1ベーシスポイント（BP）と呼び，30BPは0.3％に等しい。

①2年が経過して予想通り金利が3％に下落した場合，レシーバーの権利を行使できるから，5％の固定金利受取の権利を行使できる。権利行使により，金利低下リスクを回避することができる。

②予想に反して金利が上昇した場合，レシーバーの権利を放棄し，市場の

実勢レートでレシーバーとしてスワップを実行できる。オプション料は無駄になるが，金利上昇の経済効果を獲得できる。

一方，**ペイヤーズ・スワップションは，固定金利支払いとして，固定金利の上昇リスクを回避する**効果がある。ペイヤーズ・スワップションを購入して，

③期間経過後に予想通り金利がストライクより上昇した場合，ペイヤーズの権利を行使できる。どんなに実勢金利が上昇しても，5%でペイヤーとしてスワップ契約が可能となる。

④2年経過後に金利が5%以下に下落した場合，権利を放棄して，実勢金利の低レートでスワップ契約をすることが可能となる。レシーバーズと同様，オプション料は無駄になるが，金利下落のメリットを獲得できる。

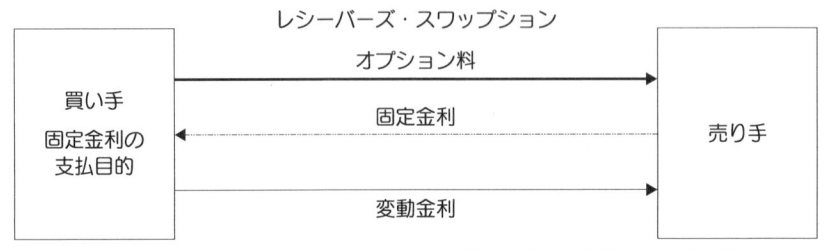

レシーバーズ・スワップション

```
買い手             オプション料→         売り手
固定金利の         ←固定金利
支払目的           変動金利→
```
*権利行使日にスワップ取引の固定金利が行使レートを下回ると固定金利受取

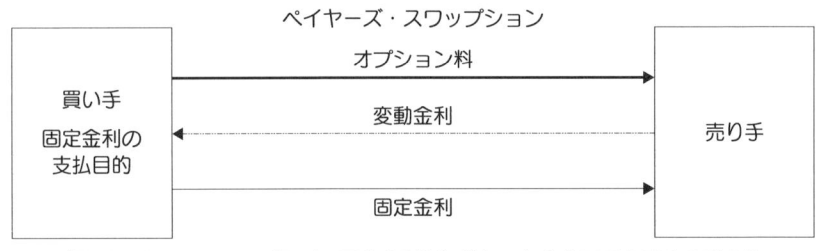

ペイヤーズ・スワップション

```
買い手             オプション料→         売り手
固定金利の         ←変動金利
支払目的           固定金利→
```
*権利行使日にスワップ取引の固定金利が行使レートを上回ると固定金利支払

スワップションの組合せとして，同じ権利行使価格（ストライク）と期間について'ペイヤーズとレシーバーズを同額取引するストラドル'，異なるストライクと期間について'ペイヤーズとレシーバーズを同額取引するストラングル'がある。これらの取引戦略は，将来の金利変動（ボラティリティ）につ

いての予想に応じて利用される。

　金利に関するスワップ取引，オプション取引，スワップション取引は，世界銀行とIBMとの間で取引された通貨スワップ（異種通貨同士の交換）が始まりとなっている。リーマンショック以降，デリバティブ取引の信頼が揺らいでいる。しかし，デリバティブ取引に限らず，過ぎたるは及ばざるがごとしで，大きな利益をあげようとする裏には大きな損失が常につきまとっている。マネーゲームの対象に利用する限り，ゼロサムゲームであるから，誰かの利益は誰かの損失となり，大きな利益は必ず大きな損失で補償されなければならない。

　デリバティブ取引の本来の目的は，ALM(Asset Liability Management)として，資産と負債の有効管理である。その具体的な方法として，金利の更改や交換，または異種通貨の交換などがある。スポーツファイナンスに携わる財務担当者は，資金調達や運用のリスクを回避するために，デリバティブ取引を有効な手段として利用できる。

# 理解と復習のための参考文献
*は少し難しい

[スポーツと経済学]
伊藤元重『ミクロ経済学　第2版』日本評論社，2003年
*梶井厚志・松井彰彦『ミクロ経済学　戦略的アプローチ』日本評論社，2000年
武隈慎一『ミクロ経済学　増補版(新経済学ライブラリ)』新世社，1999年
*西村和雄・八木尚志『経済学　ベーシックゼミナール』実務教育出版，2008年

[スポーツと統計学]
加藤英明・山崎尚志，データスタジアム協力『野球人の錯覚』東洋経済新報社，2008年
加納悟・浅子和美『入門　経済のための統計学』日本評論社，1998年
馬場敬之・久池井茂『確率統計　キャンパス・ゼミ』マセマ出版社，2003年
*森田優三・久次智雄『新統計概論　改訂版』日本評論社，1993年

[セイバーメトリックス]
*J. アルバート・J. ベネット／加藤貴昭訳『メジャーリーグの数理科学　上・下(シュプリンガー数学リーディングス)』シュプリンガーフェアラーク東京，2004年，(Jimm Albert & Jay Bennet. 2003. *Curve Ball: Baseball, Statistics, and the Role of Chance in the Game* [Paperback], Copernicus Books)
京都経典企画・監修『プロ野球本当の実力がわかる本——セイバーメトリクスで見るプロ野球(NIKKAN SPORTS GRAPH)』日刊スポーツ出版社，2009年
データスタジアム企画・編集『野球の見方が180度変わる　セイバーメトリックス』宝島社，2008年
Bill James. 2001. *The New Bill James Historical Baseball Abstract*, Free Press.
マイケル・ルイス／中山宥訳『マネー・ボール—奇跡のチームをつくった男』ランダムハウス講談社，2006年，(Michael Lewis. 2003. *Moneyball: The Art of Winning an Unfair Game* [Hardcover], W. W. Norton & Company)

[スポーツとゲームの理論]
逢沢明『ゲーム理論トレーニング』かんき出版，2003年
岡田章『ゲーム理論・入門—人間社会の理解のために(有斐閣アルマ)』有斐閣，2008年
*神戸伸輔『入門　ゲーム理論と情報の経済学』日本評論社，2004年
生天目章『うそつきは得をするのか—新ゲーム理論で読みとく人間関係の裏事情(サイエンス・アイ新書)』ソフトバンククリエイティブ，2008年
渡辺隆裕『ゼミナール　ゲーム理論入門』日本経済新聞社，2008年

［スポーツとファイナンス］
　可児滋『新版　デリバティブズ―その活用とリスク管理』ときわ総合サービス，1997年
　里麻克彦『入門　国際金融工学』中央経済社，2005年
　シンプレクス・テクノロジー／伊藤祐輔監修『キャッシュフローでわかる金融工学』秀和システム，2007年
　書間文彦『基礎コース　金融論　第2版（基礎コース経済学）』新世社，2003年
　藤井睦久・中村恭二『デリバティブのすべて　増補版』金融財政事情研究会，2001年

［スポーツのエッセイやデータの閲覧サイト］
　sports navi.com―スポーツナビ　http://sportsnavi.yahoo.co.jp/
　sports navi.com plus―スポーツナビ+　http://www.plus-blog.sport-snavi.com/
　日経ビジネス―経営・マネジメント　http://business.nikkeibp.co.jp/manage/
　日本野球機構オフィシャルサイト　http://www.npb.or.jp/

●本書を補完する資料などは，下記の筆者HPアドレスで掲載予定です。活用してください。
　大阪学院大学・里麻克彦ゼミナールHP　http://www.osaka-gu.ac.jp/php/satoma/

# 索　引

【ア行】
当たり金額　86
アメリカン・オプション　249
アメリカンフットボール　172,174
鞍点解　159,160
イグニタス　42
移籍金　235,237,239
一か八かの作戦　166
一か八かの勝負　168
一般的な正規分布　89
イニングの残りでの得点比率　116
イールドカーブ　205,206
インカムゲイン　190
ウエイト　82
打て　121,122
生み出された得点　101
裏切り　145,149
運用基準　97
エラー　99
応札額　233
応札金額　234
応募者利回り　189,190,191
オークション　11
送りバント　99,120
オプション　248
オプション・プレミアム　251,252
オプション取引　244,249
オプション料金　249
オペレーションズ・リサーチ　119

【カ行】
階級　61,62,83
価格　38,135
価格競争　51,123,124
価格決定メカニズム　11

価格支配力　46,54
価格変化率　47
額面価格　204
確率　79,82,86,91,135,160,161,163,170,179
確率の性質　79,80
確率分布　82
確率変数　58,78,81,112,115,116,215
確率変数の独立性　59
確率変動　78
掛繋　243
寡占　135
カーブ　162,163,164
株価キャッシュ・フロー比率　208
株価収益率　207,208
株価純資産倍率　208
株式　195
株式オプション　244
株式先物取引　244
株主資本利益率　209,210
貨幣需要量　198
貨幣賃金率　23
貨幣の需要　197
貨幣保有の在庫理論　195
可変費用　26,27,29,31
加法定理　81
カラー　254
カラーの売り　256
カラーの買い　254
カルテル　144,147
換金回数　197,198
換金コスト　195
換金手数料　197,198
換金費用　195
間接費用　27

観戦型スポーツ　1,2
完全逆相関　218,221
完全競争　53
観測値　83
観測データ　58
感応的　243
元本　186
元利合計　186
元利合計の交換　248
機会費用　194,196,197
幾何平均値　204
企業スポーツの廃部や休部　229
企業の需要予測　46
企業の宣伝効果　230
企業の利潤極大　44
企業閉鎖点　37,39,40
危険の受け入れ　248
技巧派投手　111
記述統計　58,60
期待収益　40
期待収益率　215,216
期待値　81,82,85,117,120,163,165,169
期待利得　179
キッカー　169,170
キッカーの期待値　168
キッカーの混合戦略　170
キーパー　168
キーパーの期待値　170
キーパーの混合戦略　168
逆イールド　205,206
逆需要関数　137
キャッシュ・アウトフロー　185,187,193,203,223,224,226,228,239,241
キャッシュ・インフロー　185,187,193,199,203,224,225,228,234,237
キャッシュフロー　184,192
キャッシュフロー計算書　185
キャップ　253
キャップ・オプション　251
キャップ金利　251

キャップ取引　250
キャップ料　251,252
キャピタルゲイン　190,195
球団使用料　237
牛丼価格競争ゲーム　130
牛丼戦争　123
供給曲線　36,39,40
競争市場　40,54
競争的市場　55
共分散　73,74,75
協力　148
協力ゲーム　177
銀行融資　241,243
金融市場　183
金融派生商品　243
金利　186,200
金利オプション　249,250
金利コール　250
金利スワップ取引　245,246
金利の期間構造　205,227
金利プット　250
クアタイル　60,65
空事象　80
偶然ゲーム　125
区間確率　92,93
くじ　85,86
クーポン　190,199,203
クーポンレート　189,199,203
クラス　61
グラスファイバー・ポール　40
クールノー・ナッシュ均衡　141
クールノー解　136
クールノー競争　138,139,141
経済学　8
経済財　8
経費削減　231
契約金　233,234,237
月利　188
ゲーム　124
ゲームの解　125,129,146,159,169
ゲームの理論　124

限界収入　42, 43, 45, 135, 137
限界費用　32, 35, 36, 38, 43, 135, 137
現在価値　187, 193, 200, 202, 224, 225, 226, 241
検定　59
現物取引　244
権利行使　251
権利行使価格　248
権利行使金利　251
権利行使日　248
交換　246
公共債　199
広告宣伝費　224, 228
広告料　224
交互ゲーム　124, 125
交渉　150, 151
交渉権　234
購入量　19
効用　12, 13, 15
効用関数　23
効用水準　19
国債　199
誤差確率　92
固定金利　244, 245, 246, 247, 248
固定費用　26, 29, 31
個別需要線　53
コーポレートファイナンス　183, 184, 229
コマーシャル収入　237
コマーシャル放映料　228
コール　251
コール・オプション　249
ゴール阻止確率　169
ゴール阻止率　127
混合戦略　135, 154, 163, 164, 174, 178, 180
混合戦略の解　175

【サ行】
財　7
債券　189, 194, 199

債券価格　200
債券価格の理論値　199
債券キャッシュフロー　242
債券の現在価値　201
債券発行　241, 242
債券ファイナンス　243
在庫理論　197
サイコロの期待値　82
最終利回り　189, 190, 191, 202
最大期待値　172
裁定　249
最適応答　180
最適応答グラフ　172
最適戦略　164
最適反応　154, 178
最適反応曲線　140
最適反応戦略　140
再投資　201, 203
再投資収益率　202
最頻値　60, 65
サイン　120, 121, 122
サイン評価　119, 120, 121
先読み　124, 164, 171, 177
作戦　120
サッカーPK　127
サッカーのPK戦　166
サッカーのPK戦の同時ゲーム　167
サービス　7
参加型スポーツ　1, 2
算術平均　62, 64
残存期間　206
散布図　71
シェア競争　55
ジェイムス，ビル　57, 95, 98
ジェネラルマネージャー　231
資金調達　241, 242
資金調達金利　243
資源の希少性　8
試合　78
仕事時間　23
資産管理　194

資産と負債の有効管理　259
資産の再取得額　209
四死球　100,111
市場　11
事象　78,85
市場価格　204
しっぺ返しの戦法　148
自転車操業　211
支配戦略　133,176,177
四分位数　60,65
シャープの測度　213
シャープレイシオ　214
じゃんけん　124,128,134,166
自由財　7
囚人のジレンマ　130,133,144,146
収入　44
主観的な評価基準　97
シュタッケルベルク解　141
シュタッケルベルクの不均衡　144
出塁確率　112
出塁率　98,100,112
シュート確率　127
需要関数　48,49
需要曲線　19,20,21,48
需要線　21,42,44,50
需要の価格弾力性　47,48
需要予測　51
需要量　19
需要量の変化率　47
順イールド　205,206
純価値　224
純粋戦略　135,162,163
賞金　85,86
上限(キャップ)金利　251
上限(フロア)金利　253
使用総資本経常利益率　210
消費者　12,13
消費者行動の理論　11
消費者の行動　11
消費者の需要　26
消費者の予算と好み　20

消費の好み　21
商品　8
正味現在価値　224
将来価値　187,193,200,202,225
女性のデート期待利得　179
所得　20
所得効果　25
所有期間利回り　189,190,191
新攻撃指標　101
信頼区間　115,212
推測的変化　138,139,142
推測統計　58,59,60
推測統計学　112
推定値　115
数学的期待値　86
数値化　97
据え置き　130,131,132
スカウト　96
ストック　194
ストライク・プライス　248
スペキュレーション　248
スポーツ　1
スポーツ経済学　5
スポーツ産業　2,5
スポーツ支援産業　3
スポーツ時間　21,23
スポーツファイナンス　5,7,184,243
スポーツマネージメント　5
スワップション　256
スワップ取引　244,249
生起確率　83
正規曲線　87
正規分布　88,89,91
生産活動　26
生産計画　44
生産工程　27
生産者の行動　11
生産量　31,38,44
正の相関　76,103,217
正の利得　126
セイバーメトリックス　57,95,96

セイバーメトリックス指標　112
セイバーメトリックス指標の相関係数　102
セーブ確率　127
ゼロ・クーポン債　190
ゼロクーポン・レート　205
ゼロサムゲーム　155,156,157,158,180
全事象　79
戦術　97
宣伝広告費の効果　228
先発投手　111
戦略　126,127,130,131,132,147,154,162,172
戦略ゲーム　125
相関関係　75
相関係数　75,76,112,217,218,221
総資産利益率　210
総収入　42,45
想定元本　248
総費用　26,28,31,197
総費用TC　45
総費用曲線　29
損益計算書　185
損益分岐点　36,37,39,40,42

【タ行】
第2の打率　101
代替効果　25
大量生産　87
高い価格　19
打者　100,101
奪三振　99,111
打点　99
打率　100
打率の評価　102
単一価格　51
短期的　26
短期的総費用　26
短期予想金利　205
男女の争い　153

単利　186,203
弾力性　45
弾力的　48,49
弾力的需要　50,52,54
弾力的な財　51
地域独占権　235
地方債　199
中位数　64
中央値　60
長期均衡金利　205
長期金利　204
長期債券　204
長期的　26
長期的費用　27
調整過程　141
長打率　100
長打力　101
直球　162,163,164
散らばり　67
賃金率　25
強気の予想　206
釣り鐘　87
データ　57
データの中心　60
データのばらつき　60
データ野球　116,119,120,121
でたらめの度合い　67
デートの行き先　178
デートの混合戦略　181
テニス　175
デリバティブ　243
テレビ放映収入　236
テレビ露出度　238
伝統的な指標　96
投機　248,249
統計　57
統計データ　58
統計量　59
当座比率　211
投資期間回収ルール　192
同時ゲーム　124,136

投資戦略　216, 227
投資判断　227
投資プロジェクト　229
投手　99, 110, 112
投手の安定性を示す指標　111
堂々めぐり　177
同様に確からしい　79
盗塁　99, 119
盗塁成功率　119, 120
得意な手の内　171
独占　42
独占企業　54
独占市場　55
得点確率　117, 120, 127, 171
得点期待値　119, 122, 172
得点期待利得　165
得点阻止確率　171, 172
得点と指標の相関係数　102
得点の確率　116
得点分布表　116
度数　61, 62
度数分布表　61
トップスピン　175
トービンのＱ　209
ドラッグストア・ガール　223
トレンド　212

【ナ行】
内部収益率　202, 203, 227
ナッシュ解　130, 133, 139, 150, 174
ナッシュ均衡　133, 134, 136, 138, 157, 171, 177
ナッシュ均衡解　154, 163, 178
ナッシュの均衡解　154
二項定理　88
二項分布　88
値下げ　130, 131, 132
ネットキャッシュ・インフロー　237
ネットキャッシュフロー　185, 241
年利　188
年利率　188

能力基準　96
ノンゼロサムゲーム　155, 162

【ハ行】
配当率　206
配当利回り　206
排反事象　80
箱ひげ図　65, 66
パス攻撃　174
パスディフェンス　174, 175
パスプレー戦略　174
パーソナルファイナンス　183
バーチャル広告料　240
バーチャル宣伝費　238
罰金　150, 151
バック　175, 182
発行者利回り　189
バッター　164
バッターの利得　159
パブリックファイナンス　183, 184
ばらつき　66
パレート最適　177
範囲　65
反応関数　140, 142
引き出しコスト　197
非協力　148
非協力解　146
非協力なゲーム　134
低い価格　19
ヒストグラム　62
ヒストリカルボラティリティ　212
非ゼロサムゲーム　158
非弾力的　48, 49, 51
非弾力的需要　50, 52
非弾力的な財　51
被長打率　99
ピッチャー　163
ピッチャーの利得　159
日歩　188
被本塁打　99
評価基準　57

索引 269

評価得点　96
評価(の)ポイント　96,98
費用最小化　129
標準正規分布　91,115
標準偏差　60,67,68,69,70,91,212, 213,214,215,216,217,218
標本　85
標本標準偏差　92
標本分散　83,92
標本平均　62,83,92
表面利率　189
比例費用　29
ファイナンス　6,183,243
ファイナンステクニック　245,250, 252,254,256
ファンド　199
フォア　175
フォアハンド　182
フォロワー　136,141,142
不完全競争　53,54
不完全競争市場　135
複占　135
複占企業　137
複占モデル　141
複利　186,187,188,203
複利係数　193
プット　251
プット・オプション　249
物品販売　235
不動産投資　226
負の相関　76,217
負の利得　126
不比例費用　29
フラット　175
フランチャイズ　235
フリーエージェント　232
不良品　86,88
プレミアム　249
プレーヤー　124,126,127,130
フロー　194
フロア取引　252

分散　60,67,68,69,88,89,212
分散投資　216,221
分散の期待値　87
分布　58
分布の特性　60
分布の分散　91
分布の平均　91
ペイオフ　253
平均　60,70,82,86,88,89
平均一分散アプローチ　215
平均貨幣残高　197
平均可変費用　36
平均可変費用曲線　35
平均固定費用曲線　35
平均残高　198
平均収益率　204
平均値　60,62,64,67,85
平均費用　31,32,35,36
平均費用 AC　45
平均費用曲線　35
平方根ルール　197
ペイヤーズ・スワップション　257, 258
ベーシスポイント　257
ヘッジ　243,249,250
変化率　47
偏差　67,68,71,75
偏差積　71
偏差積和　71,73,74
偏差値　70
変数間の関係　76
変動金利　244,245,246,247,248,250
変動幅　93
変量　61
放映権　235,236,237
放映権収入　239
放映権料　236,240
放映権料交渉　236
防御率　112
母集団　58,59,87
母数　59

ポスティング　233
ポスティング制度　233
ボストン・レッドソックス　238
ポートフォリオ　194, 214, 221
ポートフォリオのリスク　217
母分散　59, 92
母平均　59, 92
本塁打　111

【マ行】
マキシマム　156
マキシミニ　160, 166
マキシミニ解　157, 158
マキシミニ戦略　155, 156, 157, 177
マクロ経済学　9
マーケットシェア極大　129
マーチャンダイジング　235, 239
マーチャンダイズ　240
マネーマーケット　245
マンション投資計画　226, 227
ミクロ経済学　9, 135
ミニマックス　160, 162, 166
ミニマックス解　161
ミニマックス戦略　178
ミニマックス値　158
ミニマム　156
無差別曲線　12, 15, 17
無相関　76
無リスク資産　214
メジアン　60, 64, 65
モード　60, 65

【ヤ行】
野球　97, 116, 159
野手　99
ヤンキース　238
余暇　23
余暇時間　21
預金残高　198
予算　17, 20
予算制約　15, 19

予算制約式　16
予算制約線　17
予算線　23
与四死球　99
予想需要　53
予想需要線　53
予想短期金利　204
ヨーロピアン・オプション　249
弱気の予想　206

【ラ行】
落札　12
落札金額　233, 234
ラクロス　223
ラン攻撃　174
ランダム・ウォーク　78
ランディフェンス　174, 175
ランプレー戦略　174
離散データ　83
離散変量　61
利子　186
利潤　38, 45, 139
利潤極大　129, 137
利子率　186, 202
リスク　215, 216
リスク・プレミアム　249
リスクゼロ　221
リスク分散効果　219
リスクヘッジ　244, 248
リスクマネジメント　7
リーダー　142
リーダー・フォロワーの解　143
リーダー・リーダーの解　143, 144
リターン　215, 216
利得　128, 130, 132, 155, 156
利得行列　127, 128, 131
利得表　131, 158
利札　190
利回り　189
利回り曲線　205
流通利回り　189

流動比率　211
流動負債　211
領域分割　71
利率　189
リリーフ投手　111
リンゼイ・モデル　116
累乗根　228
レーザーレーサー　41
レシーバーズ・スワップション　257
恋愛とゲーム　178,180
レンジ　65
連続型データ　83
連続変量　61
労働供給　25
労働時間　21
労働の後方屈曲供給曲線　25
ローカルテレビ放映権　235

【ワ行】
ワラント債　199
割引現在価値　239
割引債　190,199
割引ファクター　193,200,225,228
割引率　241

【記号】
$\mu$　59
$\rho$　75
$\sigma$　69,216
$\sigma^2$　59,68
$\sigma_{ab}$　74
$\phi$　80

【A】
AC　35
AFC　35
ALM　259
AVC　35
AVG　100,104

【B】
BABIP　111,113
BB/9　113
BB/K　102,105
BRA　101,105

【C】
CEO　231
CM放映料　230
covariance　73

【D】
DIPS　111,113
DIPS2　111,113
Do Sports　1

【E】
ERA　113
ERC　111,113
ERC$_{2\cdot 24}$　113

【F】
FA　232
FA宣言　232

【G】
GPA　101,104

【I】
Internal Rate of Return　202
IRR　202

【K】
K/BB　112,113

【L】
LIBOR　245
LZR　41,51

【M】
MC　35

metrics 95
MLB 231

【N】
NOI 101,104
Normal Distribution 89
NPV 224,227

【O】
OBP 57,98,100,104,121,122
OPS 100,104,121

【P】
P/IP 113
P/PA 102,105
PA/BB 105
PA/K 102,105
Payoff Matrix 128
PBR 208,209,212
PCFR 208
PER 207,208,209,212
PK戦の利得表 167

【Q】
QS 111,113
Quick ratio 211

【R】
RC 98,101,105

RC27 102
ROA 210,211
ROE 209,210,211,212
Runs Created 98

【S】
SABR 95
SecA 101,104
SLP 100,104
Spectate Sports 1
standard deviation 69

【T】
TA 104
TA指標 101

【V】
variance 68

【W】
WHIP 111,113

【Y】
yield 189

【Z】
zero sum 155

里麻　克彦（さとま　かつひこ）
1955年北海道に生まれる
1985年　名古屋市立大学大学院経済学研究科博士課程修了
1991～1992年　Dalhousie University, Department of Economics, Visiting Scholar (Halifax, Nova Scotia, Canada)にて在外研究
現　在　大阪学院大学経済学部教授
主　著　入門国際金融工学(2005，中央経済社)，金融経済論(2001，税務経理協会)，金融・為替と価格・投資(第2版)(1995，多賀出版)など


スポーツ経済学
2011年5月25日　第1刷発行

著　者　里麻克彦
発行者　吉田克己

発行所　北海道大学出版会
札幌市北区北9条西8丁目 北海道大学構内(〒060-0809)
Tel. 011(747)2308・Fax. 011(736)8605・http://www.hup.gr.jp/

株式会社アイワード　　　　　　　　　　© 2011　里麻克彦

ISBN978-4-8329-6754-0

|  |  |  |
|---|---|---|
| 日本的生産システムと企業社会 | 鈴木良始 著 | A5・336頁 価格3800円 |
| 日本的経営とオフィスマネジメント ―ホワイトカラー管理の形成と展開― | 児玉敏一 著 | A5・240頁 価格3500円 |
| 非営利組織の経営 ―日本のボランティア― | 小島廣光 著 | A5・256頁 価格4600円 |
| 観光と北海道経済 ―地域を活かすマーケティング― | 佐藤郁夫 著 | A5・226頁 価格2500円 |
| 北海道の経済と開発 ―論点と課題― | 小林好宏 著 | 四六・194頁 価格1800円 |
| 北海道の企業 ―ビジネスをケースで学ぶ― | 小川正博 森永文彦 佐藤郁夫 編著 | A5・320頁 価格2800円 |
| 北海道の企業2 ―ビジネスをケースで学ぶ― | 佐藤郁夫 森永文彦 小川正博 編著 | A5・312頁 価格2800円 |
| アジア日系企業と労働格差 | 宮本謙介 著 | A5・196頁 価格2800円 |
| アメリカ銀行恐慌と預金者保護政策 ―1930年代における商業銀行の再編― | 小林真之 著 | A5・408頁 価格5600円 |
| フィリピン社会経済史 ―都市と農村の織り成す生活世界― | 千葉芳広 著 | A5・322頁 価格5200円 |
| もう一つの経済システム ―東ドイツ計画経済下の企業と労働者― | 石井聡 著 | A5・312頁 価格5600円 |
| ドイツ・ユニバーサルバンキングの展開 | 大矢繁夫 著 | A5・270頁 価格4700円 |
| ドイツ証券市場史 ―取引所の地域特性と統合過程― | 山口博教 著 | A5・328頁 価格6300円 |
| 政府系中小企業金融機関の創成 ―日・英・米・独の比較研究― | 三好元 著 | A5・246頁 価格3800円 |
| 石油・ガスとロシア経済 | 田畑伸一郎 編著 | A5・308頁 価格2800円 |

〈価格は消費税を含まず〉

───── 北海道大学出版会 ─────